# 深化产教融合科教融汇 提高人才培养适应性

——成都航空职业技术学院职业教育教学成果汇编

主　编 ◎ 刘建超
副主编 ◎ 祝登义　何龙

西南交通大学出版社
·成　都·

## 图书在版编目（CIP）数据

深化产教融合科教融汇 提高人才培养适应性：成都航空职业技术学院职业教育教学成果汇编 / 刘建超主编. -- 成都：西南交通大学出版社，2024.7. -- ISBN 978-7-5643-9901-6

Ⅰ．G718.5

中国国家版本馆 CIP 数据核字第 2024Q24G38 号

Shenhua Chanjiao Ronghe Kejiao Ronghui　Tigao Rencai Peiyang Shiyingxing
——Chengdu Hangkong Zhiye Jishu Xueyuan Zhiye Jiaoyu Jiaoxue Chengguo Huibian

深化产教融合科教融汇　提高人才培养适应性
——成都航空职业技术学院职业教育教学成果汇编

主编　刘建超

| | |
|---|---|
| 责 任 编 辑 | 郑丽娟 |
| 封 面 设 计 | 墨创文化 |
| 出 版 发 行 | 西南交通大学出版社<br>（四川省成都市金牛区二环路北一段 111 号<br>西南交通大学创新大厦 21 楼） |
| 营销部电话 | 028-87600564　028-87600533 |
| 邮 政 编 码 | 610031 |
| 网　　　址 | http://www.xnjdcbs.com |
| 印　　　刷 | 成都市新都华兴印务有限公司 |
| 成 品 尺 寸 | 185 mm × 260 mm |
| 印　　　张 | 14.25 |
| 字　　　数 | 321 千 |
| 版　　　次 | 2024 年 7 月第 1 版 |
| 印　　　次 | 2024 年 7 月第 1 次 |
| 书　　　号 | ISBN 978-7-5643-9901-6 |
| 定　　　价 | 86.00 元 |

图书如有印装质量问题　本社负责退换
版权所有　盗版必究　举报电话：028-87600562

# PREFACE 前言

2023年7月，根据《教育部关于批准2022年国家级教学成果奖获奖项目的决定》（教师〔2023〕4号），经国家级教学成果奖评审委员会评审确定的2022年国家级教学成果奖项共1998项。其中，我校获得职业教育国家级二等奖3项。2022年4月，根据《四川省人民政府关于公布2021年四川省教学成果奖的通知》（川府函〔2022〕85号），在基础教育、职业教育、高等教育领域共评选出特等奖60项、一等奖260项、二等奖680项。其中，我校获得省级特等奖1项，一等奖3项、二等奖6项。

选评教学成果奖是加快建设教育强国、落实立德树人根本任务的重要举措，是对学校人才培养工作和教育教学改革成果的检阅和展示。本次获奖项目，是广大教育工作者坚守三尺讲台、潜心教书育人取得的创新性成果，充分体现了近年来我校教师在立德树人、教书育人、严谨笃学、教学改革方面所取得的进展和成绩。

为了更好地学习、宣传、推广和应用我校所取得的教学成果，进一步促进成果转化，深化产教融合科教融汇，不断创新人才培养模式，提高人才培养适应性，进而加强职业教育内涵式建设、"双师型"教师队伍建设，本书汇编了成都航空职业技术学院2020年来所获得的校级、省级以及国家级教学成果，从成果背景、成果来源、成果主要内容、主要解决的问题及方法、成果创新点、成果推广及应用六个方面，以图文并茂的形式，全面反映成果内涵。希望本书的出版可为其他院校提供参考和借鉴，也恳请各方家批评指正，以便我们进一步深化研究和实践，为新时代职业教育高质量发展做出积极贡献。

# CONTENTS 目录

瞄准国家战略需求，携手航空头部企业共育大国重器制造人才的创新实践………001

适应强军与新兴产业急需，产教科融合建设高水平无人机专业的成航实践………011

融入航空报国精神的高职院校思想政治工作系统集成育人模式创新与实践………024

定向士官军政素质培养模式的创新与实践……………………………………………033

"三全育人"视域下的航空工程类专业育人模式的创新与实践……………………039

四川省高职学校内部质量保障体系建设与诊改制度的研究实践……………………048

课照融通　育训融合——飞机维修人才培养的创新与实践…………………………053

行企校协同推进高职模具专业现代学徒制人才培养模式的创新与实践……………061

大师领衔、项目支撑、师生互助的高职"双师型"专业教学团队建设实践与创新…076

提升高职院校国际化水平与能力的路径探索与实践——以成都航院为例…………082

适应装备制造业发展的工程基础技能训练体系构建与实践…………………………088

基于"总载体"的高素质技术技能人才培养模式研究与实践………………………096

统筹规划，校企共育——基于课程思政"12334"模式的汽车类专业教学改革实践…104

基于类型教育与中高职衔接背景下的加工制造类技能考试的探索与实践…………113

协同构建技术服务创新平台，分类培养飞机结构件制造技术技能人才的

　　探索与实践………………………………………………………………………118

"1+X"书证融通人才培养模式的探索与实践………………………………………129

携手捷豹路虎深入开展校企合作产教融合育人的探索与实践………………………136

高职教育高效课堂的研究与实践 …………………………………………………… 144

基于市场经济视域下的航空维修类专业群产教融合人才培养模式研究与实践 …… 156

立足需求，服务区域，高职应用型航空物流人才培养体系的探索与实践 ………… 161

标准与竞赛协同驱动飞机维修精英人才培养模式的探索与实践 …………………… 169

以岗选企　轮企实习　校企指导　三方互评——物流管理专业跟岗实习模式
　　探索与实践 …………………………………………………………………………… 175

创新创业教育与专业教育的多维融合模式研究——基于市场营销专业的实践 …… 182

新时代高职学生"四个正确认识"培育"4412"模式的探索与实践 ……………… 199

社会主义核心价值观引领高职院校思政课与专业课一体化实践育人探索与实践 … 206

高职新生工程综合创新能力培养"T-P-T"教学模式探索与实践 ………………… 211

信息化教学平台支撑下高职公共英语混合式"1+2+N"合作探究教学模式 ……… 217

# 瞄准国家战略需求，携手航空头部企业共育大国重器制造人才的创新实践

**【获奖等级】**

国家级二等奖

**【完成单位】**

成都航空职业技术学院
成都飞机工业（集团）有限责任公司
中国航发成都发动机有限公司

**【主持人简介】**

刘建超，教授，成都航空职业技术学院院长，享受国务院政府特殊津贴专家，高等学校国家教学名师，全国优秀教师。国家高等职业教育模具设计与制造专业教学资源库、四川省高职专业建设与管理状态数据平台等多个国家级和省级教育教学改革建设项目的负责人。国家级精品课程"冲压模具设计与制造"负责人，主持国家高等职业教育模具设计与制造专业教学资源库建设项目并通过国家验收，曾获国家级教育教学成果奖4项、省部级科技进步奖1项。

**【团队成员】**

张蕴启，袁忠，曾友州，祝登义，刘可为，李永光，郑金辉，任丹，何龙，何先定，易磊隽，刘志学，周树强，张川，牟文平

**【成果简介】**

本成果运用供给—需求契合度理论和系统工程方法进行创新实践，通过组织多元化、两园一体化、平台实体化"三化"并举的方法，构建开放融合的办学格局，解决校企合作深度不够、机制不健全、难以形成命运共同体的问题；基于校企合作平台支撑，充分发挥头部企业优势，精准实施"五层"对接，保证专业建设的前瞻性和先进性，解决专业（群）对接高端产业的精准度不够、专业与产业难以实现同频共振的问题；集聚校企在人才、技术、设备和管理等方面的优质资源，实施"四维"协同，有效推进协同育人

与创新，提高人才培养质量，解决校企协同育人体系不完善，人才质量难以满足高端产业发展对一线人员的要求问题。并且，本成果在合作机制、办学模式、育人方法等方面实现了创新，创新形成了以"人才共育、技术共创、使命共担"的互利共赢机制、"高层共识、中层对接、基层落实"的联动工作机制、"建多元组织、搭实体平台、抓精品项目"的运行管理机制等为核心内容的校企合作长效机制；创新形成了"两融合（产教、军民）、两合作（校企、校地）、两共长（产业、专业）、两共进（协同育人、协同创新）"的办学模式；创新形成了"平台支撑、项目承载、四维协同"系统构建协同育人体系的方法。

# 《瞄准国家战略需求，携手航空头部企业共育大国重器制造人才的创新实践》成果总结报告

## 一、成果背景

航空装备（飞机、航空发动机及航空设备与系统）是大国重器，不仅对从事航空装备生产制造、装配试验、维修保障的一线从业人员技术技能水平要求高，还对其工作作风和行为习惯有特别的高要求，需要典型的高素质技术技能人才。校企如何协同培养此类高素质技术技能人才是当前高职教育面临的重大难题。从航空工业诞生的成都航空职业技术学院（以下简称成都航院）始终不忘"航空报国"初心和"航空强国"使命，基于相同的文化与价值追求，与成都飞机工业（集团）有限责任公司（以下简称成飞集团）等头部企业经过10余年的创新实践，依托一批国家级和省级改革建设与教改研究项目，从合作办学、专业（群）建设、协同育人三个层面着手成功破解了此难题。

## 二、成果来源

本成果依托国家示范高职院校建设、国家首批定向士官培养试点、国家示范性职业教育集团、国家现代学徒制第二批试点等改革建设项目和"完善内部治理结构，建设产教融合的现代大学制度""'根植产业园区，携手头部企业'协同共建高水平航空装备制造产业学院的研究"等四川省重点教改研究项目。

## 三、成果主要内容

本成果运用供给—需求契合度理论和系统工程方法进行创新实践，通过组织多元化、两园一体化、平台实体化"三化"并举的方法，构建开放融合的办学格局，解决校企合作深度不够、机制不健全、难以形成命运共同体的问题。

## 四、成果主要解决的教学问题及解决教学问题的方法

### （一）成果主要解决的教学问题

（1）校企合作机制不健全、深度不够，难以形成校企命运共同体。

（2）专业（群）对接航空产业的精准度不够，难以实现专业（群）建设与产业发展的同频共振共成长。

（3）校企协同育人体系不完善，难以满足航空产业发展对一线从业人员的高质量要求。

## （二）解决教学问题的方法

遵循职业教育规律，运用供给—需求契合度理论和系统工程方法进行创新实践，从合作办学、专业（群）建设、协同育人三个层面着手系统破解培养航空高素质技术技能人才面临的校企命运共同体难建立、专业与产业发展难同步、培养质量难适应产业发展需要等问题，提升人才供给侧与需求侧的契合度，增强职业教育适应性。

### 1."三化"并举，解决校企合作机制不健全、深度不够，难以形成命运共同体的问题

积极融入航空产业发展和区域经济建设，按照"文化共融、组织共建、资源共享、平台共搭、项目共管、发展共赢、产业共促"的合作思路，采取"组织多元化、两园一体化、平台实体化"的方法，深化产教融合与军民融合、校企合作与校地合作，打造校企命运共同体，形成开放融合的办学格局。

（1）组织多元化。学校与成飞集团从2006年就发起成立产学研合作组织。2012年以来，学校与成飞集团等头部企业发起成立了有政、军、行、企、校参与的航空职业教育集团等2个人才育训组织、四川航空宇航学会等2个科技创新组织、成都市航空航天产业联盟等2个产业发展组织共6个融合发展组织（表1），打造融合发展生态圈，推进产教深度融合。

表1 校企联合组建的合作发展组织

| 类型 | 名称 | 备注 |
| --- | --- | --- |
| 人才育训组织 | 航空职业教育集团（曾用名：西南航空产教联盟） | 理事长单位：成飞集团<br>常务副理事长兼秘书长单位：成都航院 |
| | 四川省退役军人教育培训联盟 | 常务副理事长兼秘书长单位：成都航院 |
| 科技创新组织 | 四川省无人机产业技术创新战略联盟 | 理事长单位：成都航院 |
| | 四川航空宇航学会 | 理事长单位：成飞集团<br>副理事长单位：成都航院 |
| 产业发展组织 | 成都市无人机产业协会 | 常务副会长单位：成都航院 |
| | 成都市航空航天产业联盟 | 理事长单位：成飞集团<br>副理事长单位：成都航院 |

（2）两园一体化。学校跟随成飞集团走进四川军民融合发展示范区——四川成都航空产业园办学，联合成飞集团、成都市新都区政府共建航空产教园，将产教园与产业园融为一体，深化校地合作，优化园区产业发展生态，助力区域"民参军"企业发展，促进

成飞集团产能提升，服务军民融合发展战略。

（3）平台实体化。与成飞集团等优质企业共建航空装备制造产业学院等 5 个协同育训平台、中瑞 GF 智能制造创新实践基地与四川省面向无人机产业集群全产业链创新服务平台等 10 个技术协同创新服务平台、飞机铆装等 5 个技能大师工作室共 20 个实体合作平台（表 2），形成校企命运共同体。

表 2 校企共建实体平台

| 类型 | 平台名称 | 合作单位 | 备注 |
| --- | --- | --- | --- |
| 协同育训平台 | 航空装备制造产业学院 | 成飞集团 | 四川省第一批产教融合示范项目 |
| | 无人机产业学院 | 中航无人机公司 | |
| | 航空维修产业学院 | 四川航空股份有限责任公司 | 四川省第二批产教融合示范项目 |
| | 高技能人才培训基地 | 成飞集团、成都航空产业功能区管委会 | 国家级 |
| | 世界技能大赛国家集训基地 | 成飞集团 | 国家级 |
| 技术协同创新服务平台 | 四川省模具产业智能制造应用技术工程实验室 | 成飞集团 | 四川省发改委 |
| | 四川省面向无人机产业集群全产业链创新服务平台 | 中航无人机公司 | 四川省科技厅 |
| | 四川省博士后创新实践基地 | 成飞集团 | 四川省人社厅 |
| | 智能制造创新实践基地 | 瑞士 GF | 教育部国际司 |
| | 数字化几何计量公共技术服务平台 | 海克斯康 | 成都（国家）经开区 |
| | 计算机辅助制造（CAM）中心 | 成飞集团 | |
| | 成都无人机适航技术与标准研究所 | 中航无人机公司 | |
| | 高效切削加工实验室 | 厦门金鹭 | |
| | 数字化&多轴加工技术中心 | 北京金雕集团 | |
| | 成都航院大学科技园 | 成都（国家）经开区 | |
| 技能传承与创新平台 | 飞机钣金技能大师工作室 | 成飞集团 | 中华技能大奖获得者刘时勇 |
| | 数控加工技能大师工作室 | 成飞集团 | 全国技术能手张川 |
| | 飞机铆装技能大师工作室 | 成飞集团 | 全国技术能手苟德森 |
| | 航空发动机装配技能大师工作室 | 成发集团 | 中航发技能专家梁洪亮 |
| | 机床装调维修技能大师工作室 | 海德汉 | 全国技术能手周树强 |

## 2. "五层"对接,解决专业(群)对接航空产业的精准度不够,难以实现专业(群)建设与产业发展同频共振共成长的问题

紧跟航空装备型号工程(从有人机到无人机、从三代机到四代机、从涡喷发动机到涡扇发动机)研制需要与技术发展,基于校企合作平台支撑,充分发挥头部企业的优势,精准实施"五层"对接(图1),保证专业建设的前瞻性和先进性,实现专业结构与产业结构的高度契合,使专业与产业同频共振共成长。

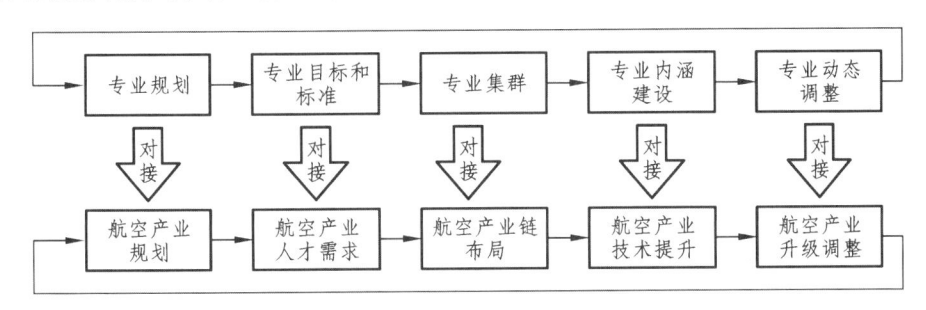

图1 专业与产业"五层"对接关系

(1)精准对接航空产业规划制定专业规划。前瞻性开办了飞行器数字化制造技术、航空发动机装配调试技术等10余个急需专业,并适时开发新专业,确保人才培养供给与歼-20、"翼龙"无人机、涡扇航空发动机等航空重点型号量产对人才的需求相同步(图2)。

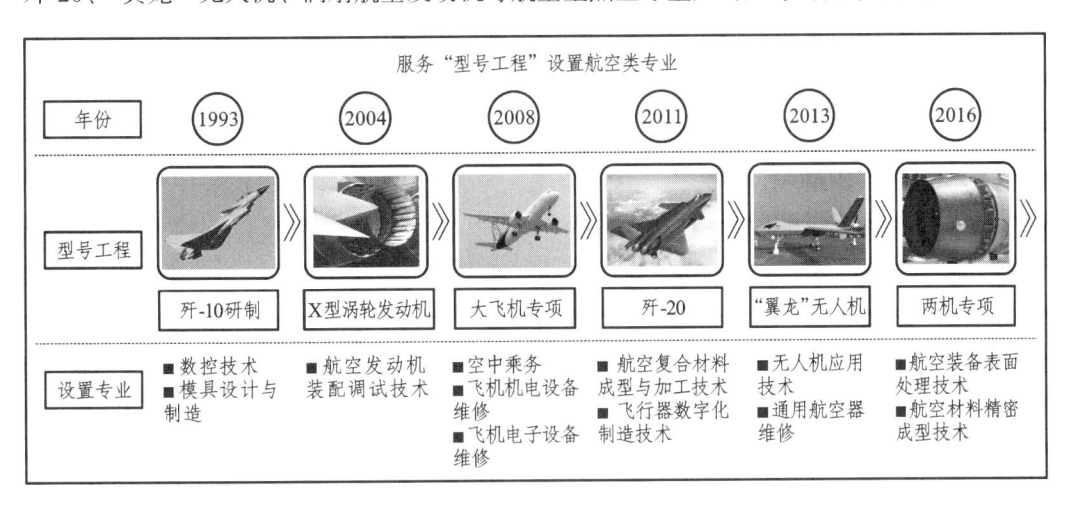

图2 服务"型号工程"精准设置航空类专业

(2)精准对接航空产业人才需求制定专业目标和标准。联合主持开发了新版职业教育航空装备制造类专业目录,主持制定了7个航空专业简介与教学标准,引领航空类专业改革。

(3)精准对接航空产业链建设专业集群。联合打造以飞行器数字化制造技术、空中乘务、飞机机电设备维修为核心专业引领的三大航空专业群,全面覆盖"航空制造—航空运营—航空维修"产业链,实现专业结构与航空产业结构高度契合(图3)。

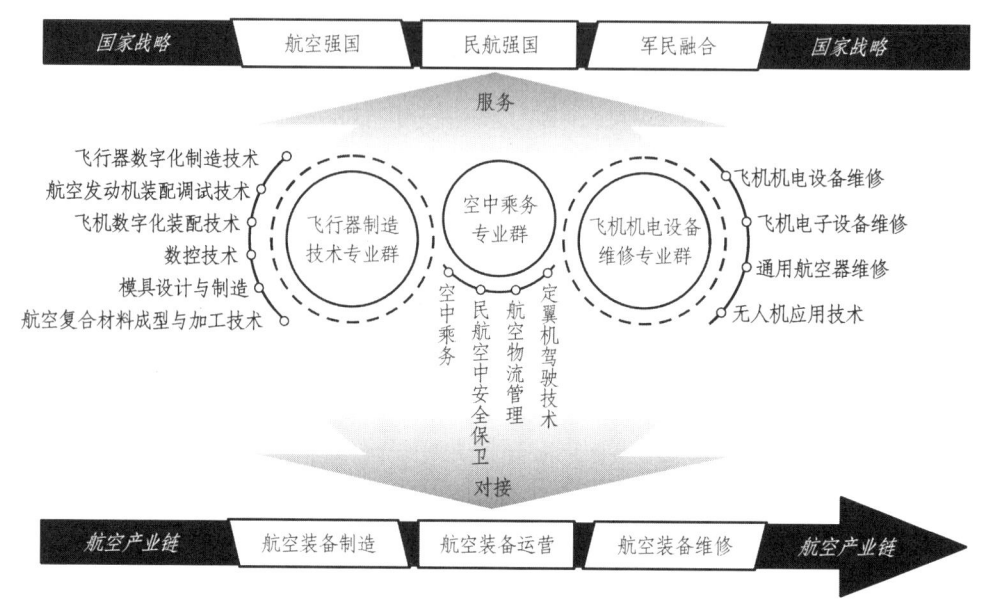

图 3 高水平专业群与航空产业链对接关系

（4）精准对接航空技术提升专业内涵。联合共建涵盖航空材料、智能制造、智能检测、智能维修产业技术链的高水平产教融合实训基地和虚拟仿真实训基地、打造"名师+专家+大师"领衔的专兼结合"双师"教师团队，确保专业建设先进性。

（5）精准对接航空产业升级构建专业动态调整机制。制定专业评价指标体系，开发四川省高职专业建设管理平台，周期性开展专业评价与调整，确保专业随产业而"变"。

### 3. "四维"协同，解决校企协同育人体系不完善，难以满足航空产业发展对一线人员高质量要求的问题

以平台为支撑，以项目为载体，集聚校企优质资源要素，聚焦人才培养关键环节，实施"四维"协同（图4），有效推进校企协同育人与协同创新，提高人才培养质量。

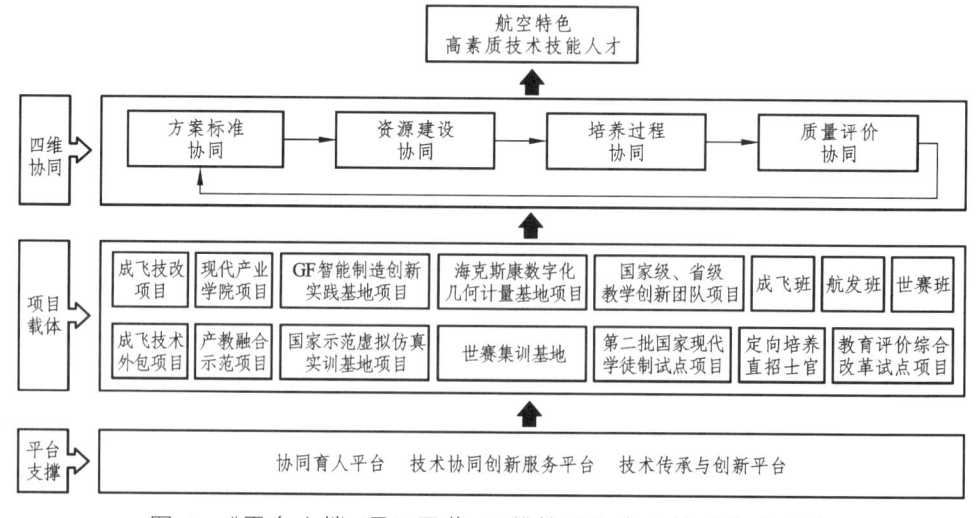

图 4 "平台支撑 项目承载 四维协同"育人体系构建方法

（1）协同开发先进的培养方案和标准。依据国家教学标准、职业标准，对标行业企业岗位标准，开发人才培养方案和教学标准，确保培养目标的精准和培养方案的科学。

（2）协同建设高水平的育人资源。聘请丁汉院士为专业建设指导委员会主任、航空工业数字化制造特级专家汤立民为航空装备制造产业学院特聘院长、"翼龙"无人机总设计师李屹东等型号总师为专业带头人、全国技术能手刘时勇等为技能大师，建设国家级、省级职业教育教师教学创新团队。紧跟航空技术发展，与国内外知名企业共建一批集教学、科研、生产、培训为一体的、具有先进技术水平的产教融合实训基地和国家示范性虚拟仿真实训基地，并推行"6S"管理，通过质量认证和取得保密资质，创设真实生产环境。及时融入航空新材料、新技术、新工艺、新装备，引入行业企业技术规范，物化企业典型生产案例和技能大师工法，建设高水平的课程教学资源，确保教学内容与技术发展同步。

（3）协同实施人才培养。紧扣企业和部队需要，开设一批企业订单班和军士班，深化现代学徒制人才培养模式改革，融入"CCAR-147"证书标准推行课证融通，引入世界技能大赛技术标准推进赛教结合，物化协同创新成果推进科教融合，运用信息技术推进教学方法手段改革。挖掘并用好"三线精神"、罗阳事迹等航空特有思政元素，实施课程育人；打造航空文化特色鲜明的育人环境，实施环境育人；创设航空科技文化节、国防教育宣传周等活动品牌，实施活动育人，构建课堂内外一体、全域协同的育人局面，将"航空报国、追求卓越"的精神和守规章、重质量、讲安全的职业素养融入人才培养过程，培养具有家国情怀、追求卓越的高素质技术技能人才。

（4）协同进行育人质量评价。对标职业岗位要求和人才培养规格，融入企业工作规范和质量标准，改进结果评价，强化过程评价，注重企业评价，关注增值评价，构建过程和结果并重、多元参与的开放评价系统，开展育人质量综合评价。

## 五、成果创新点

### 1. 机制创新：系统构建命运与共的校企合作长效机制

一是构建"人才共育、技术共创、使命共担"的互利共赢机制，即共育人才既是学校中心工作，也是企业人力资源建设不可或缺的重要内容；共创技术既是学校深化科教融合、彰显服务能力的重要手段，也是企业实现技术进步、提质增效的重要举措；胸怀"国之大者"，建设航空强国成为共同的使命担当。二是构建"高层共识、中层对接、基层落实"的联动工作机制，即校企高层定期互访定合作领域，中层需求对接定合作项目，基层细化落实定工作任务。三是形成"建多元组织、搭实体平台、抓精品项目"的运行管理机制，即共建育训组织、创新组织和产业组织，共搭育人平台、创新平台和传承平台，共抓世赛班、技术转包等精品合作项目。

### 2. 模式创新："两融合、两合作、两共长、两共进"的办学模式

一是整合政、军、行、企、校多方资源，通过组织多元化、两园一体化、平台实体

化"三化并举"的方法，深化产教融合与军民融合（"两融合"）、校企合作与校地合作（"两合作"），形成开放融合的办学格局，为学校专业建设、人才培养、技术创新及社会服务提供了强有力的支撑。二是通过精准"五层"对接的方法，确保专业建设的前瞻性和先进性，实现专业与产业同频共振共成长（"两共长"）。三是通过"四维"协同的方法，完善校企协同育人体系，有效推进校企协同育人与协同创新（"两共进"），提高人才培养质量（图5）。

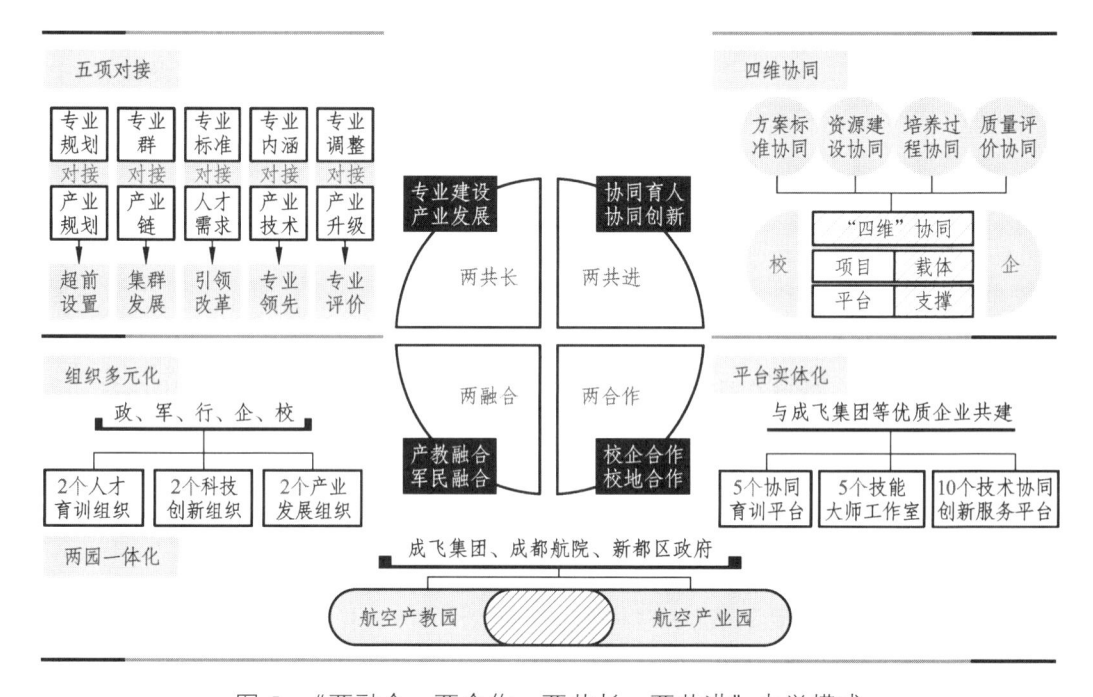

图 5 "两融合、两合作、两共长、两共进"办学模式

**3. 方法创新："平台支撑、项目承载、四维协同"系统构建育人体系的方法**

一是依托航空职业教育集团和校企共建的三类实体平台，集聚人才、技术、设备和管理等方面优质资源，为协同育人形成强有力的平台支撑。二是围绕人才培养、技术创新等工作，开发互利共赢项目，承载专业、师资、实训基地、教学资源建设及人才培养模式改革等工作，为协同育人提供资源要素保障。三是基于协同育人要素和逻辑，着眼实现全程协同育人，聚焦人才培养关键环节，实施"方案标准协同、资源建设协同、培养过程协同、质量评价协同"四维协同，系统构建校企协同育人体系。

## 六、成果推广及应用

### 1. 成果实践显著提升学校办学实力

（1）办学活力显著增强。航空职业教育集团成为首批国家示范性职教集团，航空装备制造产业学院等 2 个项目分别入选四川省第一和二批产教融合示范项目，校企合作项目大幅增加，航空类专业订单培养学生占比超过 50%。

（2）专业内涵建设水平显著提升。飞行器制造技术专业群、飞机机电设备维修专业群分别入选国家和省"双高"计划重点建设 A 类专业群，主持开发国家职业教育航空装备制造新版专业目录；航空智能制造团队成为全国高校黄大年式教师团队，飞机机电设备维修专业团队与飞行器制造技术团队分别成为国家和四川省教学创新团队；主持建设飞机机电设备维修等 2 个国家级职业教育专业教学资源库，建有国家课程思政示范课程 2 门，获得国家优秀教材二等奖 2 项；航空装备制造与维修虚拟仿真实训基地成为国家示范性虚拟仿真实训基地。

（3）人才培养质量显著提高。近 5 年来，航空类专业在校学生屡获国内外技能大赛大奖，代表中国参加国际超轻复合材料机翼/桥梁学生竞赛 4 次获得全球冠军，参加全国职业技能大赛等国内赛事有 2 名学生获"全国技术能手"称号、2 名学生获"全国青年岗位能手"称号；累计为航空产业输送了 1 万余名优秀毕业生，其中，为成飞集团输送了近 2000 名、为部队输送了近 3000 名优秀毕业生，服务于歼-10、歼-20、"翼龙"无人机等大国重器的生产制造和维修保障，涌现出以张泰军等为代表的一批全国技术能手、省/市工匠和劳动模范，有 10 名士官受到习近平主席的通令嘉奖，人才培养质量得到用人单位的高度认可，学校成为向中国航空工业集团和中国航空发动机集团输送人才最多的高职院校，成为同时被两个集团确定为技术技能人才培养培训基地的唯一高职院校。

（4）技术创新与服务能力显著增强。取得成飞集团等企业的供应商资质，长年承担成飞集团数控工艺等项目技术外包，年合同金额突破千万；牵头中标成飞集团合同金额 974 万的技改项目"自动化质量检测与管控系统"；承担"翼龙"无人机适航标准体系开发等一批校企合作科研项目，参与国家民机专项科研项目"大飞机智能制造关键技术研究及网络示范"，成为世界技能大赛 2 个赛项的国家集训基地。

### 2. 成果得到同行的广泛应用

成果在北京电子科技职业学院、西安航空职业技术学院、广州民航职业技术学院、贵州航空职业技术学院等省内外 30 余所职业院校推广应用并取得较好成效；学校每年接待近百所省内外学校来访，学习借鉴校企合作的成功做法。

### 3. 成果受到主管部门和中央媒体的高度关注

省部级领导以及中国航空工业集团、中国航空发动机集团等领导曾先后莅临学校视察指导，对成航深化产教融合校企合作的生动实践给予了充分肯定；成果先后在教育部现代职业教育发展推进会、四川省职业教育大会等重要会议进行典型经验交流；学校主动服务国家战略、校企协同培养航空高素质技术技能人才的成功做法被中央电视台新闻联播、中国教育报等主流媒体宣传报道（图6），相关案例两次获评全国高职院校联会"优秀案例20强"。

图6 主流媒体的宣传报道

# 适应强军与新兴产业急需，产教科融合建设高水平无人机专业的成航实践

## 【获奖等级】

国家级教学成果二等奖

四川省职业教育教学成果一等奖

## 【完成单位】

成都航空职业技术学院

中航（成都）无人机系统股份有限公司

成都市无人机产业协会

## 【主持人简介】

何先定，教授，成都航空职业技术学院无人机产业学院院长，无人机产业协会副会长，致力于航空维修、无人机应用技术、职业教育研究。获得国家高层次人才特殊支持计划领军人才教学名师（国家"万人计划"教学名师）、全国高校黄大年式教师团队成员（2022）、国家课程思政教学名师（2021）、航空职业教育教学名师（2020）称号，获得四川省职业教育教学成果奖一等奖（2021）、四川省级教师教学能力大赛一等奖（2020、2021）、四川省最美教师团队负责人（2020）、四川省教育教学成果二等奖（2018）。总主编高校无人机应用技术专业新形态系列教材，主持完成成都市地方标准《无人机服务规范》5项，IEEE无人机国际标准3项。主持省级项目"面向无人机产业集群全产业链的创新服务平台"等，主持省级创新创业示范课程1门。

## 【团队成员】

刘建超，王思源，李屹东，刘艳磊，龙玲，王强，田园，刘明鑫，王洵，唐斌，周仁建

## 【成果简介】

无人机产业是现代航空航天技术与网络通信、人工智能、大数据技术融合形成，且发展迅猛的新兴战略产业，众多行业通过"无人机+"增值赋能；在百年未有之大变局下，无人机对部队战斗力生成、提升国家安全的作用更加突出，习主席在空军航空大学视察

时强调"要加强无人作战研究,加强无人机专业建设";"成渝双城经济圈"正着力打造千亿级高端无人机产业。军民领域及区域均对无人机专业人才需求急迫。适应强军与产业发展急需,成航 2013 年实施"航空高端技能性人才计划",在国内率先开展无人机装试专业方向人才培养,成为国内首个承担定向培养无人机士官任务的专业。

国内 300 多所职校开设的无人机专业,普遍存在专业适配性低、内涵建设不足、创新服务能力不强等突出问题。本成果基于产教科融合理念,以成航无人机专业为载体,对接强军与产业发展需求,衔接育人与育才需要,按照"融入产业,建构平台,深耕内涵,引领发展"思路,系统设计,潜心实践:通过融入产业,聚资源建平台,供需高效精准对接,"三链映射"创新专业人才培养体系与"四融三化"特色课程体系,提升专业适配性;"两院互融 五核联动"建设产研两院、打造科教融合创新团队、聚集产教科融合育训资源、实施高效课堂改革,提升专业内涵;通过"三融平台支撑 三类项目引领 多域服务创新"提升专业创新服务能力;着力打造育训高地与创新服务平台,让专业长在产业链上,与产业共育人、共创新、共生长。

经过十年的创新实践迭代,专业从被动配合、主动适应到创新引领,实现了产教融合"三级跳";从"无人机装试班"到实体化的产研两院,从专业方向到首家定向培养无人机士官专业、省级高水平建设专业与示范专业;打造的科教融合创新团队获得多项国家级、省级荣誉称号;建设了国家级虚拟仿真中心、省级产教融合基地;建成了国家级课程思政示范课程,出版规划教材、新形态系列教材共 13 部;建成省级无人机创新服务平台;专业人才培养的适应性与适配度强,规模和质量领先同类院校。专业服务强军战略,1000 多名地勤和空勤无人机士官入列;服务产业高质量发展及装备走出去,标准与体系被应用,已为部队、企业提供高质量育训服务,毕业生在"翼龙"装试与服务团队中占比超过 80%;服务于乡村振兴与灾害监测取得实效;产教科融合建设高水平无人机专业的模式与成效,被央视新闻联播头条、教育部官网等媒体多次报道,被广泛关注与借鉴,产生了引领示范作用。

# 《适应强军与新兴产业急需,产教科融合建设高水平无人机专业的成航实践》成果总结报告

## 一、成果背景

无人机产业是现代航空航天技术与网络通信、人工智能、大数据技术融合形成,且发展迅猛的战略性新兴产业,众多行业通过"无人机+"增值赋能;在百年未有之大变局下,无人机对部队战斗力生成、提升国家安全的作用更加突出;"成渝双城经济圈"正着力打造千亿级高端无人机产业。军民领域及区域均对无人机专业人才需求急迫。习主席在空军航空大学视察时强调"要加强无人作战研究,加强无人机专业建设"。适应强军与产业发展急需,成航 2013 年实施"航空高端技能性人才计划",在国内率先开展无人机

装试专业方向人才培养。

国内300多所职校开设的无人机专业，普遍存在专业适配性低、内涵建设不足、创新服务能力不强等突出问题。本成果基于产教科融合理念，以成航无人机专业为载体，对接强军与产业发展需求，衔接育人与育才需要，按照"融入产业，建构平台，深耕内涵，引领发展"思路，系统设计，潜心实践：通过融入产业，聚资源建平台，供需高效精准对接，"三链映射"创新专业人才培养体系与"四融三化"特色课程体系，提升专业适配性；"两院互融 五核联动"建设产研两院、打造科教融合创新团队、聚集产教科融合育训资源、实施高效课堂改革，提升专业内涵；通过"三融平台支撑 三类项目引领 多域服务创新"提升专业创新服务能力；着力打造育训高地与创新服务平台，让专业长在产业链上，与产业共育人、共创新、共生长。（图1）

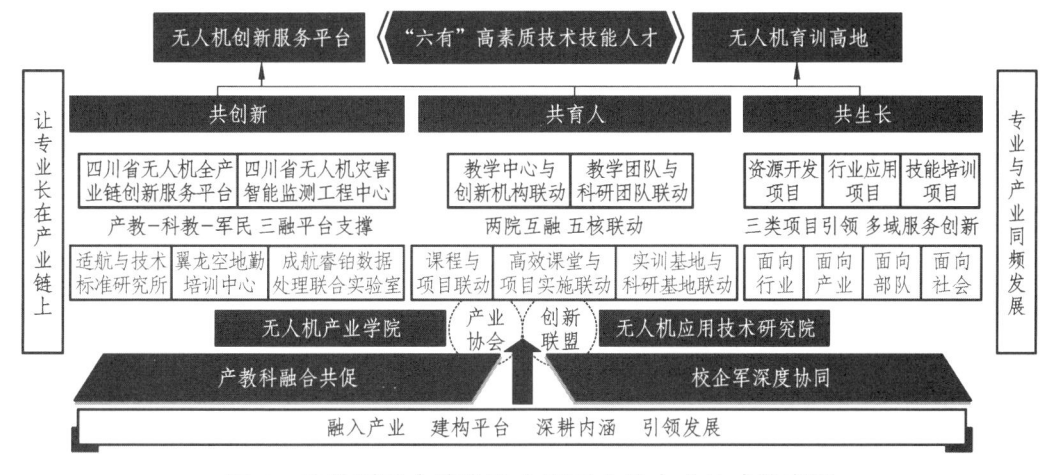

图1 产教科融合建设高水平无人机专业的成航实践

经过十年的创新实践迭代，专业从被动配合、主动适应到创新引领，实现了产教融合"三级跳"；从"无人机装试班"到实体化的产研两院，从专业方向到首家定向培养无人机士官专业、省级高水平建设专业与课程思政示范专业；打造了以"全国高校黄大年式教师团队""四川省最美教师团队"为代表的高水平师资团队，建设了国家级虚拟仿真中心、省级产教融合基地；建成了国家级课程思政示范课程，出版了10部新形态系列教材和3部规划教材；建成省级无人机创新服务平台；专业人才培养的适应性与适配度显著增强，培养规模和质量领先同类院校。专业服务强军战略，已有1000多名高质量空海军无人机机务保障和空勤作战士官入列；服务装备走出去及产业高质量发展，标准与体系已被行业应用，已为部队、企业提供广泛服务，毕业生在"翼龙"装试与服务团队中占比超过80%；服务于乡村振兴与灾害监测取得实效；形成了专业高水平无人机专业建设成航模式雏形，被央视新闻联播、教育部官网等国家级媒体多次报道，对内高职无人机专业建设产生了引领示范作用。

## 二、成果来源

本成果依托国家示范高职院校、国家首批定向士官培养试点、国家示范性职业教育集团、国家级职业教育虚拟仿真基地、国家级高技能人才培训基地、四川省高水平高等职业学校和高水平专业群等重大改革建设项目和"适应新兴产业发展,产教科融合建设高水平无人机应用技术专业的探索""面向无人机产业集群全产业链的创新服务平台建设""职业教育混合所有制改革研究——军民融合协同创新与协同育人机制体制研究"等省部级重点研究项目。

### 三、成果主要内容

本成果基于产教科融合理念,以成航无人机专业为载体,对接强军与产业发展需求,衔接育人与育才需要,按照"融入产业,建构平台,深耕内涵,引领发展"思路,系统设计,潜心实践:通过融入产业,聚资源建平台,供需高效精准对接,"三链映射"创新专业人才培养体系与"四融三化"特色课程体系,提升专业适配性;"两院互融 五核联动"建设产研两院、打造科教融合创新团队、聚集产教科融合育训资源、实施高效课堂改革,提升专业内涵;通过"三融平台支撑 三类项目引领 多域服务创新"提升专业创新服务能力;着力打造育训高地与创新服务平台,让专业长在产业链上,与产业共育人、共创新、共生长。

### 四、成果主要解决的教学问题及解决教学问题的方法

#### 1. 主要解决的教学问题

(1)解决了无人机专业学科交叉融合、技术迭代快、应用场景广导致的专业精准定位难、供需适配性低的问题。

(2)解决了服务产业链高端的无人机专业课程、师资、资源等内涵建设不足以支撑高质量人才培养的问题。

(3)解决了面向国防与新兴战略产业的无人机专业创新服务能力提升难的问题。

#### 2. 解决教学问题的方法

(1)搭平台建机制,创体系准定位,提升专业适配性。

建立产教融合长效机制。主动融入产业,与中航无人机等发起成立无人机产业协会、产业技术创新联盟,共构区域产业生态,与产业同频发展,实现供需高效精准对接。深入调研分析,建构无人机产业供需逻辑图(图2)与无人机系统全生命周期核心岗位图谱(图3),制定无人机 IEEE 国际标准和首批无人机服务规范,编制国家专业标准和职业标准,研究产业发展,对接"翼龙"产线高端的装调、保障、试验试飞岗位群和空海军空地勤岗位群的要求,构建产业链、岗位链、人才链"三链映射"模型(图4)。

基于岗位分析,适度超前建构专业人才培养体系;衔接多元化生源、多面向就业,育人与育才需要,融入岗位要求、行业标准、赛创项目、全人发展,基于工作过程分析,创新专业基础课程平台化、核心能力课程模块化、岗位能力课程方向化的"四融三化"特色课程体系(图5)。

基于职业分析，明确人才培养目标和规格，形成分类（普通生+士官生）分层（普高生+中职生+扩招生）的人才培养方案，精准专业定位，提升专业与产业适配度。

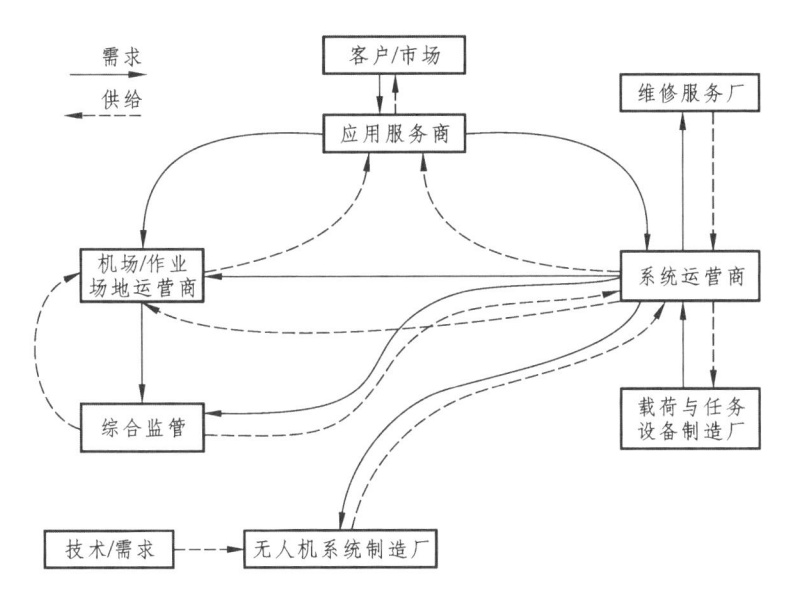

图 2　无人机产业供需逻辑

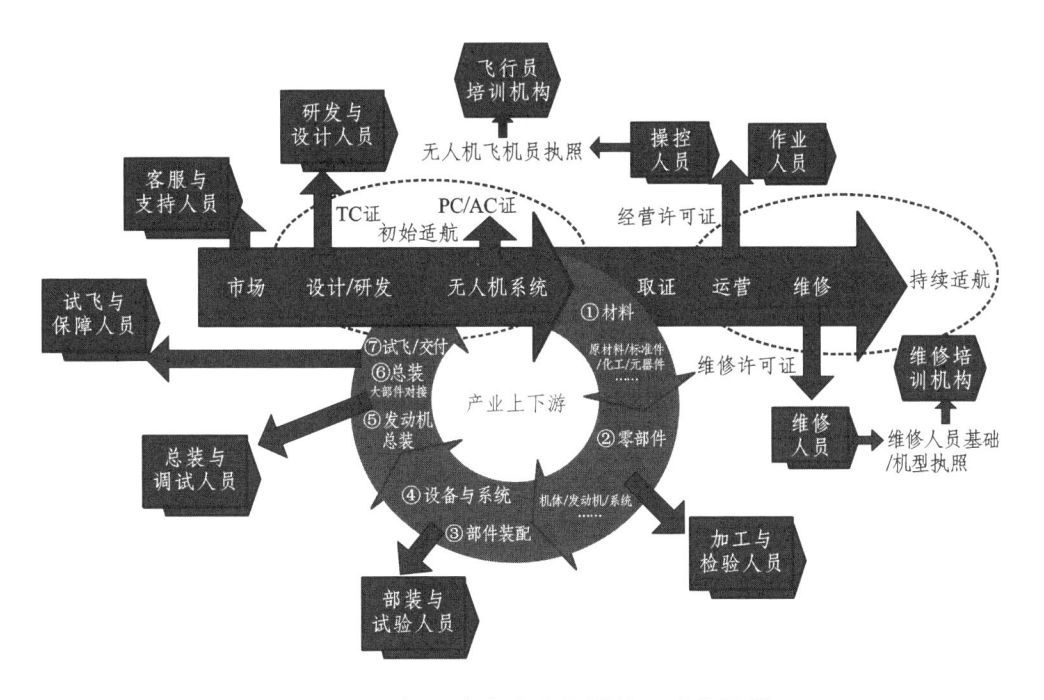

图 3　无人机系统全生命周期核心岗位图谱

图 4 "三链映射"模型

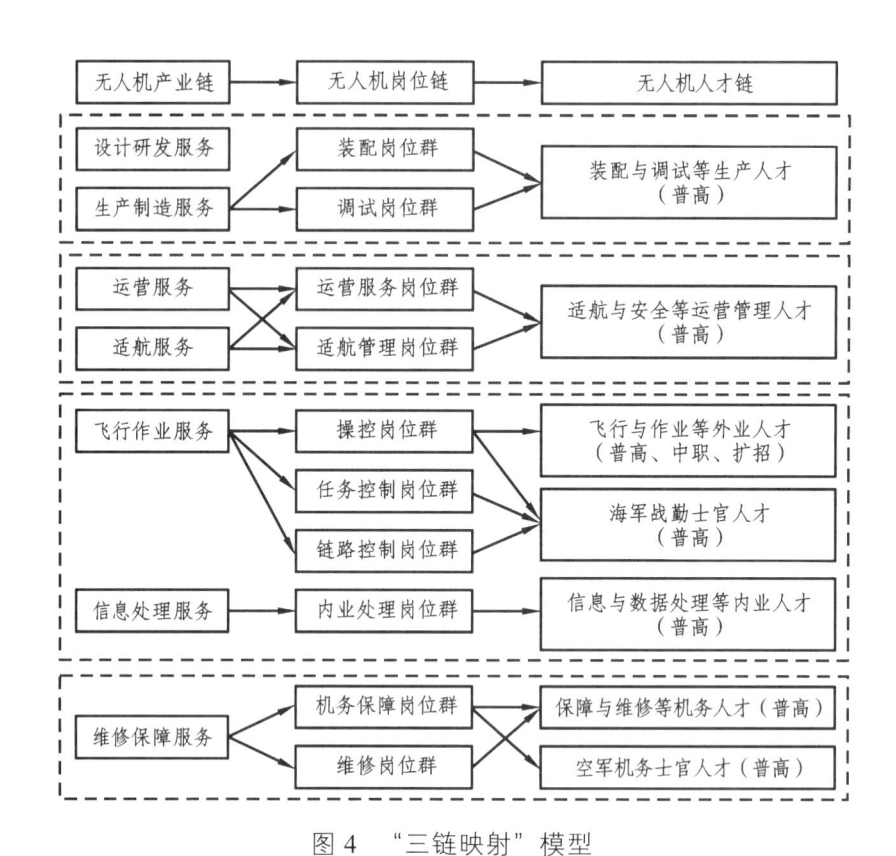

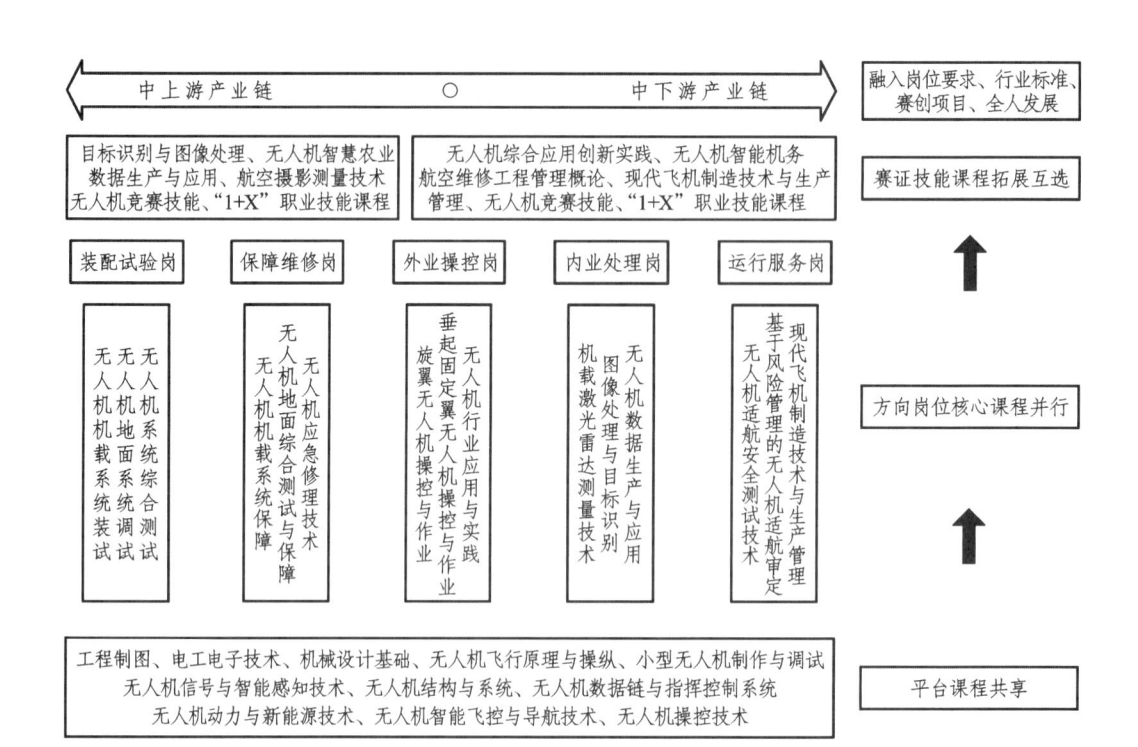

图 5 特色课程体系

（2）"两院互融　五核联动"深化高水平专业内涵建设。

校企共建无人机产业学院（图 6）和应用技术研究院（图 7），搭建教学—科研—学习—实践立体互动架构，聚焦专业人才培养核心要素，产教科融合发展。

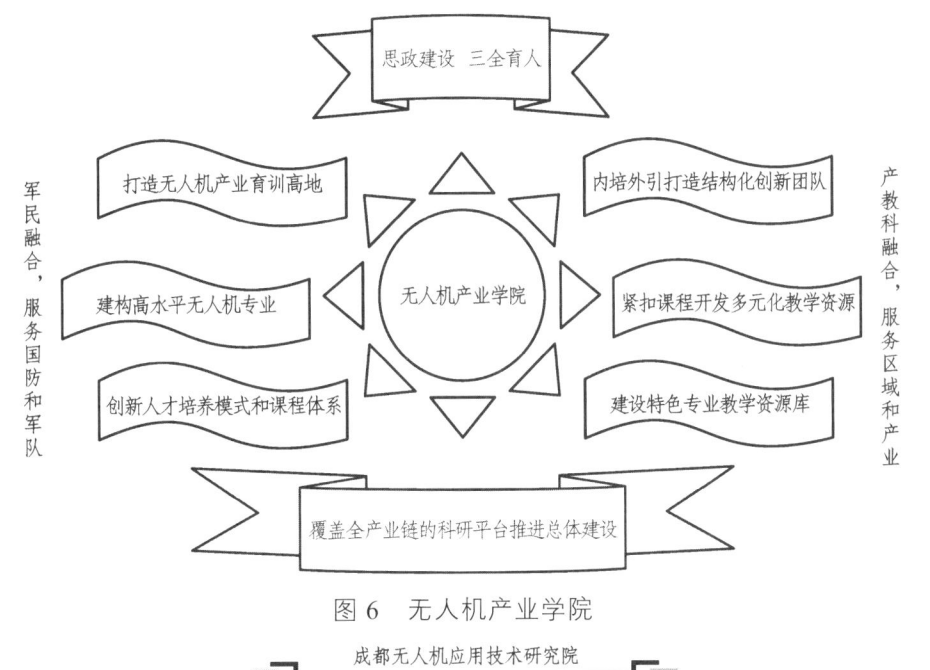

图 6　无人机产业学院

图 7　无人机应用技术研究院

课程与项目联动，课程与教材融入科研项目成果和新技术、新工艺、新规范，校企共编契合产业、军队岗位的新形态系列教材，打造国家课程思政、省级双创示范课程。

教学团队与科研团队联动，共建总师名师领衔的专兼结合结构化科教融合团队，共组"翼龙"项目开发与培训团队，促能育人、能创新、能服务的团队打造，产业学院教学团队与研究院科研团队既是独立组织，又交叉互聘联动。

实训基地与科研基地联动，通过企业捐赠、军队划拨包括"翼龙"在内的 50 余套验证、退役或编余装备，学校投入千万资金建设产教融合基地、虚拟仿真中心、无人机试验试飞场等20多个虚实结合的实验实训场所，既是科研实验室，又是学生实训场地，也是企业的生产测试场地。

高效课堂与项目实施联动，科研生产项目进课堂，以"翼龙"等无人机典型工作场景设置教学场景，以工作任务创建教学任务，既提升课堂质量，也推进项目实施。

教学中心与创新机构联动，产业学院教学中心与研究院创新中心既是独立机构，又相互联动发展，建立互动机制，全方位深化专业内涵。

（3）"三融平台支撑　三类项目引领　多域服务创新"，提升专业创新服务能力。

政行军校企共建产教融合平台（四川省无人机创新服务平台、航空职业教育集团等）、科教融合平台（无人机应用技术研究院、无人机适航技术与标准研究所、航空遥感数据处理实验室等）、军民融合平台（翼龙空地勤培训中心、部队技能提升培训基地等），校企师生共搭平台、共组团队、共建资源、共研项目、共创标准、共享成果，开展标准开发、行业应用、技能培训等"三类"项目，发挥"无人机+"的特殊专业优势，学以致用服务行业与社会，提升面向学生培养、教师成长、部队战斗力生成、产业生态建构、国际国内技能培训、灾害监测和乡村振兴等多领域的创新服务能力，实现高质量专业人才培养、高水平团队建设和社会服务，打造专业特色。（图8）

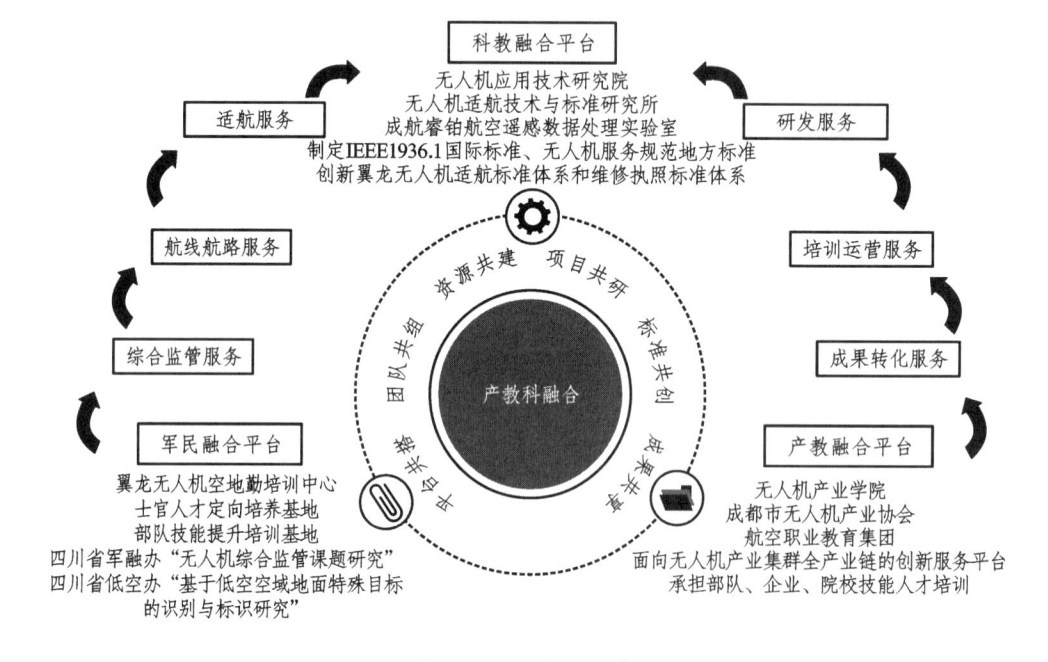

图8　"三融"平台

## 五、成果创新点

**1. 创新实践了产教科融合建设高水平专业的理念**

深化产教融合，汇聚各方资源，夯实专业基础，供给侧和需求侧结构要素全方位对接，专业与产业共育人；科教融合，多方共建协同创新平台，校企、师生共研项目，专业与产业共创新；产教科融合，聚焦产业高端的技术技能人才培养，着力打造"新时代职业教育产教科融合顶尖平台"，产业促进科研，科研反哺教学，科教助推产业，专业与产业共生长。

**2. 创新实践了"两院互融 三链映射 四融三化 五核联动"的高水平专业内涵建设新模式**

坚守立德树人根本，携手头部企业共建产研"两院"，融入产业，聚资源建平台，供需高效精准对接，在师资、技术、资源、课程、平台各个维度上形成"融合、交叉、支撑、共享"的闭环；"三链映射"创新覆盖无人机产业链高端的人才培养体系和"四融三化"特色课程体系，提升人才培养的适配度。课程与项目、教学团队与科研团队、实训基地与科研基地、高效课堂与项目实施、教学中心与创新机构"五核联动"促专业内涵提升，实现专业精准适配产业需求、培养目标适应岗位要求、教学内容体现产业主流技术、人才培养紧扣时代脉搏。

**3. 创新实践了"三融平台支撑 三类项目引领 多域服务创新"提升专业创新服务能力的新途径**

政行军校企共搭产教—科教—军民三融合协同创新服务平台，以标准开发、行业应用、技能培训三类项目引领，校企师生员工共制标准、共搭体系、共研课题、共服务，面向部队技能提升、区域产业生态建构、国内外技能培训、乡村振兴、灾害监测等，学以致用开展创新服务。围绕无人机产业发展技术、场景的创新与演进方向，开展技术研发与攻关，通过科研反哺教学，保障专业人才培养的前瞻性、适应性。加强专业内部要素整合、能力建设和优化调整，实现专业人才培养标准与产业需求标准的高效互动衔接，实现高质量专业人才培养、高水平团队建设和社会服务，打造专业特色。

**4. 创新实践了产教科融合建设高水平无人机专业的整体解决方案**

"融入产业，建构平台，深耕内涵，引领发展"，设计、实施专业建设系统工程；深化产教融合，融入产业生态圈，适应业态变化，精准专业定位；聚资源，共建育训高地与创新平台，校企、师生共研课题、创体系、建标准，既解决行业企业痛点难点，又形成高质量的产教科融合资源，也打造高水平教学科研创新团队，使教师获得感与幸福感提升，促学生创新能力培养，助推产业生态建构，形成产教科融合建设高水平无人机专业的成航模式。

## 六、成果推广及应用

**1. 人才培养质量显著提升**

适应强军与产业发展急需，育人与育才有机融合，专业人才培养与产业适配性显著增强，在校生1500余人，获国家级、省部级奖项100余项，培养规模与质量领先同类院校；专业服务强军战略，为部队培养1000多名无人机士官入列，充实了新型无人作战急需人才；服务装备走出去及产业高质量发展，毕业生成为无人机生产营运的骨干力量，在"翼龙"装试与技术服务团队中占比超过80%；近三年专业学生就业率超过98%，专业匹配度和就业满意度均超同类院校（图9）。

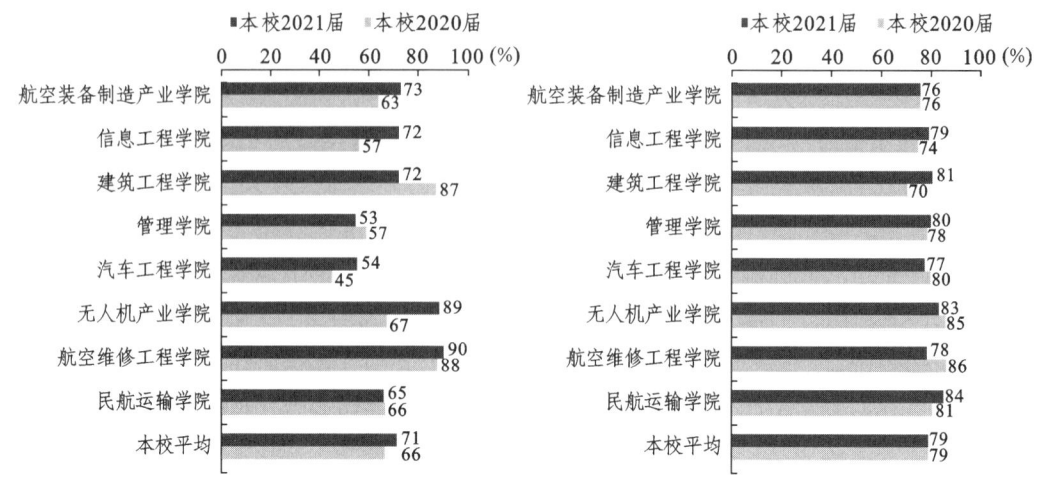

| | 本校2021届 | 本校2020届 | | | 本校2021届 | 本校2020届 |
|---|---|---|---|---|---|---|
| 航空装备制造产业学院 | 73 | 63 | | 航空装备制造产业学院 | 76 | 76 |
| 信息工程学院 | 72 | 57 | | 信息工程学院 | 79 | 74 |
| 建筑工程学院 | 72 | 87 | | 建筑工程学院 | 81 | 70 |
| 管理学院 | 53 | 57 | | 管理学院 | 80 | 78 |
| 汽车工程学院 | 54 | 45 | | 汽车工程学院 | 77 | 80 |
| 无人机产业学院 | 89 | 67 | | 无人机产业学院 | 83 | 85 |
| 航空维修工程学院 | 90 | 88 | | 航空维修工程学院 | 78 | 86 |
| 民航运输学院 | 65 | 66 | | 民航运输学院 | 84 | 81 |
| 本校平均 | 71 | 66 | | 本校平均 | 79 | 79 |

图 9　无人机专业毕业生专业匹配度高、就业满意度高（麦可思）

**2. "三教改革"取得实效**

打造高水平科教融合团队，培养国家课程思政名师 7 人，全国航空职业教育教学名师 1 人，四川省"四有"好老师 1 人，8 名教师入选全国高校黄大年式教师团队，获四川省"最美教师团队"称号，获教学能力大赛省级奖项 6 项（一等奖 2 项）、1+X 优秀师资团队，教师党支部入选省高校党建工作样板支部培育单位。近三年承担各级教学研究课题 30 余项，建成省级课程思政示范专业、国家级课程思政示范课程、省级示范课程 2 门、校级精品课程 10 门；出版航空职业教育规划教材 3 部，新形态教材 10 部（图 10），其他特色教材 20 余部。校企共建无人机产教融合基地、综合试验试飞场、国家虚拟仿真中心等虚实结合的校内外育训基地（图 11）。

图 10　无人机专业新形态系列教材（部分）

图 11  虚实结合的无人机育训基地（部分）

### 3. 专业创新服务能力明显增强

打造省级无人机创新服务平台；制定无人机地方标准 5 项、IEEE 国际标准 3 项；校企协同开发"翼龙"无人机适航体系和维修执照体系，填补行业空白；参与制定无人机专业标准及国家职业标准；聚焦"卡脖子"问题，承担包括省级多个重大项目在内的 70 余项研究项目，获授权专利 180 余项（发明专利 15 项）。完成区域内十多种无人机及载荷的试飞测试服务，每年承担部队、企业技能提升培训。已助力中航无人机、纵横股份等企业上市。

### 4. 可复制可借鉴的"成航实践"示范作用明显

2022 年 4 月 28 日，新闻联播头条"奋进新征程  建功新时代·伟大变革"以"人人出彩、技能强国"为题报道了专业产教科融合建设成效（图 12）；教育部官网专栏"职教奋进新时代"（图 13）及中国教育报以"主动融入无人机行业，共建技术服务平台，助推产业升级——成都航院：与长空共舞"和"同频·迭代  打造职教育训高地与创新平台"为题两次宣传报道专业建设案例；"融入产业，建构平台，深耕内涵，引领发展——成都航空职业技术学院深化无人机行业产教融合典型案例"被中国教育新闻网以"产教融合的三级跳"为题专项报道（图 14），吸引众多行业、企业、高校交流学习借鉴。专业建设经验在国家及区域论坛上分享，对国内职校无人机专业建设起到了示范引领作用。

图 12　新闻联播报道

图 13　教育部报道

## 同频·迭代　打造职教育训高地与创新平台
——成都航空职业技术学院产教科融合建设高水平无人机专业

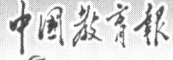

图 14　中国教育报、中国教育新闻网报道

# 融入航空报国精神的高职院校思想政治工作系统集成育人模式创新与实践

**【获奖等级】**

国家级二等奖

**【完成单位】**

成都航空职业技术学院
成都飞机工业（集团）有限责任公司
中国航发成都发动机有限公司

**【主持人简介】**

陈玉华，教授，2005年成为享受国务院特殊津贴专家，2011年、2018年四川省学术和技术带头人，2009年获国家级高等教育教学成果一等奖1项，2005年、2014年获国家级教学成果二等奖2项，2000—2018年获得四川省教学成果一等奖7项、二等奖3项，2005年、2014年分别获得四川省哲学社会科学优秀成果二、三等奖各1项。

**【团队成员】**

邹勇，尹成鑫，吴小平，张志军，刘逸舲，张霓，刘晓波，张琴，杨湘伶，彭亚娜，闫天龙，李明富，马建勇，邵红梅，黄芸，王洵，陈雅真，甘国龙，李峥

**【成果简介】**

本成果按照"教学有模式，育人有范式"的思路，依托11个国家级、省级项目，聚焦精神融入、系统集成育人模式、协同机制的研究与实践，创立融入航空报国精神的人才教育观和思政工作系统集成观，并贯穿育人全程、全方位；通过主渠道主阵地融为"一体"带动，形成文化素质教育和学生事务服务"两翼"助力，实施全员育人与队伍建设、全程育人与养成教育、全方位育人与课内外活动"三全"策略，打造政治铸魂、思想导航、道德引领、文化陶冶和服务发展"五工程"驱动，系统推进有机融入航空报国精神的课程与实践、文化与网络、心理与科研、资助与服务、组织与管理"十育人"（"十"即十六进制的"A"），构建系统集成的"1235A"育人模式；通过思政教师主导、辅导员

指导、专业教师表率、管理服务人员保障的全员协同，课堂重点、课外活动实践关键、生活园区补充和网络延伸的全程协同，教育教学正面指导、管理言传身教、服务潜移默化的全方位协同，"校企家军社"多元"四链"协同，形成全域联动的"三全多元"协同育人机制。

经七年实践，学校育人成效显著，学生思政工作在育人理念、模式、主体、意识、学生综合评价和思想行为等方面呈现新样态；97%以上学生表示德育得到较大提升，航空类毕业生超过70%到航空国防单位建功立业，培养了近3万名"忠诚祖国、奉献祖国""三好一优一强"人才。

# 《融入航空报国精神的高职院校思想政治工作系统集成育人模式创新与实践》成果总结报告

## 一、成果背景

2015年C919总装下线之际，习近平总书记作出重要指示，强调继续弘扬航空报国精神，进一步提升我国装备制造能力。2016年在全国高校思想政治工作会议上，习近平总书记指出，要坚持把立德树人作为中心环节，把思想政治工作贯穿教育教学全过程，实现全程育人、全方位育人。

成都航空职业技术学院源于航空、依托航空、服务航空，始终以"为党育人、为国育才，航空报国、技术强军"为使命，坚决落实立德树人根本任务，改革创新学生思想政治工作，致力于培养具有"忠诚祖国、奉献祖国"品质特质的高素质技术技能航空人才。传承弘扬"忠诚奉献、逐梦蓝天"航空报国精神，具有培养学生使命、担当和情怀的三大意蕴。学校积极做好思政工作，取得一定成效，但还存在一些痛难点。

## 二、成果来源

学校按照"教学有模式，育人有范式"的思路，2012年年初提出学生思政工作飞机象形的"一体两翼三全"初级模式；2015年，开展融入航空报国精神的省级学生思政教育综合改革试点和学生思政工作模式课题研究，借鉴飞机集成制造系统理念，顶层设计、整体架构了"一体两翼三全五工程"进阶模式；2018年5月，完善为系统集成的"1235A"育人模式（"A"即十六进制的"十"，代表"十育人"，隐喻德育为首）。

## 三、成果主要内容

本成果基于育人模式、精神培育、事务服务等研究，更新了学生发展标准和人才教育观，并用研究指导工作；通过"主渠道"与"主阵地"融为"一体"、形成"两翼"助力、实施"三全"策略、打造"五工程"驱动等，形成整体育人方案；通过课程与实践、文化与网络、心理与科研、资助与服务、组织与管理等载体，将"忠诚奉献"的航空报国精神融入育人的全员、全过程、全方位；通过思政课教师、辅导员、专业课教师、管理服务"四方"协同，主课堂、课外活动实践、生活园区和网络"四课堂"协同，教育教学、管理、服务"三维"协同，校企链、家校链、校军链和校社链"四链"耦合，健全全域联动的"4434"协同育人机制。

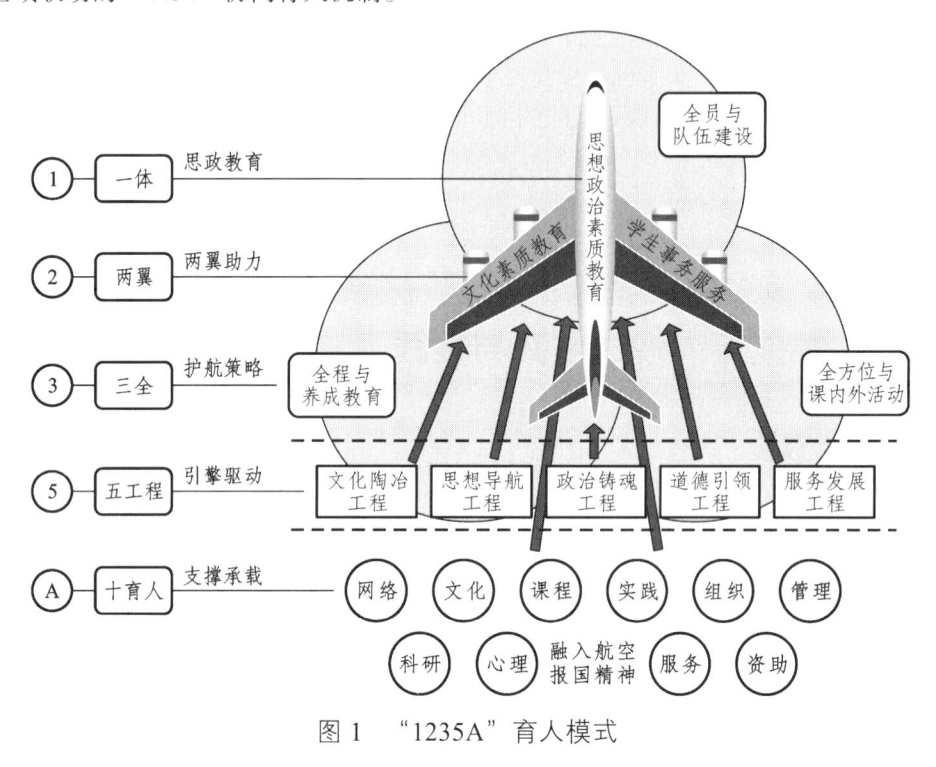

图 1 "1235A"育人模式

## 四、成果主要解决的教学问题及解决教学问题的方法

### （一）成果主要解决的教学问题

（1）航空报国精神融入学生思想政治教育不深。
（2）学生思想政治工作碎片化，系统性不足。
（3）学生思想政治工作运行不畅、协同性不够。

### （二）解决教学问题的方法

工作思路：以问题为导向，以国家级、省级项目（课题）为依托，以系统理论和协同理论为指导，研究先行以做好顶层设计、整体谋划以集成系统、整合力量以统筹推进，创新思政工作整体解决方案，构建融入航空报国精神的系统集成育人模式，并进行实践应用推广。

#### 1. 研究先行：开展"立德树人"系统研究

注重用研究成果指导实践，发挥研究先行引导作用。
（1）开展育人研究。围绕航空报国精神融入什么、如何融入、谁来融入以及有效性等，开展精神融入与培育、育人模式与机制等国家级、省级 11 个项目研究。

（2）教育思想讨论。对"立德树人"内涵形成共识；确定学生发展标准为"三好一优一强"（思想素质好、身心素质好、文化素质好，职业素养优，专业能力强）；明晰航空报国精神有机融入的出发点、契合点、共鸣点和支撑点；完善学生综合评价为德智体+发展素质。

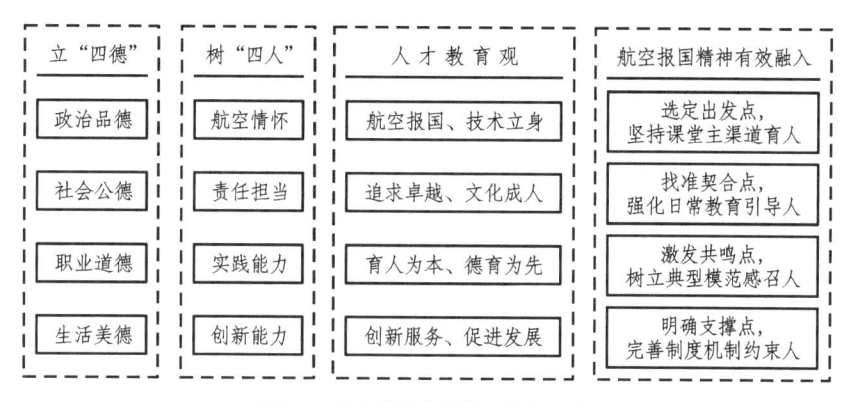

| 立"四德" | 树"四人" | 人才教育观 | 航空报国精神有效融入 |
|---|---|---|---|
| 政治品德 | 航空情怀 | 航空报国、技术立身 | 选定出发点，坚持课堂主渠道育人 |
| 社会公德 | 责任担当 | 追求卓越、文化成人 | 找准契合点，强化日常教育引导人 |
| 职业道德 | 实践能力 | 育人为本、德育为先 | 激发共鸣点，树立典型模范感召人 |
| 生活美德 | 创新能力 | 创新服务、促进发展 | 明确支撑点，完善制度机制约束人 |

图 2 "立德树人"系统研究

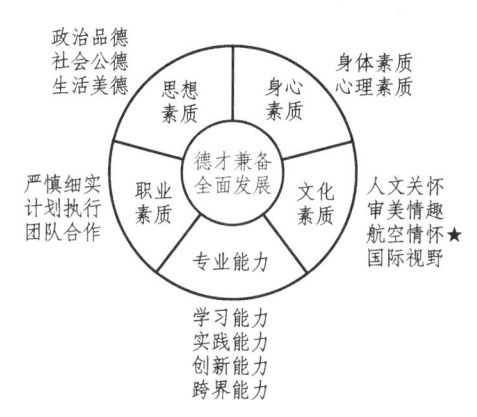

图 3 学校学生发展标准

（3）更新工作观念。围绕工作成效和目标导向，确立融入航空报国精神的人才教育观和思政工作系统集成观。

**2. 系统集成：构建"1235A"育人模式**

构建"一体带动、两翼助力、三全策略、五工程驱动、十育人承载"的系统集成"1235A"育人模式，增强育人整体性和关联性。

（1）"1"：融为"一体"带动。将思政理论课教学"主渠道"和日常思政教育"主阵地"融为一体。打造思政课程精品课和课程思政"金课"，获省级思政课程示范课 2 门、课程思政国家级示范课 2 门和省级示范课 6 门；创设成航大讲堂、逐梦蓝天等八大类活动。

（2）"2"：形成"两翼"助力。成立文化素质学校，设立 10 个必修学分，推进涵盖文史哲艺职的文化素质教育，提升学生就职后"续航"能力；建立事务服务中心，为在校学生提供全方位事务服务，助力学生顺利"启航"。

（3）"3"：实施"三全"策略。实施全员育人与队伍建设、全程育人与养成教育、全方位育人与课内外活动策略。加强专职教师队伍和航空企业兼职教师队伍建设，将教师提升与晋职、评奖与评优和育人要求挂钩；发挥主课堂、课外活动实践、生活园区和网络"四课堂"区别性育人功能，落地全过程育人；推进教育教学正面教导、管理言传身教、服务潜移默化，落实全方位育人。

（4）"5"：打造"五工程"驱动。打造日常思政教育"五工程"，形成工作矩阵：一是政治铸魂工程，使学生牢记航空报国使命；二是思想导航工程，强化学生责任担当；三是道德引领工程，引导学生践行社会主义核心价值观；四是文化陶冶工程，让学生赓续航空文化基因；五是服务发展工程，促进学生健康成长成才。

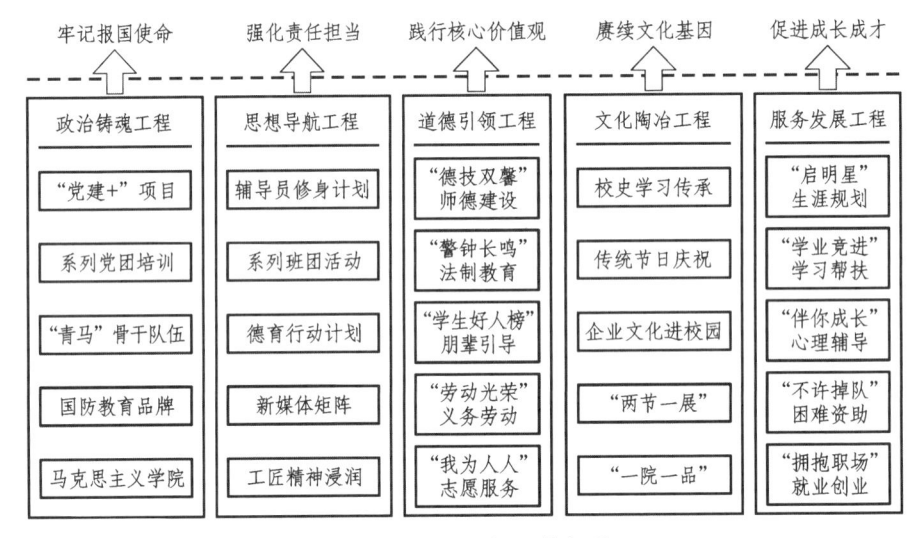

| 牢记报国使命 | 强化责任担当 | 践行核心价值观 | 赓续文化基因 | 促进成长成才 |
| --- | --- | --- | --- | --- |
| 政治铸魂工程 | 思想导航工程 | 道德引领工程 | 文化陶冶工程 | 服务发展工程 |
| "党建+"项目 | 辅导员修身计划 | "德技双馨"师德建设 | 校史学习传承 | "启明星"生涯规划 |
| 系列党团培训 | 系列班团活动 | "警钟长鸣"法制教育 | 传统节日庆祝 | "学业竞进"学习帮扶 |
| "青马"骨干队伍 | 德育行动计划 | "学生好人榜"朋辈引导 | 企业文化进校园 | "伴你成长"心理辅导 |
| 国防教育品牌 | 新媒体矩阵 | "劳动光荣"义务劳动 | "两节一展" | "不许掉队"困难资助 |
| 马克思主义学院 | 工匠精神浸润 | "我为人人"志愿服务 | "一院一品" | "拥抱职场"就业创业 |

图 4 "五工程"工作矩阵

（5）"A"：融入"十育人"承载。系统推进航空报国精神有机融入"十育人"：将"航空概论"设为公选课等，推进特色课程育人；开展航模赛训和走进航空企业等实践活动，航空企业成为学生实习与思政教育"双基地"，彰显职教特色实践育人；设航空文化专栏，打造航空馆，举办航空科技文化节，浸润航空文化育人；运行成航易班、融媒体中心网络文明育人；16136模式心理育人；航空企业横向科研、航空产品转包生产等科研育人；扶贫、扶智与扶志结合资助育人；线上线下事务服务育人；与航空企业开展党团共建，成立航模队、成飞俱乐部，特色党团组织育人；国防教育特色学校与半军事化、准军事化管理育人。将"祖国利益高于一切"的价值观，"严慎细实、精益求精"的工作作风，"质量100%"的质量观，"讲质量、重安全"的安全观等，厚植于学生心底。

### 3. 全域联动：健全"三全多元"协同育人机制

形成学校内部"三全"协同、与外部多元"四链"协同的"三全多元"协同育人机制，聚合育人资源，畅通育人渠道。

（1）全员协同。实行专兼职辅导员和"双导师"制，定期召开"大学工"会议，发挥思政教师主导、辅导员指导、专业教师表率、管理服务人员保障的作用。

（2）全过程协同。推动体验式教育、信息化建设，实现以课堂为重点、课外活动实践为关键、生活园区为补充和网络为延伸的横向全程协同。

（3）全方位协同。教育教学正面教导、管理言传身教、服务潜移默化的优势互补，形成全方位协同机制。

（4）多元协同。建立航空产教联盟，家校定期联络，校军共育士官生，与爱国主义教育基地签订协议，形成校企链、家校链、校军链和校社链"四链"耦合，健全"校企家军社"多元协同机制。

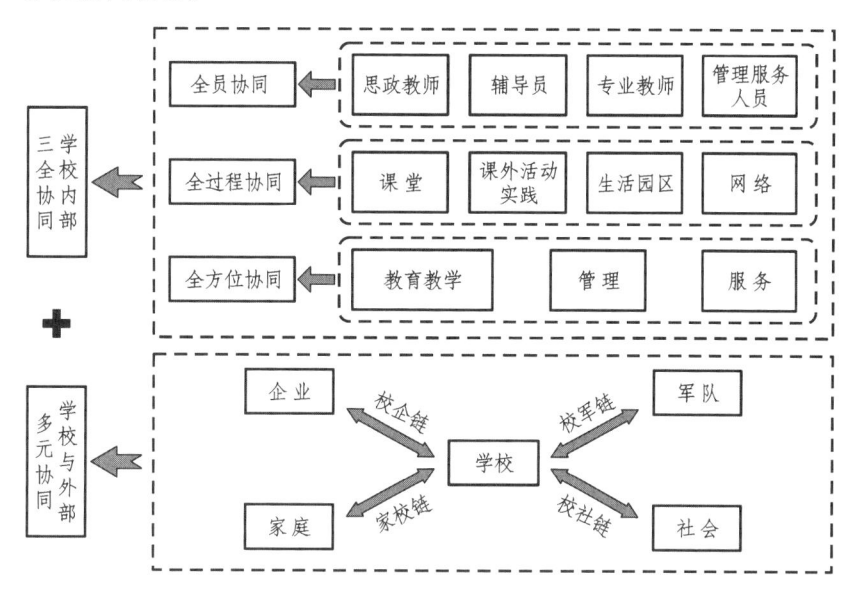

图5 全域联动：健全"三全多元"协同育人机制

## 五、成果创新点

### （一）理念创新：创立了融入航空报国精神的人才教育观和思政工作系统集成观

受飞机集成制造启迪，应用系统理论，把学生思政工作作为系统工程从整体上进行系统思考、规划设计和统筹推进，注重思政工作的系统性、整体性和协同性，在方法上突出整体智治、综合集成、系统融合和协同作业，增强各项措施的关联性和耦合性，实现整体推进与重点突破的统一，创立了融入航空报国精神的"航空报国、技术立身、追求卓越、文化成人；育人为本、德育为先，创新服务、促进发展"人才教育观和思政工作系统集成观。

### （二）模式创新：构建了思政工作系统集成"1235A"育人模式

坚持系统思维，实施思想政治教育综合改革，在育人主体、时间、空间、内容、手段和媒介上进行一体化、系统化构建，最终形成了系统集成的高职院校"一体两翼三全五工程十育人"的"1235A"育人模式，破解了学生思想政治工作碎片化问题。把"忠诚奉献、逐梦蓝天"航空报国精神有机融入课程体系、教学体系、教材体系和管理体系，融入社会实践、社团活动、校园文化和网络文化，实现育人无处不在、无时不有，"忠诚祖国、奉献祖国"成为学校所培养人才的品质特质。

### （三）机制创新：形成了全域联动的"三全多元"协同育人机制

应用协同理论，将过去相对独立、各自为政的思想政治工作体系与其他工作体系相贯通，建立健全校内思政教师、辅导员、专业教师以及管理服务人员"四方"全员协同，课堂、课外活动实践、生活园区和网络等"四课堂"全过程协同，以及教育教学、管理、服务"三维"全方位协同的体制机制，破除了部门各自为政的问题；通过深化产教融合、校企合作，成立航空职教集团，家校定期联系，校军共育士官生，与多处爱国主义教育基地签订协议等，形成校企链、家校链、校军链和校社链"四链"耦合，建立健全"校企家军社"多元协同机制，实现信息互通、方案合订、要素共享、载体相融，彰显了校内外育人系统的整体功能效应。

## 六、成果推广及应用

### （一）学生综合素质大幅提升，成效显著

大批"三好一优一强"学生涌现出来。近七年来，学校培养了近3万名"忠诚祖国、奉献祖国""三好一优一强"的高素质技术技能人才。综合素质A级证书获得者、"三好"学生等逐年增加。涌现出受到习近平总书记接见的"中国民航英雄机组"成员吴诗翼、"通令嘉奖"的梁磊等10名士官，获评"全国技术能手"、入围第46届世赛国家集训队的梁镖，"全国青年岗位能手"称号的崔鸿宇，获2019国庆"阅兵嘉奖"的潘兴远，获评"四川省最美女大学生"的胡方雨等一大批优秀学生和毕业生。

表1  2015—2021年学生培养情况

| 年度 | 综合素质A级证书获得者 | "三好"学生 | 毕业生 | 毕业生对学校满意度 | 在国防航空类企事业单位就业毕业生 | 毕业士官生 | 受部队表彰士官 |
|---|---|---|---|---|---|---|---|
| 2015年 | 23 | 134 | 3694 | 94% | 722 | 68 | 16 |
| 2016年 | 58 | 136 | 3731 | 93% | 1013 | 94 | 7 |
| 2017年 | 60 | 121 | 3643 | 96% | 1047 | 154 | 56 |
| 2018年 | 109 | 112 | 3691 | 94% | 1051 | 222 | 92 |
| 2019年 | 140 | 218 | 3450 | 96% | 1136 | 298 | 171 |
| 2020年 | 193 | 268 | 3759 | 96% | 1554 | 469 | 132 |
| 2021年 | 168 | 276 | 4041 | 96% | 1788 | 667 | 140 |

学生航空报国的使命担当得以强化。越来越多的航空类毕业生（目前超过70%）到航空国防单位建功立业，服务于歼-10、歼-20、C919、"翼龙"无人机、航母舰载机和民航客机的生产、维护和运营。学校连续多年就业率超过95%，用人单位满意度超过96%，是航空工业集团、中国航发集团双签约选聘人才的唯一高职院校。麦可思公司调查数据

显示，学生多项就业核心指标优于全国"双高"学校平均水平；近三年，97%以上学生表示自己在德育方面得到较大提升。

### （二）学校育人水平显著提高，成绩斐然

研究实践结出硕果。学校成为首批四川省高校党建工作示范党委培育单位、省高校思想政治教育综合改革试点单位、省"三全育人"综合改革示范学校。汽车工程学院学生党支部通过"全国高校党建工作样板支部"验收，619321班团支部获共青团中央"高校活力团支部"荣誉称号。发表相关论文80余篇，其中核心期刊论文17篇，引用与下载量累计超过4500次。入选教育部思想政治教育典型工作法1个、课程思政示范课2门，省级思政课程示范课2门、课程思政示范课5门、思政工作精品项目1项。

思政工作名片纷呈。一是文化素质学校，以"成航大讲堂""成航微讲坛"为主要载体，开展文、史、哲、艺、职讲座近280场，受众超8万人次。二是文化艺术节和航空科技文化节，已开展20余届，早在师生心中生根发芽。三是学生心理健康辅导，形成"16136"模式，获全国大学生心理健康教育先进集体、四川省心理健康教育示范中心等荣誉称号。四是大学生事务服务中心，对20余项学生事务进行"一站式"服务，该项目研究成果获四川省高职教育研究中心二等奖。五是成航学生"好人榜"，已连续开展8届，荣获四川省职业院校中华传统美德案例一等奖。六是士官生军政素质培养。

六大新样态呈现。一是育人理念从过分重技术、重就业的"工具理性"转向"以人为本"的"工具理性+诗意理性"。二是育人模式从"脱离办学类型与专业特色实际"转向"具有职业教育特色和航空特色"。三是育人主体从"校内单一育人主体单干"转向"校内外多元育人主体协同"。四是教职员工意识从"思想政治工作是思政老师和辅导员的事"转向"全员参与思想政治工作"。五是学生综合评价从"德智体"三维、"期末一次性评价"转向"德智体+发展素质""全过程定量+定性评价"。六是学生思想行为从"学好一门技艺，走遍天下都不怕"转向"德技双修、以德为先、综合提升、全面发展"。

### （三）育人模式在省内外推广，备受肯定

育人成果著作陆续出版。学校将育人做法、经验，通过"高职院校思政工作协同育人成果"丛书进行展示与分享，已出版著作4本：《见证成长——成都航院优秀大学生成长手册》《高职院校大学生思想分类引导与文化素质教育创新实践》《高职院校大学生事务服务的研究与实践》《统筹规划 校企共育——汽车类专业课程思政教学改革探索与实践》。出版教材2本：《我在这里启航》《启航——成都航院大学生学习生活指南》。在昭示学术影响和应用价值的同时，也为众多同仁所倚重，产生了深远影响。

省内外同仁给予充分肯定。在全国高职院校心理健康教育年会、直招士官业务培训会、文化素质指委会年会，省高校思政工作年会、职教行大会等会议，国家教育行政学院高职中青年干部培训班学员到校调研和省内外高职院校到校考察交流会上，学校通过多种渠道、方式，宣介推广系统集成"1235A"育人模式的做法与成效，得到学生思政工作同仁的高度认可与肯定，并予以学习借鉴。

## （四）成果经验极具示范作用，广受关注

成果受到多家媒体高度关注。近三年，学校育人相关做法、经验、成果，被中央广电总台、人民日报、光明日报、中国教育报、教育导报、人民网、中国网、中国教育新闻网、国际在线等媒体，以"弘扬航空报国精神，培养卓越技能人才""系统集成育新人，航空报国担重任"等为题，累计报道超400次，在全国产生较大影响。

图6 部分重要媒体宣传报道我校显著育人成效及相关做法

# 定向士官军政素质培养模式的创新与实践

【获奖等级】

省级一等奖

【完成单位】

成都航空职业技术学院
空军工程大学航空机务士官学校
海军航空大学青岛校区
武警四川省总队
成都飞机工业（集团）有限责任公司

【主持人简介】

熊熙，教授，2009年国家高等教育教学成果一等奖成果主持人，2021年航空行指委教学成果一等奖成果主持人。

【团队成员】

任丹，梁潘，蒋晓敏，王洲伟，王守权，李健，郭锐，杨余，宋勇军，黄渊，胡瑞典

【成果简介】

建成世界一流军队，需要一流士官人才。为贯彻落实习近平总书记加快推进军民融合发展和新时代强军目标的重要指示，2012年开始，教育部、中国人民解放军原总参谋部陆续遴选了48所优质地方职业院校为部队定向培养士官（以下简称定向士官）。学校作为全国首批试点院校，与部队指导单位协同开展地方职业院校培育军事人才的重大任务，按照"四有"革命军人标准，传承强军报国理想，为战育人培养听党指挥、能打胜仗、作风优良的空军、海军和武警部队士官，助推了我军新型高素质士官人才方阵加速成长。

军政素质是革命军人的关键素质和品格构成，是士官绝对忠诚、绝对纯洁、绝对可靠的根本保证。学校聚焦军政素质培养，确立"思想品德铸魂、军事技能尚武、运动训

练健体、科学技术强能、综合素质修德"的教育理念，创新"两线并进、三维融合、四方联动"军政素质培养模式。首先，根据士官任职要求，设定了"两线并进"培养标准，即包含政治、道德等五个素养的"政治素质"线培养标准和包含内务、队列等五个能力的"军事素质"线培养标准，两线并进着力培养优秀士官。其次，依据培养标准，构建"三维融合"培养模块，即军政理论、军政技能和军政素养培养模块。最后，依托部队指导院校、企业、学生家庭，建立党建共建、联教联训、考核评价、学生交流等机制实现"四方联动"培养军政素质。

通过教学改革，定向士官军政素质培养实现了五个转变：培养模式上，从零散架构向系统设计转变；培养途径上，从单一教学途径向理论、实践、文化的多元途径转变；培养时域上，从固定教学时段向全时段育人转变；培养联动上，从学校单方育人向军企校家联动转变；培养成效上，从军政素质较弱向军政素质优良转变。教学改革成果丰硕：打造1个全国高校黄大年式教学团队，完成10余项军委、省级教学改革项目，获得4项军委、省级教学成果一等奖，形成3项职业教育改革典型案例。

经过十年探索，形成军委认同、各军兵种赞同、全国推广的军政素质培养"成航模式"。入伍士官军政素质考核优秀率达51%（全国平均值为20%），扎根于祖国大地的2620余名士官中700余人立功受奖，全军首支"翼龙"无人机部队、首个"歼-20"五代机基地、首艘"辽宁号"航母均有成航士官身影。

# 《定向士官军政素质培养模式的创新与实践》成果总结报告

## 一、成果背景

建成世界一流军队，需要一流士官人才。为贯彻落实习近平总书记加快推进军民融合发展和新时代强军目标的重要指示，2012年开始，教育部、中国人民解放军原总参谋部陆续遴选了48所优质地方职业院校为部队定向培养士官。作为首批定向士官培养单位，在空军工程大学航空机务士官学校、海军航空大学青岛校区、武警四川省总队指导下，学校按照"四有"新一代革命军人标准，传承航空报国精神立德树人，发挥航空产业优势为战育人，培养听党指挥、能打胜仗、作风优良的空军、海军和武警部队高素质士官。

## 二、成果来源

通过教学改革，定向士官军政素质培养实现了五个转变：培养模式上，从零散架构向系统设计转变；培养途径上，从单一教学途径向理论、实践、文化的多元途径转变；培养时域上，从固定教学时段向全时段育人转变；培养联动上，从学校单方育人向军企校家联动转变；培养成效上，从军政素质较弱向军政素质优良转变。教学改革成果丰硕：打造1个全国高校黄大年式教学团队，完成10余项军委、省级教学改革项目，获得4项军委、省级教学成果一等奖,形成 3 项职业教育改革典型案例。

经过十年探索,形成军委认同、各军兵种赞同、全国推广的军政素质培养"成航模式"。入伍士官军政素质考核优秀率达 51%(全国平均值为 20%),扎根于祖国大地的 2620 余名士官中 700 余人立功受奖,全军首支"翼龙"无人机部队、首个"歼-20"五代机基地、首艘"辽宁号"航母均有成航士官身影。

### 三、成果主要内容

军政素质是革命军人的关键素质和品格构成,是士官绝对忠诚、绝对纯洁、绝对可靠的根本保证。学校聚焦军政素质培养,确立"思想品德铸魂、军事技能尚武、运动训练健体、科学技术强能、综合素质修德"的教育理念,创新"两线并进、三维融合、四方联动"军政素质培养模式。首先,根据士官任职要求,设定了"两线并进"培养标准,即包含政治、道德等五个素养的"政治素质"线培养标准和包含内务、队列等五个能力的"军事素质"线培养标准,两线并进着力培养优秀士官。其次,依据培养标准,构建"三维融合"培养模块,即军政理论、军政技能和军政素养培养模块。最后,依托部队指导院校、企业、学生家庭,建立党建共建、联教联训、考核评价、学生交流等机制实现"四方联动"培养军政素质。

### 四、成果主要解决的教学问题及解决教学问题的方法

#### (一)解决的教学问题

(1)地方职业院校如何理解"四有"新一代革命军人的精神特质和品格内涵,制定明确、可衡量的定向士官军政素质培养标准。

(2)地方职业院校在"五育并举"培养普通生的基础上,如何进一步完善融合高效、可操作性强的军政素质培养模块。

(3)地方职业院校的产业和企业资源优势如何与部队、学生家庭力量有效整合,并通过相应校内外协调机制形成定向士官军政素质培养的合力。

#### (二)解决教学问题的方法

**1. 对接新一代革命军人要求,制定并完善"两线并进"的军政素质培养标准**

"有灵魂、有本事、有血性、有品德"是新一代革命军人有血有肉、顶天立地的内涵和形象。有灵魂就是信念坚定、听党指挥,有本事就是素质过硬、能打胜仗,有血性就是英勇顽强、不怕牺牲,有品德就是情趣高尚、品行端正。结合各军兵种特点,制定包含 20 项要求的政治素质标准和包含 12 项要求的军事素质标准,即"两线并进"的军政素质培养标准。

(1)政治素质培养标准,确立以思想政治建设为龙头的"思想政治坚定"培养主线,包含"政治、道德、纪律、学习、情感"五个素养标准。

(2)军事素质培养标准,确立以战斗力建设为中心的"军事技能过硬"培养主线,

包含"理论、内务、队列、体能、专项技能"五个能力标准。

**2. 遵循素质培养规律，构建并持续优化"三维融合"的军政素质培养模块**

将军政素质培养标准和内容从理论、技能、素养三个维度设计为系统化的培养模块，通过士官生全时域军事化管理，全链条、全过程、全方位覆盖课堂内外、校内校外。

（1）军政理论全链条贯穿。设计富有"军味"的人才培养方案，以时间轴为链，重构课程体系，开设"人民军队导论"等军事理论课程和"士官生心理健康教育与疏导"等公共基础课，在"航空发动机原理与结构"等所有专业课中融入军政素质要求，将军政理论贯穿培养全链条，做到课课有军政知识、堂堂有军政元素。

（2）军政技能全过程锤炼。借鉴部队运行模式，将军政素质要求融入校内外实践，即校内落实"一日生活"制度，校外开展"四会能力"训练。课堂教学与课外训练衔接，课内安排"基础体能+军事共同科目"日常训练，课外开展年度"体能、队列、内务比武""五小练兵"等，将军政技能锤炼融入培养全过程。

（3）军政素养全方位浸润。建立"机关+学员队"五级管理制度，实施学习、训练、管理、生活等四个秩序，弘扬"四爱一献身"精神，举办"士官生讲坛""成航大讲堂"，推行新学员授衔、奖励等五项仪式，丰富教室、寝室、网络等六室文化，庆祝建军节、入伍日等七个节日，行为管理、集体影响、环境熏陶，形成独具特色的军政素养浸润培养土壤。

**3. 内外结合，优势互补，形成"四方联动"的军政素质培养机制**

（1）军队指导。由各军兵种协调，学校与空军工程大学航空机务士官学校、海军航空大学青岛校区、武警四川省总队、武警部队特勤局航空处等部队指导单位建立了完善的联教联训、考核评价、课程共建、师资互派、学员交流等机制，定期制订修订定向士官培养方案，在联合教研、联教联训等活动中培养军政素质。

（2）企业参与。通过航空职业教育集团平台，与成飞集团等航空装备制造企业建立党建共建、双主体五共同育人、人才培养质量反馈等机制，发挥成都飞机设计研究所、景德镇昌河飞机公司、中航（成都）无人机公司等航空企业文化优势，将"航空报国、航空强国"理想和定向士官岗位职业意识与素养融入定向士官军政素质培养，在参观学习、讲座交流、顶岗实习中培养政治素质。

（3）家长支持。建立家校联动育人、信息反馈、毕业持续跟踪等机制，借力新媒体引导家长全力支持，建立了有8000余名家长、教师、学生参与的20余个家校群，以线上线下、校内校外相结合的方式，及时展示定向士官教学、训练、比赛、养成、考核等场景，得到学生家长积极关注和广泛参与，点赞、留言、慰问、捐赠踊跃，家校联动育人成效明显。

（4）学校实施。做好顶层设计，建立多部门协同育人、定期质量反馈与改进等机制，在定向士官培养工作领导小组领导下，士官管理学院与各二级学院贯彻《关于加强定向培养士官工作的实施意见》等6个文件，落实《一日生活制度》等20余个实施细则，协同推进定向士官培养工作，实现可视化的定向士官军政素质培养画像。

## 五、成果创新点

（1）创新了地方职业院校走军民融合道路服务国家强军目标的高素质技能型定向士官培养理念。厚植于"航空报国、追求卓越"学校精神沃土，紧跟习近平总书记"思想建党、政治建军"强军新要求，坚持为党育人、为国育才，确立了"思想品德铸魂、军事技能尚武、运动训练健体、科学技术强能、综合素质修德"定向士官培养理念，培养目标与报国精神融一体承一脉并贯穿始终，具有鲜明的时代特征和军民融合特色。2022年6月，中国教育报以"服务强军目标 培养高素质士官人才"为题，对该理念支撑下的人才培养成效进行整版报道。

（2）创新设计了行业精神与军人品格融合的军政素质培养模块。依托全国教育科学国防军事教育学科"十三五"规划课题"航空机务定向培养士官军地协同、深度融合培养问题研究"等5项重大研究项目聚焦航空装备战斗力生成，构建以"从工位走向战位"为核心的定向士官培养方案，做到军政理论全链条贯穿、军政技能全过程锤炼和军政素养全方位浸润，实现军政素质的校内校外结合、课内课外互补、显性隐性协调、线上线下融合培养，形成理论认知、实践锻炼、行为自觉三位一体，丰富了地方职业院校思想教育的育人内涵。

（3）创新了家庭、学校、社会联动的定向士官军政素质培养机制。坚持"三全育人"改革，除学校教师外，将学生家长、部队教员和企业专家作为育人的重要力量，以"课内课外、校内校外、线上线下"的灵活参与方式，聚合成为全员育人网络的重要支撑，为定向士官提供不同时域、场景和情感联系的学习、锻炼、实践成长环境，是家庭、学校和社会教育融通的突破性探索，形成地方院校与军队、企业、家庭互动，校内外资源共享的联动育人新机制，为培养高素质士官人才提供了强有力的机制保障。

## 六、成果推广及应用

### （一）应用效果

（1）定向士官全面发展，在校定向士官已成为全校学生思想觉悟、严谨行为、勤勉学习、强健体魄的标杆。在校定向士官思想坚定，特别听指挥，学习、实践、活动参与率100%，应急处突事件参与率100%，社会服务活动参与率100%。获四川省首届（2021年）军政素质比武团体总分第一名，文鹏等获全国学宪法活动一等奖，王埔海等300余人奋战在河南洪灾、西昌森林救火等急难险重任务一线，每年承担成都市大中小学3万人次的军训任务，学校成为扎根地方的"军营"。

（2）定向士官"从工位到战位"无缝对接，毕业入伍后表现优异，屡获嘉奖。定向士官特别能吃苦，80%以上毕业定向士官主动申请到新疆、西藏等祖国边疆；特别能战斗，入伍后军政素质考核优秀率达51%（全国平均值约在20%），大部分在山东舰、辽宁舰、歼-20部队的装备保障重要岗位。已入伍的2629名定向士官毕业生中，有755人立功获奖。定向士官已成为"成航学子"品牌代言人，全国影响力持续提升，近5年定向士官招生第一志愿录取率100%，录取分数超本科分数线比例超30%，报到率100%。

（3）示范引领，定向士官军政素质教学资源优势凸显。在本成果实践推动下，完成"'四爱一献身'精神培育——红色基因融入士官生思想政治教育"等10余项省部级重点教改课题、"航空发动机原理与结构"等2门国家课程思政示范课、航空军工教学资源库、中国两弹城等6个思想政治教育基地建设，编写《定向培养直招士官军事体育训练教程》等3本教材，获得教育部全国高校黄大年式教师团队称号。

（4）人才品牌效应显现，学校成为全国定向士官培养示范区。目前，中国人民解放军空军、海军无人机士官主要由我校培养，我校已成为全国航空机务士官专业最全的培养基地之一。根据各军兵种反馈，我校定向士官培养人数和质量连续10年位列全国48所定向士官培养院校中第一梯队，示范领跑。先后被总参谋部、教育部、空军、武警部队授予"中国人民解放军定点士官直招试点学校""定向士官人才培养基地""国防教育示范学校"等荣誉。

### （二）成果推广

（1）部队高度认可，得到广泛宣传。省部级领导多次到校视察并给予高度评价。学校先后5次在全国定向士官培养联席会上以"军民融合军地协同共建共享 凝心聚力联合培养新时代士官"等为题作经验交流。

（2）媒体积极报道，获得同行推广。强军报国军政素质培养工作被央视新闻频道、中国青年报等38家中央和省级主流媒体广泛报道，该模式不仅在校内30余个专业中借鉴应用，也在海军士官学校、空军通信士官学校、长沙航空职业技术学院、西安航空职业技术学院、威海职业学院等50余所部队及地方职业院校中推广。

# "三全育人"视域下的航空工程类专业育人模式的创新与实践

【获奖等级】

省级二等奖

【完成单位】

成都航空职业技术学院
成都飞机工业(集团)有限责任公司
中国航发成都发动机有限公司

【主持人简介】

彭亚娜,副教授,2009 年负责国家示范性高等职业院校建设项目子项目"机床控制系统运行与管理"课程及教学资源建设;2012 年主持的"基于汽车产业链的汽车技术专业(群)综合人才培养模式"获得成都航空职业技术学院教育教学成果奖三等奖,2022 年主持的"'三全育人'视域下的航空工程类专业育人模式的创新与实践"获得四川省人民政府教育教学成果奖二等奖。2022 年主持完成国家职业标准-坦桑尼亚国家职业标准《航空电子设备维修工程技术员-NTA 6》。

【团队成员】

彭亚娜,何龙,马超,王昌昊,刘培,祖以慧,李晓华,杨维,胡洪志,葛剑,海雯炯,徐伟,甘国龙,李峥

【成果简介】

本成果是成都航空职业技术学院航空维修工程学院(以下简称学院)以立德树人为根本任务,以学生为主体,把思政工作贯穿教育教学全过程,整合学校、企业、部队、社会和家庭资源搭建"航空工程类专业特色的三全育人"大思政平台,创新多元、多维、协同的思政工作方法,将"成于人 敬于业 精于技"的育人理念融入专业课程体系,将多维评价贯穿到学生评价教育教学全过程,构建及时、动态、全面的学生管理信息化平台,对学生综合素养做到科学合理可测、可评,实现"三全育人"的精准性和实效性,

是航空工程类专业育人模式的探索与实践成果。

本成果运用系统论方法。做好顶层设计，实施党建引领计划、学院文化培育计划、专业品牌建设计划、人才引领计划、服务能力提升计划等五大重点计划，落实"三全育人"项目开发和设计，校企协同完成项目实施，形成良性循环和可持续发展的机制。

本成果通过显形与隐形相结合，重塑课程价值内涵体系。着眼于国家航空产业发展，针对航空业对技术技能人才"无私奉献、艰苦奋斗"的精神、"严、慎、细、实"的工作作风等需求，深化调整与改革专业课程体系，贯穿入学到毕业的全过程，为实现全程育人提供关键支持和重要保障。

本成果构筑学生综合评估体系。学院对标航空业界的需求，借鉴企业理念，构建航空类专业"痕迹管理系统"平台，动态反映学生诚信、执行力、团队、技能和健康等综合数据，调动学生的积极性和主动性，与空海军、武警部队、航空工业企业、中国航发企业、民航企业等合作，共育具备"航空报国"精神和"追求卓越"素养的航空类技术技能人才。

本成果结合航空行业特点践行以文化人。形成"和而不同、勇于担当；开拓创新、追求卓越"的学院精神和"成于人 敬于业 精于技"的育人理念，完善"航空机务养成计划"，联合航空企业开展"精英人才计划"，形成航空文化育人氛围，培养学生的职业精神、责任意识、创新意识、实践能力效果显著提升。

本成果深化课程思政，促进学生"专业成才""精神成人"。通过多维度育人工作形成"三全育人"格局，从宏观、中观、微观层面，着力构建一体化育人体系，打通育人最后一公里。培养具有家国情怀、国际视野、创新思维、工匠精神的高素质应用型人才，培养社会主义合格建设者和可靠接班人。本成果是学校与航空企业、部队合作的典范，是学院始终坚守服务航空、服务国防的办学使命的体现。

# 《"三全育人"视域下的航空工程类专业育人模式的创新与实践》成果总结报告

## 一、成果背景

为坚持党对高校的领导，加强和改进思想政治工作，培养中国特色社会主义合格建设者和可靠接班人，2017年2月27日，中共中央、国务院印发了《关于加强和改进新形势下高校思想政治工作的意见》。教育事业发展水平是国家核心竞争力的体现，健全教育事业中"三全育人"的工作机制，对于青年大学生的成长成才，对于坚持中国特色社会主义发展道路，以及实现中华民族伟大复兴的历史使命有着至关重要的影响。在全国高校思想政治工作会议上，习近平总书记为高校开展思想政治工作指明了方向和思路。坚持以立德树人为中心环节，推进全员全过程全方位育人，既是贯彻落实全国高校思想政治工作会议精神的必然要求，也是学校服务国家发展战略、推动学校建设的关键。

## 二、成果来源

在新的国际形势下，国防建设、航空装备类制造及维修企业面对更多挑战，其对技术技能人才提出更高的要求，要求人才必须具备"无私奉献、艰苦奋斗"的精神、"严、慎、细、实"的工作作风，也强调在航空领域中人才的质量意识、保密意识、航空报国的价值理念等诸多素质。

职业技能和职业精神是学生毕业后进入社会需要具备的职业素质，而目前高职院校往往注重职业技能的培养而忽视报效国家精神的培养，日常教学中存在重技能轻精神的现象，同时存在忽视职业精神的培养、缺乏科学的考评标准等问题，人才培养各环节、各要素出现了脱节情况，航空类人才的培养与国防建设、航空行业的要求还存在一定的差距，航空工程类人才培养要更好满足航空类行业岗位群的需求是迫切需要解决的问题。

本教学成果运用系统论方法，整体设计，搭建大思政平台，将航空报国的家国情怀融入人才培养的全过程，解决了航空工程类高技术技能人才培养过程中"航空报国"精神与"追求卓越"职业素养相统一的问题，培养了一大批合格的社会主义建设者和接班人。

## 三、成果主要内容

本成果是成都航空职业技术学院航空维修工程学院（以下简称学院）以立德树人为根本任务，以学生为主体，把思政工作贯穿教育教学全过程，整合学校、企业、部队、社会和家庭资源搭建"航空工程类专业特色的三全育人"大思政平台，创新多元、多维、协同的思政工作方法，将"成于人 敬于业 精于技"的育人理念融入专业课程体系，将多维评价贯穿到学生评价教育教学全过程，构建及时、动态、全面学生管理信息化平台，对学生综合素养做到科学合理可测、可评，实现"三全育人"的精准性和实效性，是航空工程类专业育人模式的探索与实践成果。

本成果运用系统论方法。做好顶层设计，实施党建引领计划、学院文化培育计划、专业品牌建设计划、人才引领计划、服务能力提升计划等五大重点计划，落实"三全育人"项目开发和设计，校企协同完成项目实施，形成良性循环和可持续发展的机制。

本成果通过显形与隐形相结合，重塑课程价值内涵体系。着眼于国家航空产业发展，针对航空业对技术技能人才"无私奉献、艰苦奋斗"的精神、"严、慎、细、实"的工作作风等需求，深化调整与改革专业课程体系，贯穿入学到毕业的全过程，为实现全程育人提供关键支持和重要保障。

本成果构筑学生综合评估体系。学院对标航空业界的需求，借鉴企业理念，构建航空类专业"痕迹管理系统"平台，动态反映学生诚信、执行力、团队、技能和健康等综合数据，调动学生的积极性和主动性，与空海军、武警部队、航空工业企业、中国航发企业、民航企业等合作，共育具备"航空报国"精神和"追求卓越"素养的高素质航空类技术技能人才。

本成果结合航空行业特点践行以文化人。形成"和而不同、勇于担当；开拓创新、追求卓越"的学院精神和"成于人 敬于业 精于技"的育人理念，完善"航空机务养成计划"，联合航空企业开展"精英人才计划"，形成航空文化育人氛围，培养学生的职业精神、责任意识、创新意识、实践能力效果显著提升。

本成果深化课程思政，促进学生"专业成才""精神成人"。通过多维度育人工作形成"三全育人"格局，从宏观、中观、微观层面，着力构建一体化育人体系，打通育人最后一公里。培养具有家国情怀、国际视野、创新思维、工匠精神的高素质应用型人才，培养社会主义合格建设者和可靠接班人。本成果是学校与航空企业、部队合作的典范，是学院始终坚守服务航空、服务国防的办学使命的体现。

## 四、成果主要解决的教学问题及解决教学问题的方法

### 1. 主要解决的教学问题

国家航空产业发展关注其产业环境中人的综合素质：具备"航空报国"的家国情怀，具有高技术能力，讲诚信、执行力强，保持学习的常态、平和的心境，会释放压力，善于沟通、协调、合作等。在人才培养中存在以下难点：

第一，难以将"航空报国"精神和"追求卓越"素养融入专业课程体系；

第二，难以将航空行业素养要求融入教育教学全过程，实现航空类技术技能人才培养的有效性；

第三，传统评价方式难以全面评价诸如学习动机、学习兴趣、学习态度和学习情绪等学生发展现状，新型教学模式和传统评价方式之间的矛盾越来越突出，传统方式无法评价学生的成长过程。

学生内涵培养及评价体系不合理会影响航空类专业学生成为合格的航空机务人才。

### 2. 解决教学问题的方法

学院实施党建引领计划、学院文化培育计划、专业品牌建设计划、人才引领计划、服务能力提升计划等五大重点计划，明确工作任务和工作举措，建立一套与教学相适应、客观、科学评价学生综合素养的体系，能够全面考查学生知识、技能、职业能力等综合素养，落实"三全育人"视域下的航空工程类专业育人模式的创新与实践。

（1）党建引领计划。构建学院"党建工作体系"，探索建立党建与人才培养工作有机融合、统筹推进的新机制，创新"党建+"思维，数字化党建形成党建工作行动地图。以"全国党建工作样板支部""四川省党建工作标杆院系"项目为抓手，多维协同育人，校企联合党建助力专业建设，着力实现为党育人、为国育才的正确培养方向。

（2）文化培育计划。具化"航空报国 追求卓越"的"成航精神"，固化"和而不同，勇于担当；开拓创新，追求卓越"的学院精神，使之成为教职员工共同的精神动力；将社会主义核心价值观融入学院文化，大力营造"严慎细实 精益求精"的工匠文化氛围，系统全面落地"机务作风养成计划"，建立痕迹管理，对学生诚信、执行力、团队、技能和健康五大方面进行动态管理考核，落实"成于人、敬于业、精于技"育人文化。

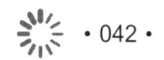

（3）专业品牌建设计划。结合"双高计划"、国家资源库建设、优质校建设计划，探索课程思政，推动专业核心课程全面融入课程思政元素，其中"航空发动机原理与结构"入选省级、国家级课程思政示范课，学院 4 人入选国家级课程思政教学名师和团队，实现教育教学统一。建立军地协同，创新探索"军地协同、共建共育、分段实施、定制培养"军地双主体、军校企三方育人新模式，锻造合格士官人才。

"三全育人"视域下的航空工程类专业育人模式的创新与实践方法——一中心五支撑

**党建引领计划**
- 航空维修工程学院党建工作体系
- "全国党建工作标杆院系"建设单位
- "四川省党建工作标杆院系"建设单位
- "四川省先进基层党组织"称号
- 多维协同育人，以党建工作助力专业建设
- 党建带团建，完善学生会"成都市优秀学生组织"建设

为党育人 为国育才

组织育人 | 文化育人 | 管理育人 | 网络育人

**文化培育计划**
- 培育固化学院文化精神
  - "航空报国 追求卓越"的"成航精神"
  - "和而不同、勇于担当、开拓创新、追求卓越"的学院精神
  - "成于人、敬于业、精于技"育人理念
- 机务作风养成计划
- 建立学院痕迹管理系统，营造润物无声环境
- 软硬结合、内外结合系统培育学院航空文化
- 打造"心灵驿站"，促进学生健康成长
- 搭建资助体系，培养知感恩恩品质

文化育人 | 网络育人 | 心理育人 | 资助育人

**专业品牌建设计划**
- 探索课程思政，实现教育教学统一
- 搭建科技平台，培育报国进取精神
- "飞机机电设备维修专业国家级资源库"建设
- 省级、国家级课程思政示范课
- 专业核心课-校级课程思政建设
- 建立军地协同模式，锻造合格士官人才

课程育人 | 实践育人 | 网络育人 | 管理育人

**人才引领工程**
- 航空精英人才培养计划
  - 飞机维修世赛班
  - 发动机竞赛班
  - 复材竞赛班
  - 虚拟仿真竞赛班
  - 航模竞赛班
- 教育部现代学徒制项目——飞机制造与维修专业群
- 国家级职业教育教师教学创新团队——飞机机电设备维修专业
- 技能大师工作室
- 专业导师计划

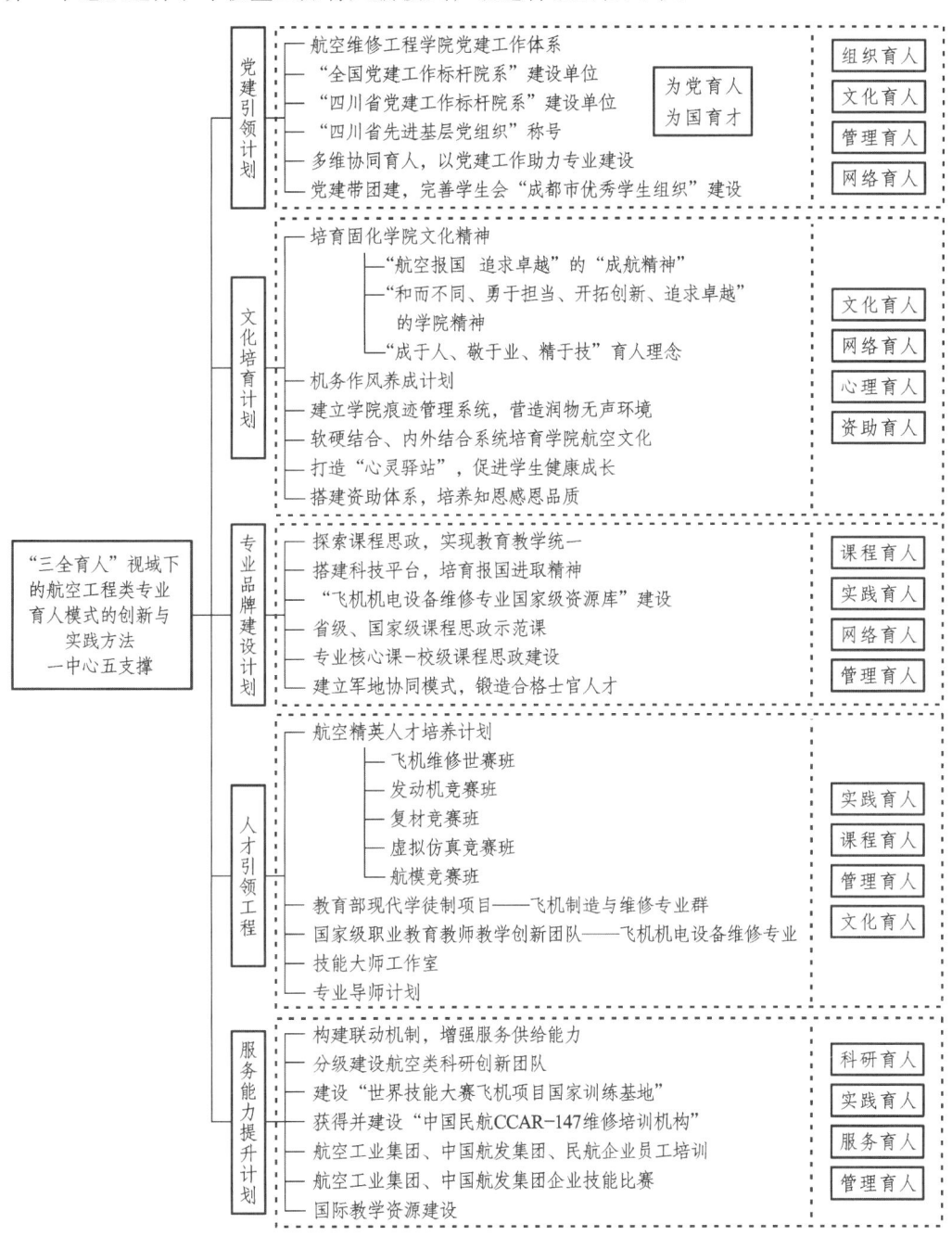

实践育人 | 课程育人 | 管理育人 | 文化育人

**服务能力提升计划**
- 构建联动机制，增强服务供给能力
- 分级建设航空类科研创新团队
- 建设"世界技能大赛飞机项目国家训练基地"
- 获得并建设"中国民航CCAR-147维修培训机构"
- 航空工业集团、中国航发集团、民航企业员工培训
- 航空工业集团、中国航发集团企业技能比赛
- 国际教学资源建设

科研育人 | 实践育人 | 服务育人 | 管理育人

图 1 "一中心五支撑"育人模式

航空工程类专业痕迹管理系统

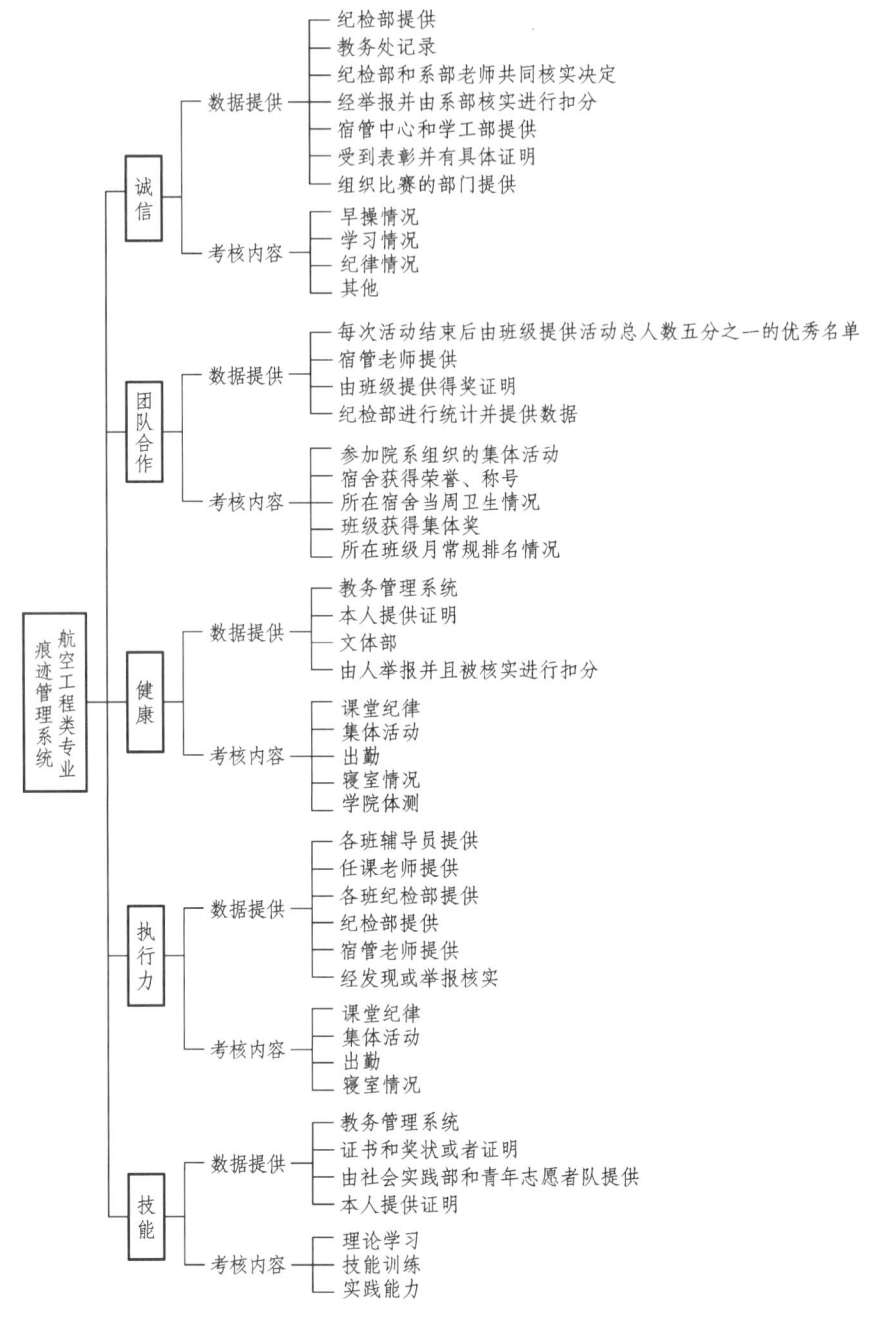

- 诚信
  - 数据提供
    - 纪检部提供
    - 教务处记录
    - 纪检部和系部老师共同核实决定
    - 经举报并由系部核实进行扣分
    - 宿管中心和学工部提供
    - 受到表彰并有具体证明
    - 组织比赛的部门提供
  - 考核内容
    - 早操情况
    - 学习情况
    - 纪律情况
    - 其他
- 团队合作
  - 数据提供
    - 每次活动结束后由班级提供活动总人数五分之一的优秀名单
    - 宿管老师提供
    - 由班级提供得奖证明
    - 纪检部进行统计并提供数据
  - 考核内容
    - 参加院系组织的集体活动
    - 宿舍获得荣誉、称号
    - 所在宿舍当周卫生情况
    - 班级获得集体奖
    - 所在班级月常规排名情况
- 健康
  - 数据提供
    - 教务管理系统
    - 本人提供证明
    - 文体部
    - 由人举报并且被核实进行扣分
  - 考核内容
    - 课堂纪律
    - 集体活动
    - 出勤
    - 寝室情况
    - 学院体测
- 执行力
  - 数据提供
    - 各班辅导员提供
    - 任课老师提供
    - 各班纪检部提供
    - 纪检部提供
    - 宿管老师提供
    - 经发现或举报核实
  - 考核内容
    - 课堂纪律
    - 集体活动
    - 出勤
    - 寝室情况
- 技能
  - 数据提供
    - 教务管理系统
    - 证书和奖状或者证明
    - 由社会实践部和青年志愿者队提供
    - 本人提供证明
  - 考核内容
    - 理论学习
    - 技能训练
    - 实践能力

图2　航空维修工程学院痕迹管理系统评价体系

（4）人才引领计划。依托学院"国家级职业教育教师教学创新团队"，完善教育部学徒制试点专业建设，大力开展"飞机维修世赛班""发动机竞赛班""复材竞赛班""虚拟仿真竞赛班""航模竞赛班"等"精英人才计划"落实，全面实施"专业导师计划"，引导学生学业全面发展，打造出"航空维修职业教育第一品牌"。

（5）服务能力提升计划。大力提升航空技术科研创新能力，加强高水平科研团队建设，运行国标、军标质量体系。学院加强航空工业高技能人才培养基地和四川省高技能人才培训基地建设，完善航空工业职业教育培训体系，建立技术技能"培训菜单"，建成虚拟仿真和复合材料特色品牌培训课程体系。探索成立四川省退役军人培训学院，推动退役军人社会服务项目取得新突破。作为获批国家首批按照 CCAR-66R3 试点培训机构的唯一院校，为探索航空维修类专业"1+X"证书打下了坚实基础。深化产教融合，学院教师担任全国航空工业飞机维修专业专门指导委员会委员、产教融合专门指导委员会委员和航空文化专门指导委员会委员，提供行业技术服务，辐射民航、军工等多类企业，培训效果良好，扩大行业影响力。

## 五、成果创新点

### 1. 构建航空类专业多维育人模式

构建学校、学生、家庭与社会多主体参与的全员育人体系，提升职业教育中所有施教主体的教育自觉意识，强化所有施教主体的引导领航作用，进而对学生的专业知识学习、理想信念养成等产生积极的影响和暗示。重塑课程价值内涵体系，深化调整与改革专业课程体系，贯穿入学到毕业的全过程，为实现全程育人提供关键支持和重要保障；构筑学生综合评估体系，发挥和利用测试、评比、评奖、奖学金等各种教育手段及媒介载体的作用，通过助学活动、学风建设、校园文化建设等载体，充分调动学生参与的积极性和主动性，各环节各部门相互协同，打造出符合航空类专业培养要求的全员、全过程、全方位的多维有机融合的特色育人制度与模式。

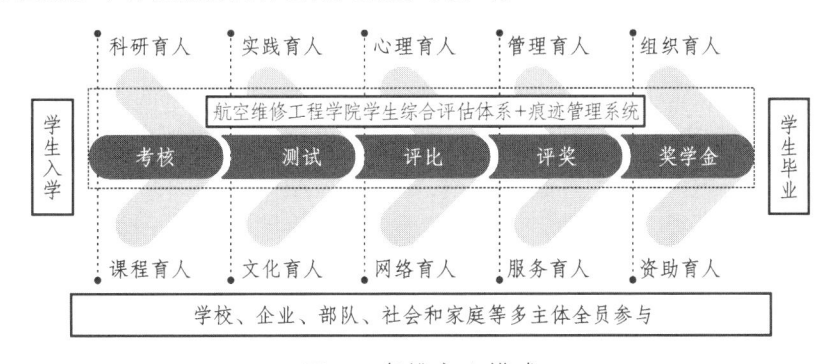

图 3 多维育人模式

### 2. 构建航空工程类学生素质养成体系

将"三全育人"改革试点工作纳入学院工作发展规划和人才培养方案，校企深度协同，充分发挥各门课程的育人功能，深度挖掘课程的中所蕴含的思想价值和精神内涵，教学理念、教学设计突显育人元素和育人逻辑，将其转化为社会主义核心价值观具体化、生动化的有效教学载体，在"润物细无声"的知识学习中融入理想信念层面的精神指引；在专业的人才培养全过程及各环节，包括课程体系、教学规范、师资队伍、教学条件、质量保障等，科学合理拓展课程的广度、深度和温度，有机融入本专业所蕴含的思想政治教育元素和所承载的思想政治教育功能，并作为职责要求和考核内容融入整体制度设计和具体操作环节，实现知识教育与价值塑造、能力培养有机结合，将多维评价贯穿到学生评价教育教学全过程，构建及时、动态、全面的学生管理信息化平台，使综合素养做到可测、可评，实现专业育人和育才的统一。构建新时代全员全过程全方位育人格局，丰富内涵式发展，构建航空维修工程学院"三全育人"养成教育体系，促进学生"专业成才""精神成人"。

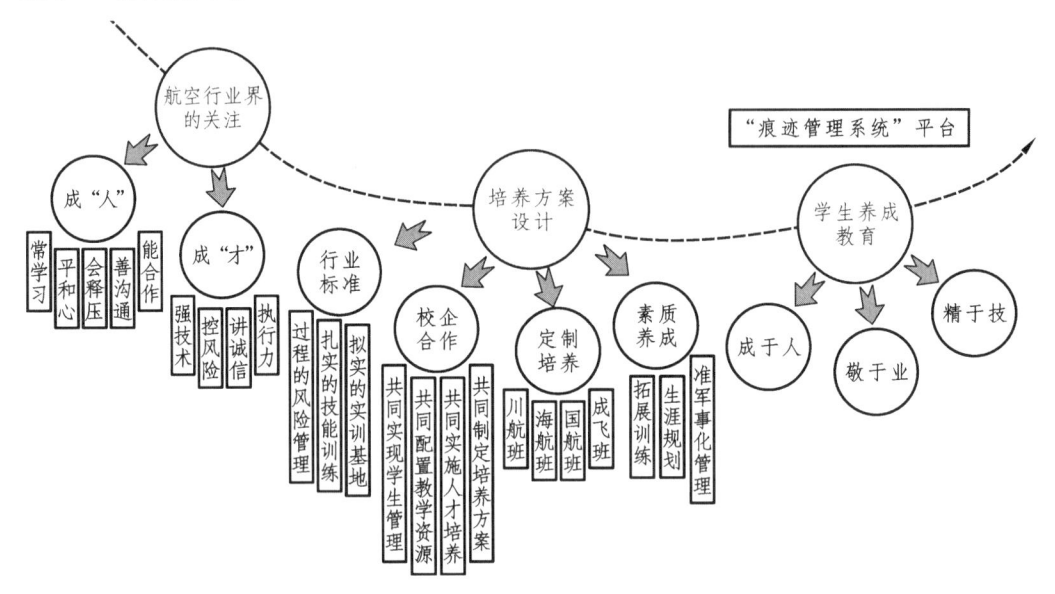

图 4 航空维修工程学院"三全育人"养成教育体系

### 3. 融合航空行业特点践行以文化人

对标航空行业的要求，形成"和而不同、勇于担当；开拓创新、追求卓越"的学院精神和"成于人 敬于业 精于技"的育人理念，形成航空文化育人氛围，完成《航空维修工程学院机务作风及安全手册》，引导将"航空行业机务作风"落实到人才培养的全过程，丰富深入开展各类学生活动、主题教育实践活动、传统品牌文化活动、航空特色活动，培养学生的职业精神、责任意识、创新意识、实践能力效果显著提升。

## 六、成果推广及应用

**1. 校企合作不断深化，解决了航空装备制造及维修企业高端技术技能人才的需要，校内学生受益面广**

学院不断深化与海空军、航空工业企业、中国航发企业、民航企业等的合作，与近100家航空优质企业积极开展校企协同育人和技术协同创新，学生培养质量得到进一步提高。开办"成飞班""贵飞班""航发班""国航班""海航班""川航班""厦航班""天航班"等定制班，校企合作共同配置教学资源，共同实施学生管理，为航空工业、航空公司、部队和地方经济建设输送了近8000名高素质技术技能人才，实现多赢。

**2. 践行"三全育人"模式，学生培养质量高**

学院秉承"航空报国 追求卓越"的学校精神和"严慎细实"的工匠精神，持续优化完善素质教育系统设计，形成"学生痕迹报告"牵引学生行为管理，学生日常各项数据名列前茅。近两年共有 119 人获得四川省综合素质 A 级证书。坚持"以赛促练、以赛促教"的培养思路，学生在"世界技能大赛飞机项目""一带一路暨金砖国家技能发展与技术创新大赛""飞机发动机装调维修大赛""中国国际飞行器设计挑战赛""国际超轻复材桥梁竞赛 SAMPE"等国际国内有影响力的赛事中先后获多项大奖。其中 SAMPE 获国内一等奖 13 项，国际冠军 21 项，国际总冠军 4 项，二等奖、三等奖累计 30 多项，获颁永久奖杯，为中国和中国高职教育赢得了声誉。培养学生大部分成为技能骨干，特别是学生党员迅速成为企业能手，涌现出吉仕强、任超等航空大国工匠，学生一次性就业率高达 98.5%，深受社会好评。

**3. 专业品牌建设成果显著，获得国家级与省级荣誉，得到航空业界高度认可**

专业成功获批"双高计划"A 类高水平专业群，专业基地获批"世界技能大赛飞机维修项目培训基地"，专业团队获批首届"国家级教师教学创新团队"，4 名教师获国家思政课程教学名师，专业团队获得"四川省魅力职教团队"称号，教师获得"四川省突出贡献的优秀专家""四川省先进工作者""四川省最美教师"，学生获得国际国内比赛冠军，组织获得"全国职业教育先进基层单位"，相关事迹受到国内知名媒体集中报道，群众认可度高。2020 年，学院学生会获评成都市"优秀学生会组织"，学院学生党支部被评为"全国党建工作样板支部"，学院教工党支部被学校推荐参评"首届新时代四川高校十大基层党组织"，党总支被四川省评为"全省高校党建工作标杆院系培育单位"。2021 年，航空维修工程学院党总支被评为"四川省先进基层党组织"。近年来，学院通过党建工作统领人才培养、专业建设、社会服务等工作，取得了明显成效。获批"中国民用航空局维修培训机构合格证"，是目前全国首批 CCAR-66R3 执照培训试点院校，航空业界认可度高。

**4. 成果创新经验对外推广**

得到部队、企业认可。创新探索"军地校企、共建共育、分段实施、定制培养"四方协同育人模式，与部队及成飞、成发等军工航空单位开展结对党建活动，联合成立刘时勇、梁洪亮等大师工作室，为部队培养出近 2000 名士官，连续两年在全国进行经验推广，国家主流媒体多次报道，总参谋部、教育部、国家兵员局以及部队高度评价士官培养工作，社会影响显著。

得到教育部门认可。在教育部召开的现代职业教育发展推进会上，我校和成都飞机工业（集团）有限责任公司签署了校企战略协议，成为教育部推广的典范项目，这是教育部对我校产教融合工作的充分肯定。在全国高职高专校长联席会议上，成都航院从全国 1388 所高职院校中胜出，获评"高等职业院校教学资源 50 强"。学校《党建引领创新校企合作模式，共育航空工业技能大师接班人》案例被评为 20 个"高等职业教育成果展优秀案例"之一。

得到同行认可。作为世界技能大赛国家训练基地，众多兄弟院校带队老师与我校交流学生选拔和培训的方法。

# 四川省高职学校内部质量保障体系建设与诊改制度的研究实践

**【获奖等级】**

省级二等奖

**【完成单位】**

成都航空职业技术学院、成都纺织高等专科学校、成都工贸职业技术学院、四川邮电职业技术学院、成都职业技术学院、四川水利职业技术学院、四川交通职业技术学院、四川建筑职业技术学院、四川财经职业学院、成都工业职业技术学院

**【主持人简介】**

曾友州，副教授，现任党委行政办公室副主任。2021年四川省人民政府教学成果奖二等奖成果主持人。先后获得2012年成都航空职业技术学院教学成果奖特等奖1项、一等奖2项，2014年职业教育国家级教学成果奖二等奖1项，2016年教育部建议提案办理工作优秀承办个人，2017年成都航空职业技术学院教学成果奖二等奖2项、三等奖1项，2021年成都航空职业技术学院教学成果奖三等奖1项，2022年职业教育国家级教学成果奖二等奖1项。

**【团队成员】**

曾友州，胡颖梅，李安琪，胡莹，张志军，袁忠，杨光，于中华，杨莉，饶国清，杨桦，包宗贤，康战科，谢玉萍

**【成果简介】**

2016年，四川省教育厅成立四川省高等职业院校教学工作诊断与改进专家委员会（以下简称诊改专委会），并将四川高职诊改专委会办公室（以下简称四川高职诊改办）设在成都航空职业技术学院。

四川高职诊改办立足于四川省高职教育发展不均衡的省情，遵循职业教育规律，运用系统工程的方法，以"统筹推进、实事求是、教学主线、目标引领、标准先行、持续改进"的工作思路，充分利用制度规范标准、省内外诊改专家和诊改复核信息化平台的

资源条件，有效指导了四川省 44 所高职院校建立适应经济发展新常态的内部质量保证体系，直接推动了 31 所高职院校建立常态化自主保证人才培养质量机制，培养组建了由 50 位省内外专家、9 位秘书组成的规模适中、专业过硬的诊改复核专家队伍，完成了 20 所高职院校的诊改复核工作，形成了四川省高职院校人才培养质量管理的科学化、规范化、信息化发展格局，促进了学生的全面发展，实现了教学管理水平和人才培养质量的持续提升。

# 《四川省高职学校内部质量保障体系建设与诊改制度的研究实践》成果总结报告

## 一、成果背景

我国职业教育已进入内涵式质量提升阶段，高职院校内部质量保证体系的构建和诊断与改进制度的运行是保证人才培养质量的重要手段，也是教育厅加强事中事后监管、履行管理职责的重要形式，对加快发展现代职业教育具有重要意义。2016 年，四川省教育厅成立四川省高等职业院校教学工作诊断与改进专家委员会，推动全省高职构建完善的内部质量保证体系，推进诊断与改进工作，实现了人才培养质量的持续提升。

## 二、成果来源

本成果来源于以下研究课题支撑：四川省职业教育教学改革重大项目"四川省高职学校教学质量保证体系建设与诊改制度研究"（序号：91），四川省职业教育教学改革重点项目"四川省高职院校内部质量保证体系建设与诊改制度研究"（编号：JG2018-1251）、"新视阈下四川省新建高职院校人才培养工作评估与教学工作诊改融合研究"（编号：JG2018-1252）、"四川省高职院校高质量内涵建设视域下教师教学能力创新发展研究"（编号：JG2018-1250），四川省职业教育教学改革一般项目"以 55821 为基础，基于卓越绩效的高等职业院校内部质量保证体系建设与运行研究"（编号：JG2018-1043）、"基于成果导向促进课程教学目标达成的探索与实践"（编号：JG2018-1060）。

## 三、成果主要内容

四川高职诊改专委会办公室创新提出了"边研究边实践，边总结边推广，边应用边创新"（简称"三段六边"）的工作方法，对高职内部质量保证体系的构建和诊改制度的运行进行系统研究和统筹实践；创新制定《四川省高职院校内部质量保障体系构建指导意见》，指导全省高职院校构建完善的内部质量保证体系；创新制定《四川省高职院校内部质量保证体系诊断改进实施方案（试行）》，统筹开展全省高职院校诊改工作；创新形成"1+1+N"诊改制度体系，建立全省高职诊改工作的标准流程和评审标准。

这些成果有效破解了四川省高职院校质量保证体系建设不全、实施诊改方向路径不明、推动落实执行不力等亟须解决的问题，形成了四川省高职教育急需的"一核心两循环三支撑"内部质量保证体系诊断与改进工作方案，有力助推了全省职业教育高质量发展。经过近 6 年探索与实践，形成了"四川省高职学校内部质量保障体系建设与诊改制度的研究与实践"成果，提高了全省高职院校人才培养与产业发展的适应性，对新时代职业教育提升人才培养质量具有重要的指导作用和现实意义，具有较强的先进性和示范性。四川省教育厅和省内 4 所高职院校的诊改工作案例被教育部评为全国优秀案例，四川省教育厅、诊改专委会和省内高职院校的领导、专家多次在教育部和省内外相关会议上作经验交流。

## 四、成果主要解决的教学问题及解决教学问题的方法

### 1. 解决了高职质量保证体系建设缺乏指导的问题

四川省乃至全国缺乏规范化的内部质量保证体系及体系的评判标准，学校对标准体系的建立规范存在疑问，因此，按照"落实'以学生为中心'，实施'基于结果导向'，打造持续改进的质量文化"理念，研究制定了《四川省高职院校内部质量保障体系构建指导意见》（以下简称《指导意见》）、《四川省高等职业院校内部质量保证体系诊断与改进复核工作指引》（以下简称《工作指引》）。其中，《指导意见》为职业院校建立教学工作诊断与改进制度，引导学校全面开展教学诊断与改进工作，明确了诊改工作的重要举措和制度安排。《工作指引》则建立了四川高职院校诊改复核工作的目标链和标准链，把握了诊改方向，规范了复核流程，建立了制度支持；实践证明，坚持标准引领，精准把握了全省高职学校专业建设痛点与难点，解决了高职院校内涵要素不清、建设方向不明的问题。

### 2. 解决了高职院校办学质量评价"一刀切"的问题

四川省各高职院校因受地理位置、办学条件、发展基础等限制，发展差异化问题显著，不同学校各有差异。在以往的质量管理中，往往采取"一刀切"方式，对所有个性均用一套标准进行衡量，不利于差异化的发展。本成果在充分调研的基础上，不断探索，采用分别管理、逐步扩散的方式进行，设立了 8 所省级诊改试点院校，率先进行复核，国家示范、省示范院校等分批次申请复核，建立学习观摩制度，试点院校复核过程对外开放，鼓励院校前往学习；在院校复核完成后，形成简报、新闻加以推广，及时进行总结反思。实践证明，成果采用分层、分类、分段管理、逐步扩散的方式进行，避免了"一刀切"模式，解决了整体发展要求与个体特色发展需求之间的矛盾。

### 3. 解决了高职院校推进质量管理工作的操作性问题

多数院校目前仍处于初步建设质量工具简单使用层面，针对认识不足的问题，采用分类培训、全员投入的方法，按照不同职能、不同工作特点，组织不同类型的培训。通过调研、讨论、培训等方式共同发力，对五层面负责人进行培训。建立"以老带新"专家培训机制，较为有经验的专家带新成员一起学习，经过考核后正式成为专家组成员。印发《专家手册》，从复核工作方法、专家组的工作职责等方面对专家提出了明确要求。

印发《工作纪律》，避免专家、学校出现违规情况。积极引入外省专家，既吸收借鉴了他省的先进经验及做法，也缓解了专家数量和水平欠缺的问题，避免了人情化，保证诊改工作公平公正。实践证明，在诊改落地实施过程中，全方位多维度提供保障，切实地解决了推动不力、无法落实的问题。

## 五、成果创新点

### 1. 制度体系创新：建立"1+1+N"的诊改制度体系

按照"对接国家要求，建立四川标准"工作思路，结合四川高职院校实际和职业教育发展要求，建立以《四川省高职院校内部质量保障体系构建指导意见》为指引，以《四川省高职院校内部质量保证体系诊断改进实施方案》为重点，以《操作规程》《复核工作指引》《专家手册》《秘书手册》《工作纪律》等系列制度为支撑的"1+1+N"诊改制度体系，研究制定了网上复核用表、现场复核小组活动安排表、现场复核工作记录表、专家现场复核用表、诊改复核反馈意见表等一系列工作用表，建立了规范化、标准化、精细化的工作流程，构建了可量化、可检测的观测指标体系，有力助推教育厅有效实施职业教育质量提升工程。

### 2. 工作方法创新：实施"三段六边"的工作方法

四川高职诊改专委会办公室统筹规划和系统设计全省高职院校内部质量保证体系的构建和诊改制度的运行，立足四川实际，创新提出第一阶段边研究边实践，第二阶段边总结边推广，第三阶段边应用边创新的"三段六边"工作方法。四川高职诊改专委会专门成立理论研究、诊改平台和专业诊改三个专门工作组，项目研究的参与学校和人员既是项目研究者，也是省级诊改试点实践者，对内部质量保证体系的构建和诊改制度的运行进行系统研究和统筹实践。

### 3. 运行机制创新：形成"一核心两循环三支撑"的内部质量保障体系诊改工作方案

按照制度创新与系统保障协同推进的内部质量保证体系建设和诊改路径，形成以《指导意见》《实施方案》为核心的主体制度；以"目标为起点，标准为依据"的 PDCA 质量管理大循环系统，"制定规划、确定质量目标、具体实施、提供支持、监测改进"五个环节的质量改进螺旋小循环系统的一大一小两循环系统为关键内容；以全省高职院校内部质量保证体系和诊改制度为基础，省内外职业教育专家学者为智力支持，四川省高职诊改复核平台为智能化数据保障，形成了四川省高职教育急需的"一核心两循环三支撑"内部质量保证体系诊断与改进工作方案，有力助推全省职业教育高质量发展。

## 六、成果推广及应用

### 1. 基于内部质量保证体系诊改复核顺利开展

本成果广泛应用于四川省高职院校的诊改复核工作，督促学校推进内部质量保证体系建设，有效规范了四川省诊改复核工作的基本内容和程序，促进专家准确把握诊改复核工作要求和复核要点，推动学校落实诊改制度建设要求，产生深远的影响。截至 2021 年 9 月，四川省教育厅顺利完成了成都职业技术学院、四川建筑职业技术学院、绵阳职业技术学院等 20 所院校的诊改复核工作。指导四川城市职业学院、四川现代职业学院和四川卫生康复职业学院等 20 余所学校建立适应经济发展新常态的内部质量保证体系，推动学校建立常态化自主保证人才培养质量机制。从网上复核到现场复核，加强事中事后监管，把握诊改制度的建设方向，突出了四川省高职院校质量保证的主体地位和责任。专家库中也已有 42 位省内专家、8 位省外专家，秘书库已有 8 位省内秘书、1 位省外秘书，已建设成为一支数量稳定、专业过硬的专家团队。

### 2. 基于内部质量保证体系诊改典型案例不断涌现

本成果在推广过程中涌现出一批典型案例，为全国全省的高职院校诊改工作提供了样板。2020 年 12 月底，在教育部组织的全国职业院校诊改优秀案例评选中，四川省教育厅《建机制强实效，全面推进职业院校教学工作诊改》被评为全国优秀案例，成都职业技术学院《"四化"引领全面发展，"诊改"助推质量提升》、内江职业技术学院《明确自己的定位，找准自己的问题，设计自己的方案，培养合格的人才》等 4 所高职院校的诊改工作被评为院校优秀案例。

### 3. 基于内部质量保证体系教学成果落地开花

本成果以项目研究为基础，提炼总结，培育出一批优秀的教学成果。《以差异化发展为原则的高职院校内部质量保证体系诊断与改进工作的创新实践》获得 2020 年度中国纺织工业联合会纺织职业教育教学成果奖三等奖，《四川省高职院校"一核心两循环三支撑"内部质量保障体系建设与研究》获得成都航空职业技术学院教学成果奖三等奖，《双高"专业群"构建、课程体系重构与课程模块开发的机制和路径研究与实践》获得四川交通职业技术学院教学成果奖一等奖，《基于"云教学"的课堂教学改革与实践》获得四川水利职业技术学院教学成果奖特等奖。

# 课照融通 育训融合
## ——飞机维修人才培养的创新与实践

**【获奖等级】**

省级二等奖

**【完成单位】**

成都航空职业技术学院

北京飞机维修工程有限公司

**【主持人简介】**

何龙,教授,全国首批职业教育创新团队(飞机机电设备维修专业)负责人,国家级课程思政示范课程"航空发动机原理与结构"主持人、课程思政教学名师、课程思政示范课程教学团队负责人,主持飞机机电设备维修专业国家资源库、四川省精品课"数控设备调试与维护"、四川省精品资源共享课"飞机结构与系统",主编教材《数控机床调试与维护》《航空概论》,翻译中国劳动社会保障出版社引进教材《计算机数控加工基础》《汽车电子与电气系统》《汽车电气与供暖空调系统维修》等三本共计近15万字,是第46届世界技能大赛四川选拔赛优秀指导教师,中华人民共和国第一届职业技能大赛四川省选拔赛暨第四届"四川工匠杯"职业技能大赛技术专家,获国家级教学成果奖二等奖1项,四川省教学成果奖一等奖1项、二等奖3项。

**【团队成员】**

何龙,王昌昊,马超,彭亚娜,石静,周宝,杨超,葛剑,刘英俊,陈潞,朱元

**【成果简介】**

服务于社会经济发展,培养高素质技术技能人才是时代赋予职业教育的重大课题。飞机维修行业是高风险、高技术、高投入的行业,航空器维修人员执照(以下简称执照)是民航管理部门颁发给飞机维修人员的职业资格证书,是评定飞机维修人员上岗资格的必备条件。《民用航空器维修人员执照管理规则》R1/R2要求,独立从事航空器维修工作2年或在航空器维修培训机构培训合格的人员,才可以申请执照。因此飞机维修人员取证

时间长，经济成本高，难以支撑行业快速发展。职业院校飞机维修人才培养受制于产教融合的深度和有效性不足，学生能力与岗位需求的匹配度不足，新员工入职后仍需要企业进行培养，难以快速形成产能。如何提高飞机维修类人才的培养质量，缩短培养周期，降低考证成本，实现"毕业即就业，就业即上岗"，是职业院校面临的一项艰巨而紧迫的任务。

成都航空职业技术学院开始长达15年的探索与实践，不仅解决上述问题，同时形成一套可供同行学习借鉴的"课照融通、育训融合"的课程体系开发方法、专业建设模式、全时域嵌入式学生教育系统的跟踪和关注学生综合素质养成的痕迹管理系统。

2014年，基于国家示范院校建设项目，依托四川省高职院校省级重点专业建设项目（川教函〔2014〕449号）对飞机机电设备维修专业进行综合改革，与北京飞机维修工程有限公司合作开发了"课照融通"课程体系，实现航空器维修人员执照培训体系与人才培养教育体系的融合，学生实现"毕业即就业，就业即上岗"。专业升级打造教育教学与职业资格认证融合的专业教学平台，建设民航局认证的航空器维修培训机构，探索高职专业如何对接行业标准，升级教学平台，提升教学软硬件真实生产性功能，提升教师职业能力；通过促进学生职业能力的可持续发展实现学生的全面可持续发展。实现对接行业标准、充分考虑学生全面发展的建设专业的新模式、"课照融通、育训融合"的专业人才培养新模式。构建了教室内外的大小课堂，教室内为小课堂，教室外为大课堂，建设国家资源库、省级精品资源共享课程、国家级课程思政示范课程，制订"飞机维修人才养成计划"，构建技能竞赛选拔体系，开发痕迹管理系统，在诚信、执行力、团队合作、技能、健康五个方面实时记录大小课堂的学习情况，生成学生个人成长痕迹报告，对学生职业生涯发展所需的综合能力进行评估，引导学生在校学习过程中形成良好的综合素质。2021年，获四川省大学生综合素质A级证书的学生占飞机维修类当届毕业生的8%。

# 《课照融通　育训融合——飞机维修人才培养的创新与实践》成果总结报告

## 一、成果背景

服务于社会经济发展，培养高素质技术技能人才是时代赋予职业教育的重大课题。飞机维修行业是一个高风险、高技术、高投入的行业，航空器维修人员执照是由各国的民航管理部门颁发给飞机维修技术人员的职业资格证书，是评定飞机维修人员上岗资格的必备条件。现今，CAAC（中国民用航空局）、FAA（美国联邦航空管理局）和EASE（欧洲航空安全局）颁发的执照是全球最权威、应用地区最广的执照。按照《民用航空器维修人员执照管理规则》R1/R2要求，独立从事航空器维修工作2年或在航空器维修培训机构培训合格的人员，才可以申请执照。由于执照特点是知识覆盖面广、技术技能要求高、人员素质要求严、考核设备必须为真实航空器和耗材，因此考证时间长、经济成本高，使飞机维修高技术技能人才成才速度慢，难以支撑行业快速发展。

职业院校培养飞机维修高技术技能型人才，受制于产教融合的深度和有效性不足，学校培养的学生能力与岗位需求的匹配度不足，新员工入职后仍需要企业进行培养，难以快速形成产能。如何提高飞机维修类人才的培养质量，缩短培养周期，降低考证成本，实现"毕业即就业，就业即上岗"，是职业院校面临的一项艰巨而紧迫的任务。

2007年，成都航空职业技术学院与中国国际航空公司工程技术分公司联合举办高等职业技术教育学历班，校企协同筹建航空器维修培训机构，学生第一、二学年在学校学习，第三学年在企业学习，毕业入职后即可申请执照，上岗工作，实现100%就业。依托2014年四川省高职院校重点专业建设项目，学校服务产业、行业的能力不断提升，2018年我校飞机维修类专业的教学环境与企业生产环境一致，实训教学设备与企业相同，教师持有执照，管理制度符合要求，经民航局审查授权了航空器维修培训机构资质，将执照课程融入学历教育课程，学生毕业即可取得学历证书和执照，实现了"毕业即就业，就业即上岗"的目标，创新了"课（课程体系）照（航空器维修人员执照）融通、育训融合"飞机维修人才培养模式。2020年5月，中国民航局为了推进在校生取得毕业证同时取得执照的工作，颁发了《民用航空器维修人员执照管理规则》R3（以下简称《规则》），我校成为首批13家试点单位中唯一的一所学校，该成果获得民航局官方认可。2021年9月，全国共有37家单位取得了航空维修培训机构资质，其中13所学校中有9所学校可按照产教融合方式（不以营利为目的）开展在校生培训。

## 二、成果来源

为了实现"毕业即就业，就业即上岗"的目标，航空器维修人员执照课程要与学历教育课程融合，解决飞机维修企业的培训体系与职业教育体系差异大的问题；专业建设要符合航空器维修培训机构的要求，解决专业基本条件不满足人才培养需求的问题；培养过程要兼顾知识技能的提升和职业素养的养成，解决飞机维修岗位人才的综合素质培养难的问题。2014年，基于国家示范院校建设项目，依托四川省高职院校省级重点专业建设项目（川教函〔2014〕449号）对飞机机电设备维修专业进行综合改革，与北京飞机维修工程有限公司（原中国国际航空股份有限公司工程技术公司）合作开发了"课照融通"的课程体系，实现了航空器维修人员执照培训体系与人才培养教育体系的融合。经过15年的探索与实践，不仅解决上述问题，同时形成一套可供同行学习借鉴的"课照融通、育训融合"的课程体系开发方法、专业建设模式、全时域嵌入式学生教育系统的跟踪和关注学生综合素质养成的痕迹管理系统，学生实现"毕业即就业，就业即上岗"。

## 三、成果主要内容

专业升级打造教育教学与职业资格认证融合的专业教学平台，建设中国民航局认证的航空器维修培训机构，探索了高职专业如何对接行业标准，升级教学平台，提升教学软硬件真实生产性功能，提升教师职业能力；通过促进学生职业能力的可持续发展实现学生的全面可持续发展。实现了对接行业标准、充分考虑学生全面发展的建设专业的新模式，"课照融通、育训融合"的专业人才培养新模式。构建了教室内外的大小课堂，教室内为小课堂，教室外为大课堂，建设国家资源库、省级精品资源共享课程、国家级课程思政示范课程，制订"飞机维修人才养成计划"，构建技能竞赛选拔体系，开发痕迹管理系统，在诚信、执行力、团队合作、技能、健康五个方面实时记录大小课堂的学习情况，生成学生个人成长痕迹报告，对学生职业生涯发展所需的综合能力进行评估，引导学生在校学习过程中形成良好的综合素质。

## 四、成果主要解决的教学问题及解决教学问题的方法

### 1. 主要解决的教学问题

（1）企业培训体系与职业教育体系差异大，执照课程与学历教育课程融合难。
（2）专业建设条件与行业人才培养要求标准不匹配。
（3）飞机维修岗位技术技能人才综合素质培养难。

### 2. 解决教学问题的方法

（1）校企合作开发工学结合、课照融通、育训融合的课程体系。

面向飞机维修行业，基于航空器维护维修岗位，以立德树人为根本目标，融入爱国主义要素，贯穿职业素养，确定专业培养目标与规格；分解执照对知识、技能和素质的要求，融入专业培养规格；逆向开发课程体系，形成公共基础课程、专业基础知识+专业基本技能、专业核心课程+专业核心技能、专业拓展课程。将执照培训体系中的课程分解，其知识点和技能训练融入相关课程，形成"双料"课程；和岗位相关课程为基础整合支撑课程目标的教学内容，形成专业核心课程；生成"工学结合、课照融通、育训融合"、具有双功能（培训功能/培养功能）的课程体系（图1），满足学生"毕业即就业、就业即上岗"需求。

（2）校企协同打造育训融合专业教学平台。

为保障"工学结合、课照融通"飞机维修专业课程体系实施，建立满足新时代职业教育类型特征改革需要的航空器维修培训机构，取得中国民航局授权，对接航空器维修培训机构建设标准，建成B737飞机维护实训基地、A320飞机维修模拟训练中心和飞机标准线路施工实训室等实训场地，打造符合规定的教员/考官队伍，制订课程开发程序等14个运行程序，使航空维修培训机构管理制度与学校教学管理制度融合，搭建"育训融合"教学平台（图2），支撑"课照融通、育训融合"专业人才培养目标。

（3）构建全时域嵌入式学生教育系统（图3），培养学生综合素质。

依托教室内外两个课堂，教室内为小课堂，基于立德树人根本目标，开发工学结合教学内容，引导学生探究式学习，进行线上线下混合式教学方法改革，建设国家资源库、省级精品资源共享课程、国家级课程思政示范课程。教室外为大课堂，依托思政教师和专业教师制订"飞机维修人才养成计划"，开展"航空专业风采秀"等活动，融合专业教

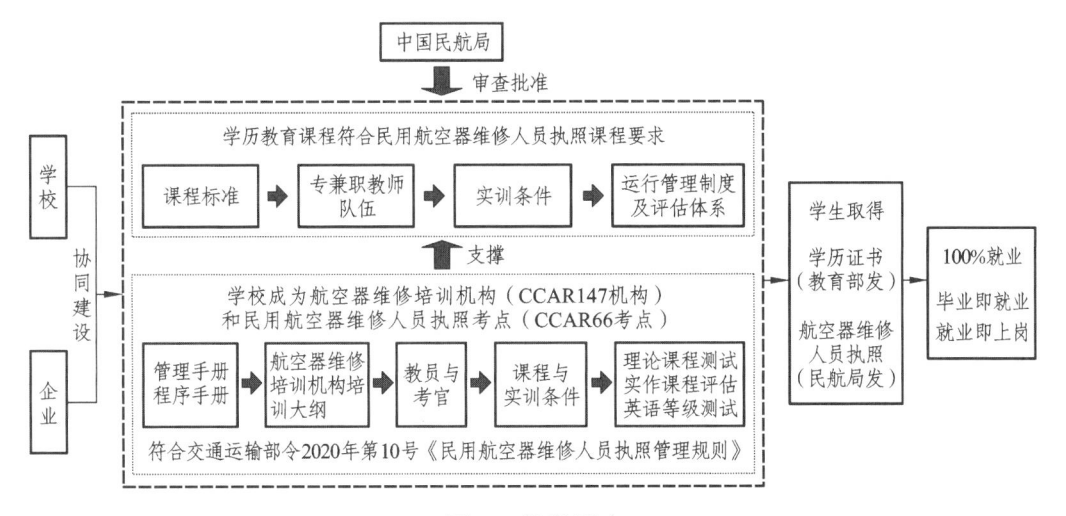

学，行业大师开设"航空知识大讲堂"，组建"航空科普小分队"，构建技能竞赛选拔体系，训练拔尖技术人才。

图 1　课程体系

图 2　教学平台

基于信息技术，开发痕迹管理系统，在诚信、执行力、团队合作、技能、健康五个方面实时记录两个课堂学习情况，生成学生个人成长痕迹报告，对学生综合能力进行评估，引导学生在校学习过程中形成良好综合素质。

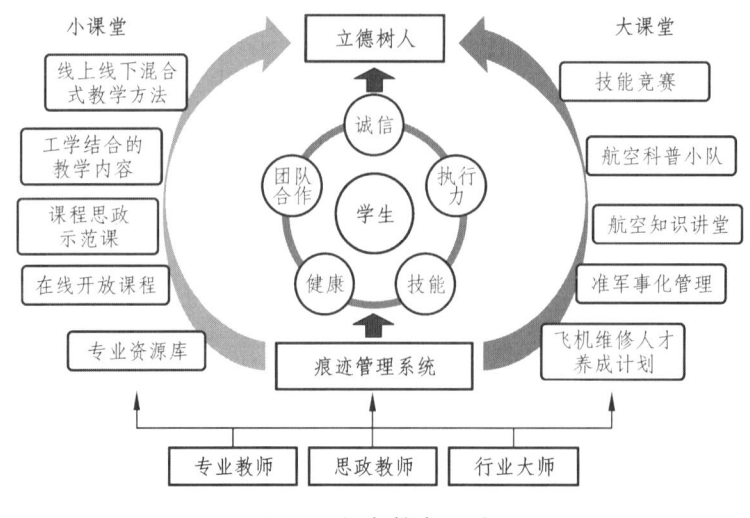

图 3　学生教育系统

## 五、成果创新点

**1. 创新课照融通六步法，构建工学结合、育训融合的课程体系**

通过分层—分类—分级—培养目标融合—典型知识、技能群转换—序化课程体系，将执照对知识、能力、素质的要求分为专业基础知识（航空基础知识、航空维修基础知识）、专业综合知识（飞机结构和系统、航空涡轮发动机）、专业基础技能（航空器维修基本技能和"四个意识、五个到位"工作作风）、专业综合技能（航空器维修实践和"四个意识、五个到位"工作作风）四层七类，按照了解、掌握、应用把所有知识点、技能点分为 3 级，融入专业人才培养目标，按照职业能力成长规律转化知识、技能群，按照知识认知规律序化知识、技能开发课程体系。

**2. 探索"三融合、三符合、三位一体"的专业建设模式**

以专业人才培养目标为基础，以航空维修培训机构资质认证为牵引，满足"工学结合、课照融通、育训融合"课程体系的新要求，从专业、课程、课堂三个维度九个元素入手，通过三融合（专业培养目标与执照考核目标融合、专业培养规格与执照考核标准融合、专业课程体系与执照考核体系融合）、三符合（课程标准符合机构培训大纲、专业师资队伍符合机构培训教员资质、实训基地符合机构设施设备要求）、三位一体（教师引新内容进教材，基于教学内容选教法、教材基于课程目标选择适当教学方法编写教学内容、教法以学生为中心，信息技术为辅助，突破教室空间限制，遵循认知规律，营造教学环境），对接行业标准，落细落小产教融合内容到教案、课堂和实践环节，创新专业建设模式。

**3. 构建"大小"课堂教学模式，引导学生综合素质养成**

突破以教师为中心、以教室为阵地、以教材为知识源头的传统课堂教学模式，以学生为中心，构建行动导向型的"两个课堂"教学体系，以教育技术承载专业技术和立德树人的教学内容，用信息技术监控专业技术和立德树人的教学效果，在专业核心课程中模块化课程和项目化课程，创设探究式课堂，在大课堂中打造情境化学习环境。以学生为中心编写教材，按照先感性后理性、边实践边理论的要求对教学内容进行重构。运用痕迹管理系统，构建教室内外教学相融合、线上线下相结合、立德树人与工学结合相聚合"三位一体"的课堂教学模式，引导学生养成良好学习与生活习惯，提升职业综合发展水平。

## 六、成果推广及应用

### 1. 学生受益面广，人才培养质量显著提升

成果实施以来，累计为航空维修企业培养持有执照的学生 500 余人，该模式推广到校内飞机电子设备维修、航空发动机装试技术、通用航空器维修等专业，直接受益专业学生累计 3000 余人。学生具有良好的综合素质，2021 年获四川省大学生综合素质 A 级证书学生占比 8%。学生专业技能和职业素养强，在全国职业院校技能大赛飞机发动机拆装调试与维修、世界技能大赛飞机维修项目四川省选拔赛、中国第一届职业技能大赛、海峡两岸职业院校飞机维修基本技能邀请赛上屡次获奖，学生梁镖获得全国技术能手称号，毕业生王前程获得河南省五一劳动奖章、毕业生吉仕强为"临港工匠"，大国工匠后备人才培养效果显著。

### 2. 专业教学平台领跑全国同类院校

2017 年飞机机电设备维修专业成为全国职业院校交通运输大类示范专业点、四川省首批高等职业院校重点专业，2019 年立项为四川省高等职业教育创新发展行动计划骨干专业。建有中国民航局授权的航空器维修培训机构、人力资源和社会保障部授予的世界技能大赛飞机维修项目国家集训基地、成都市职业技能竞赛集训基地、中航工业高技能人才培养基地、中国航发高技能人才培育基地等育训融合的技术技能人才培养平台，建成四川省高职教育创新发展行动计划空中客车 A320 虚拟仿真中心，立项建设全国首届职业教育教师教学创新团队、建设四川省航空装备智能制造与维修虚拟仿真实训基地，主持建设飞机机电设备维修专业国家资源库，近四年累计完成对外培训项目 26 个，培训经费到账近 1300 万元，服务企业技术技能人员累计 2 428 143 人天。

### 3. 专业教学资源丰富，行业企业对学生认可度高

成果以项目为载体，立项建设航空发动机原理与结构国家级课程思政示范课程，飞机结构与系统省级精品资源共享课程，国家级教改项目 2 项，省级教改项目 1 项，2021 年认定课程思政教学团队 1 个和教学名师 6 名。近 4 年学生在中国国际航空、四川航空、海航航空等航空维修企业就业 1841 人，占专业总人数 87%，成为深受企业欢迎的高素质技术技能型人才。

### 4. 制定全国标准，推广与应用"课照融通、育训融合"飞机维修人才培养模式

成果完成人何龙、马超担任全国航空工业职业教育教学指导委员会委员、四川省职教师资培训专家，参与中国民航局《民用航空器维修人员执照管理规则》R3、教育部《民用航空器航线维修职业技能等级标准》、《飞机机电设备维修专业国家教学标准》的制定，

参与评审中国民航维修协会主编的民用航空器维修基础系列教材 3 本。马超被聘为第 45 届世界技能大赛飞机维修中国集训教练，参与制定飞机维修国家集训队集训方案，指导我国参赛选手叶钟盛获得第 45 届世界技能大赛银奖。何龙、王昌昊被聘为中国第一届职业技能大赛四川省指导专家和教练，获得四川省优秀指导教师称号。

### 5. 国内示范效果显著

"课照融通"的课程开发六步法为职业院校将"X"融入人才培养方案提供参考方法；对接行业标准，落实人才培养目标的专业建设模式为同行所借鉴。在"全国首批职业教育教师教学创新团队专业培训项目"中进行专题汇报，面向全国同行介绍建设经验，得到很高赞誉。广州民航职业技术学院、长沙航空职业技术学院等国内同行院校到校考察和交流，课照融通、育训融合的飞机维修人才培养经验为多所职业院校借鉴，北京电子科技职业学院、广州民航职业技术学院等院校借鉴该模式进行专业建设，取得了航空器维修培训机构资质。

# 行企校协同推进高职模具专业现代学徒制人才培养模式的创新与实践

## 【获奖等级】

省级二等奖

## 【完成单位】

成都航空职业技术学院

成都市模具工业协会

宝利根（成都）精密工业有限公司

成都航天模塑股份有限公司成都模具分公司

## 【主持人简介】

郑金辉，教授，全国模具标准化技术委员会委员，四川省职业教育与成人教育学会加工制造委员会副理事长。主持完成 3 项教育部职业教育专业标准的制定，主持和参与国家级、省部级科研项目 5 项。获国家级教学成果奖一等奖、二等奖各 1 项，省级教学成果奖三等奖 2 项，获全国职业院校技能大赛教师教学能力大赛三等奖 1 项。

## 【团队成员】

李军，岳太文，郭芝忠，杨华军，白晶斐，李冬，苏艳红，张霖，杨泽云

## 【成果简介】

模具作为工业基础工艺装备，应用广泛，被称为"工业之母"。在模具行业呈现高精密化、自动化、数字化、智能化发展趋势下，行业对人才技术技能的复杂性和全面性也提出了更高要求。

随着行业形态日趋专业化、精益化，从大型企业的模具厂、模具车间转化为中小型模具企业，受限于企业规模，行业迫切希望高职学生毕业入职时就能独立完成技术技能岗位工作。

本成果在高端装备制造领域智能制造转型升级背景下，面向中小企业开展现代学徒制人才培养，聚焦育人长效机制缺失、教学条件不适应培养要求、专业人才培养目标难以在课程和课堂细化落实等问题，依托教育部第二批学徒制试点、高职创新发展行动计划生产性实训基地、省部级教改教研课题等项目，以产教融合理念统领全局，行企校协同推进，经过7年的研究、实践、总结，形成了行业统筹、校企七共同的高职模具专业现代学徒制人才培养模式。

确立"主动作为、融入行业、以贡献求发展"的理念，高职院校深度参与建设地方行业协会的职业教育职能，校企协同编制地方行业岗位能力标准与技能鉴定标准，开发学徒制人才培养方案与课程体系，组织学徒选拔、培养、毕业考试，形成行业统筹、校企七共同的协同育人长效体制机制。

确立"转化优势、吸引名企、业务融合、协同发展"理念，逐次将智能制造技术链上的标杆企业引入学校，行校企协同构建校内学徒车间，形成真实应用、技术进步驱动教学改革的体制机制，开展智能制造下的校内生产性实训。

为精准落实专业人才培养目标，在我校国家教育教学成果3343课程开发理论和"TTAAS"课程开发与教学设计技术基础上，形成了"3333"（三线交融、三层互联、三段一体、三技融合）"专业—课堂"教学改革的模式与技术，全面解决"产教整合、立德树人"落细、落小、落地的问题，解决课堂革命的路径与技术问题。

项目自2015年起，编制了成都模具行业的6个岗位能力标准，开发了学徒选拔标准。围绕8家数字化、智能化转型升级中的中小型企业技术技能人才需求，落实"产教融合、立德树人"，为行业持续输送200多名技术技能人才。在学徒培养实施过程逐步建立了行企校各类制度、管理办法、协议。项目成果在成都为模具行业输送人才的多所院校中推广，也应用于成飞、成都航空产业园人才定制培养项目。项目成果多次在全国模具行业会议上分享，行校企协同构建校内学徒车间模式在国内得到广泛推广和应用，"3333"高效课堂建设路径与技术在校内和四川地区得到推广和应用。

# 《行企校协同推进高职模具专业现代学徒制人才培养模式的创新与实践》成果总结报告

## 一、成果背景

模具作为工业生产基础工艺装备，应用广泛，被称为"工业之母"。在模具产业呈现高精密化、自动化、智能化发展趋势下，产业对人才技术技能的复杂性和全面性提出了更高要求。

成都地区模具产业主要服务电子信息、航空航天、汽车制造等高端装备制造领域，行业形态也日趋专业化、精益化。从大型企业的工模具厂、模具车间形态逐渐转化为中小型工模具企业，受限于规模，行业迫切希望高职学生毕业入职时就能独立完成技术技能岗位工作，模具专业学生也希望能达到这些要求，以坚定在行业、企业发展的信心。

2014 年国务院下发《国务院关于加快发展现代职业教育的决定》，首次提出企业要发挥"重要办学主体作用"，办职业教育不仅是学校的事，也是企业的事。面向数字化、智能化转型升级中的中小型模具企业，现代学徒制是解决其技术技能人才需求的有效途径。

## 二、成果来源

本成果研究依托的项目见表 1。项目从模具行业调研切入，精准专业培养目标与培养规格，边研究，边实践，边出成果，研究实践历程见图 1。

表 1　成果相关教育科研与质量工程项目

| 序号 | 项目名称 | 立项单位 | 项目时间 |
|---|---|---|---|
| 1 | 四川省普通高校职教师资班和高职班对口招生职业技能考试大纲（加工制造类） | 四川省教育考试院 | 2014— |
| 2 | 四川省高等教育人才培养质量和教学改革项目"高职产学研平台质量管理体系研究与实践" | 四川省教育厅 | 2014—2016 |
| 3 | 四川省高等教育人才培养质量和教学改革项目"高职专业评价指标体系的研究与实践" | 四川省教育厅 | 2014—2016 |
| 4 | 模具设计与制造专业现代学徒制人才培养探索与实践 | 教育部 | 2017—2019 |
| 5 | 高等职业学校飞行器制造技术专业顶岗实习标准 | 教育部 | 2015—2016 |
| 6 | 高等职业学校模具设计与制造专业实训教学条件建设标准暨中等职业学校模具制造技术专业实训教学条件建设标准 | 教育部 | 2016—2019 |
| 7 | 四川省高等职业教育创新发展行动计划项目——成都航院-GF 智能制造技术实训基地项目 | 四川省教育厅 | 2016—2019 |
| 8 | 四川省高等职业教育创新发展行动计划项目——成都航院-海克斯康高端制造几何计量实训基地 | 四川省教育厅 | 2016—2019 |
| 9 | 模具设计与制造专业现代学徒制人才培养探索与实践 | 四川省教育厅 | 2016—2019 |
| 10 | 四川省高等教育人才培养质量和教学改革项目"校企协同共育新时代航空制造技能大师接班人的研究与实践" | 四川省教育厅 | 2019—2020 |

| | | | | | | |
|---|---|---|---|---|---|---|
| 行业 | ● 成立教育培训委员会<br>● 制定教育培训委员会章程 | ● 学徒制项目管理办法<br>● 组建专业和课程评审专家委员会<br>● 组织学徒项目调研<br>● 组织人才培养方案论证 | ● 双导师管理办法<br>● 模具专场招聘会<br>● 双导师培训<br>● 共建联合实验室<br>● 组织企业员工培训 | ● 组建职业技能鉴定专家委员会<br>● 制定专家委员会章程<br>● 联合申报工程实验室<br>● 组织企业员工技能鉴定 | ● 制定学徒考核标准<br>● 审核学徒考核题目<br>● 开展学徒毕业评价<br>● 发布学徒单招方案<br>● 牵手中职继续探索 |
| 学校 | □ 航空人才计划<br>□ 技能高考 | □ 学徒制项目规划<br>□ 企业调研 | □ 制定人才培养方案<br>□ 动员和选拔学徒<br>□ 开展课程改革技术研究 | □ 开展学徒培养<br>□ 推广"3333课程结构与内容改革"<br>□ 优化人才培养方案<br>□ 共建联合实验室 | □ 建设跨企业学徒车间<br>□ 交流学徒培养经验<br>□ 联合申报工程实验室<br>□ 深化三教改革<br>□ 探索运行机制 | □ 学徒制培养优化<br>□ 学徒单独招生<br>□ 形成人才培养机制<br>□ 开展生产性实践<br>□ 承办模具工大赛 |
| 企业 | | ■ 校企合作意向 | ■ 签订校企合作协议<br>■ 学徒招生暨招工<br>■ 学徒认岗实习 | ■ 学徒招生暨招工<br>■ 学徒跟岗实习<br>■ 共建联合实验室 | ■ 开展顶岗实习<br>■ 联合申报工程实验室<br>■ 学徒招生暨招工 | ■ 学徒毕业考核<br>■ 学徒实习<br>■ 参加模具工大赛 |
| | 2012—2015<br>艰难探索 | 2016<br>共同探索学徒制育人的共识 | 2017<br>建长效机制，规范人才培养工作 | 2018<br>联手探索现代学徒制人才培养模式 | 2019<br>实践中检验，继续探索 | 2020<br>出规范、出标准、出经验 |

图 1 成果研究历程

## 三、成果主要内容

### （一）产教融合理念统领全局，创新行业统筹、校企七共同的育人长效体制机制

确立"主动作为、融入行业、以贡献求发展"的理念，学校深度参与行业协会职业教育功能建设，促进行业积极参与职业教育改革；在行业协会针对产业人才培养和创新中心建设等问题，规划成立教育培训委员会时，学校受协会邀请，由学习、借鉴德国、瑞士职业教育办学经验富有成果的专业团队领办教培委，统筹构建地区产业现代学徒制人才培养体制机制，由教培委牵头成立高职学徒制项目工作委员会、教育培训标准评审专家委员会、职业技能鉴定技术专家委员会，助力现代学徒项目的实施。

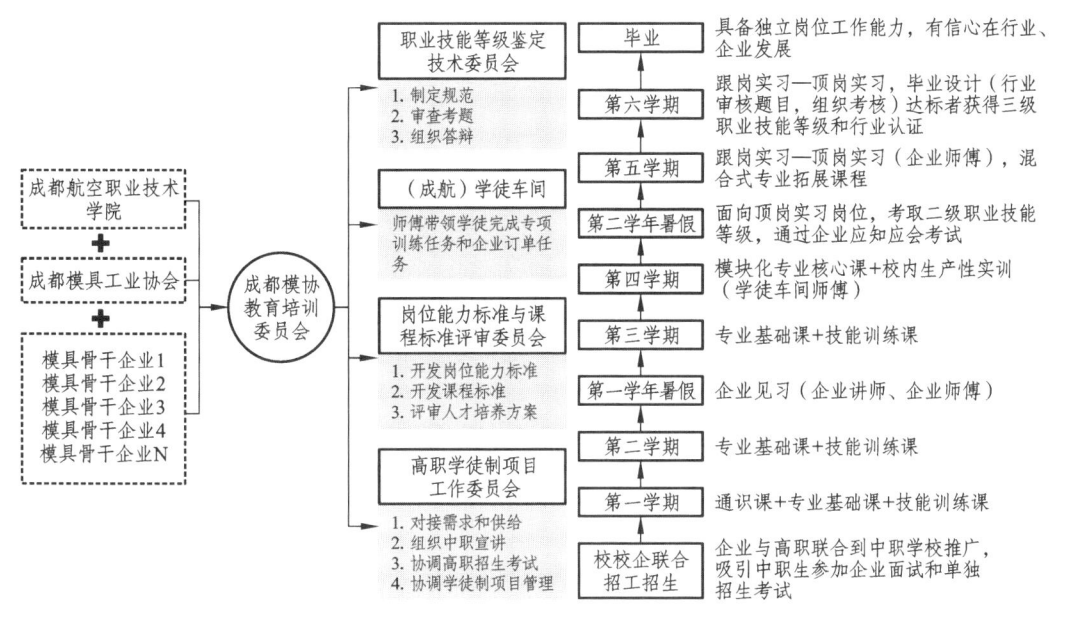

图 2 成都模具行业现代学徒制人才培养的育人体制机制

（1）行企校共同开发智能制造下系列岗位能力标准、行业师傅标准、高职学徒选拔标准，共同开发现代学徒制人才培养方案，适应行业共性需求、学校教学规范、企业个性需求。

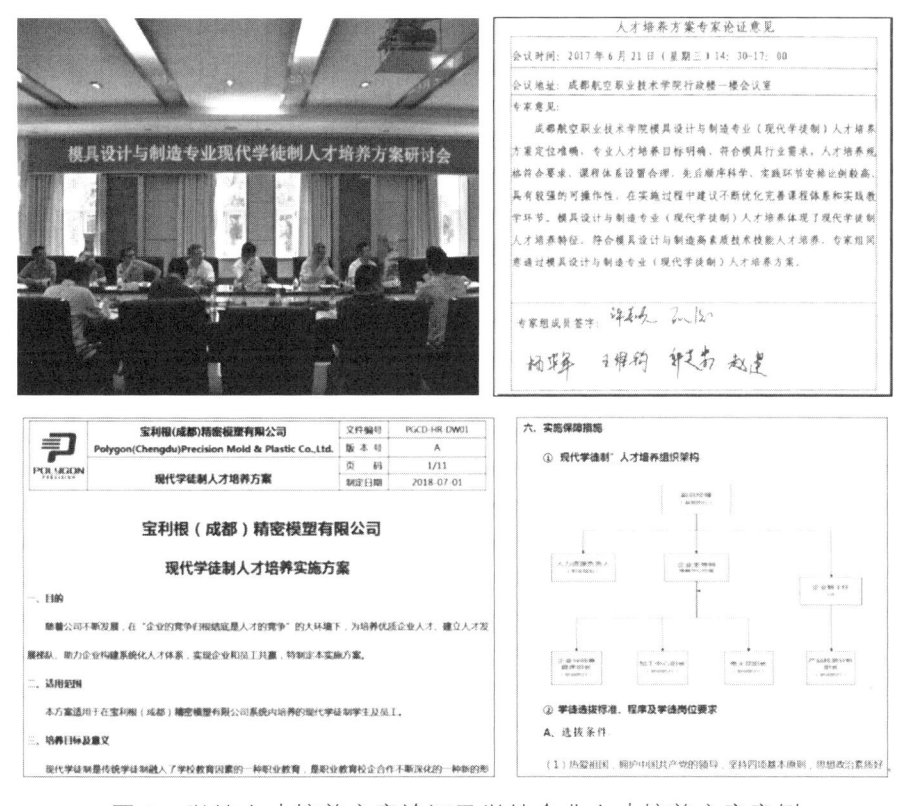

图 3 学徒人才培养方案论证及学徒企业人才培养方案案例

（2）行企校共同建校内学徒车间，开展智能制造下的校内生产性实训。

（3）行企校共同推动招生招工一体化。共同开展技能、文化考试和面试，签订三方协议，实现学生与学徒双重身份。

图 4　学徒选拔面试现场

（4）校企互聘共管双师团队，形成管理、导师、班主任、联系人、专家五层学徒管理运行团队。

图 5　企业导师经验交流会和学徒拜师仪式

表 2　模具学徒运行管理五双团队

| 团队名称 | 团队职责 | 团队组成 |
| --- | --- | --- |
| 双管理团队 | 运行保障<br>政策支持 | 模协领导、各企业领导<br>学校领导 |
| 双导师团队 | 传授知识技能<br>传承工匠精神 | 各企业导师<br>学校教师 |
| 双班主任团队 | 日常管理<br>思政育人 | 每家企业定一名班主任<br>每个班定一名学校班主任 |
| 双联系人团队 | 运行实施<br>联络沟通 | 每家企业定一名 HR 联络人<br>学校为每家企业配一名联络老师 |
| 双技术专家团队 | 考核方案<br>审核试题<br>答辩鉴定 | 模协专家<br>每家企业一名技术专家<br>学校项目组主要负责人 |

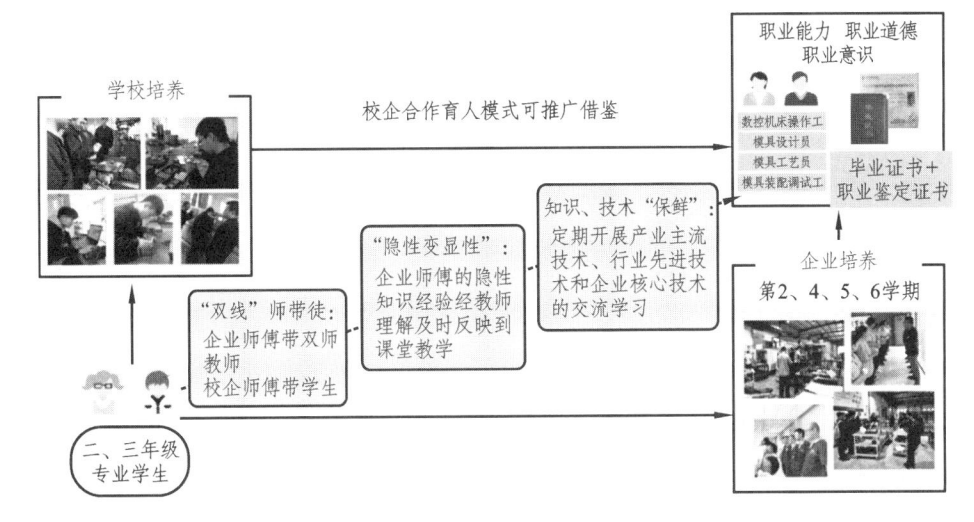

图 6　双线师带徒模式

（5）学校定教学标准，校企联合开发课程体系，共建课程，共同执行基于企业生产过程与学生成长规律的教学任务。

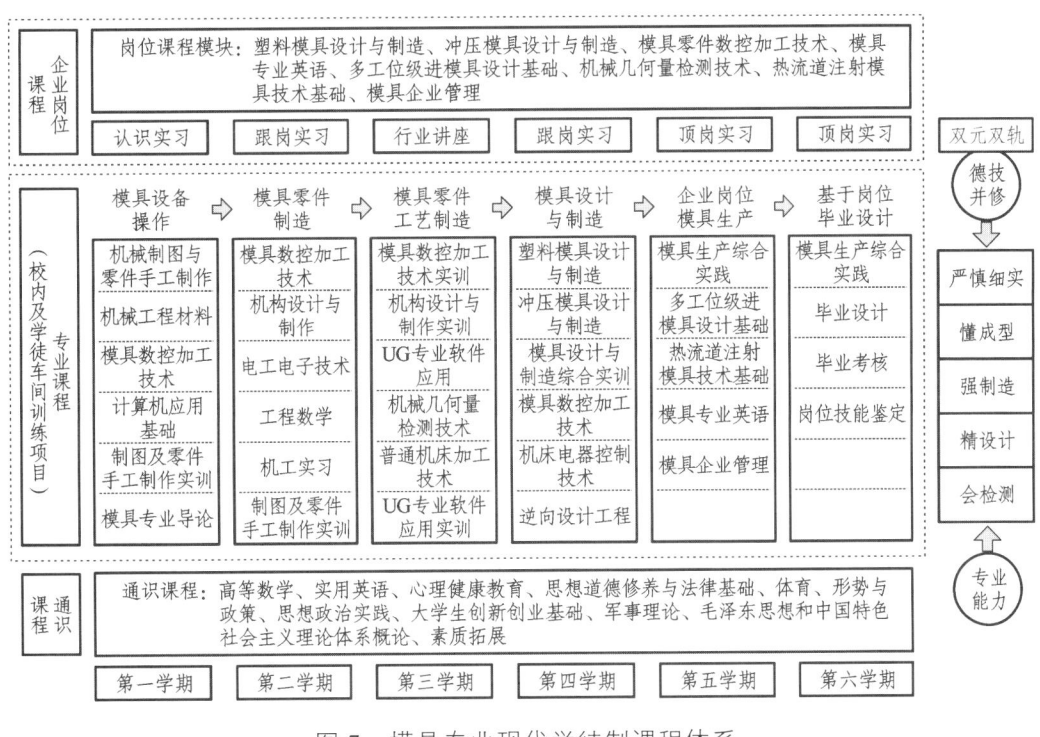

图 7　模具专业现代学徒制课程体系

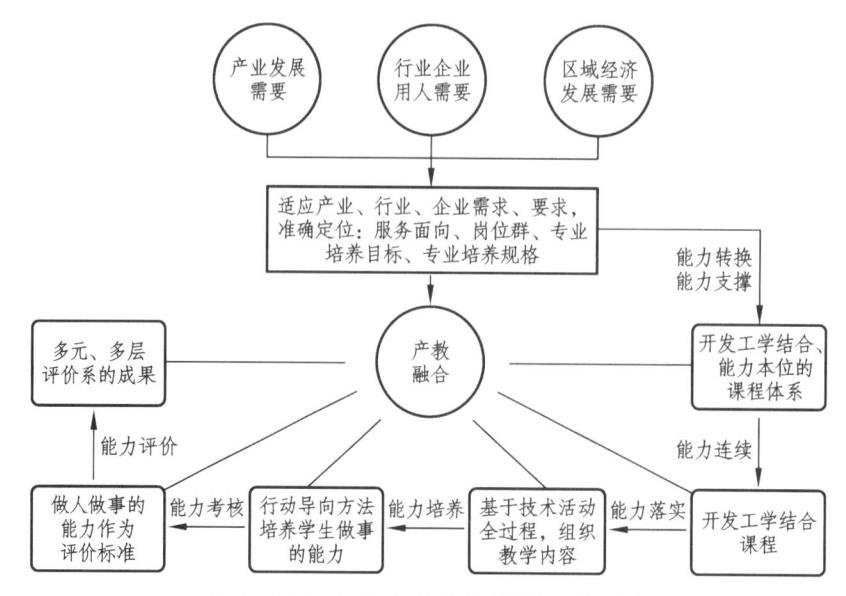

图 8　学徒制能力转换的课程开发技术

图 9　学徒在企业岗位实习

（6）行企校共建行业职业技能鉴定技术委员会，制定学徒考核规范，三方共同鉴定毕业学徒的岗位能力水平。

图10 学徒毕业考核与技能鉴定

（7）行企校共同建立现代学徒制的管理制度，实现现代学徒制人才培养模式从探索走向常态。

## （二）逐次引智能制造技术链顶尖企业入校，行校企协同构建"学徒车间"

为建设产业发展驱动模具专业条件、教师专业能力持续进步机制，满足行业、企业、学校对自动化、数字化、智能化发展趋势下设计、制造技术的学习、交流和应用，学校在制造类实训基地的基础上，发挥自己的行业、专业、区位优势，遵循"技术引领、融入产业、业务融合、自我成长"的规划原则和"发挥优势、抓住机遇、控制风险、有机生长"的建设原则，在行业协会引荐和协调下，陆续与全球智能制造、模具加工方案及设备、数控系统方面的引领企业及迅速跻身国际一流的国内数字化精密加工设备、刀具企业共建校企协同创新中心/区域公共技术服务平台/产业智能制造应用技术工程实验室，建成智能制造产教融合实训基地。

在建成的智能制造技术链布局的校企协同创新中心群基础上，由行业协会协调，面向模具零件加工等业务进行内涵建设，通过质量体系认证，获得模具企业零件加工供应商资质（公益性），发挥学徒车间功能，落实校内用生产理念开展数字化、智能化的制造类教学环节。基地设计、加工、检测等类别的专业教师获得专业认证，可以完成带徒使用数字化设计、工艺系统、柔性产线、数字化检测系统，完成企业委托的工艺、加工、检测等业务。学徒在生产性实训完成时，通过职业技能等级二级和企业要求的应知应会水平考试，为顺利进入顶岗实习阶段打下基础。

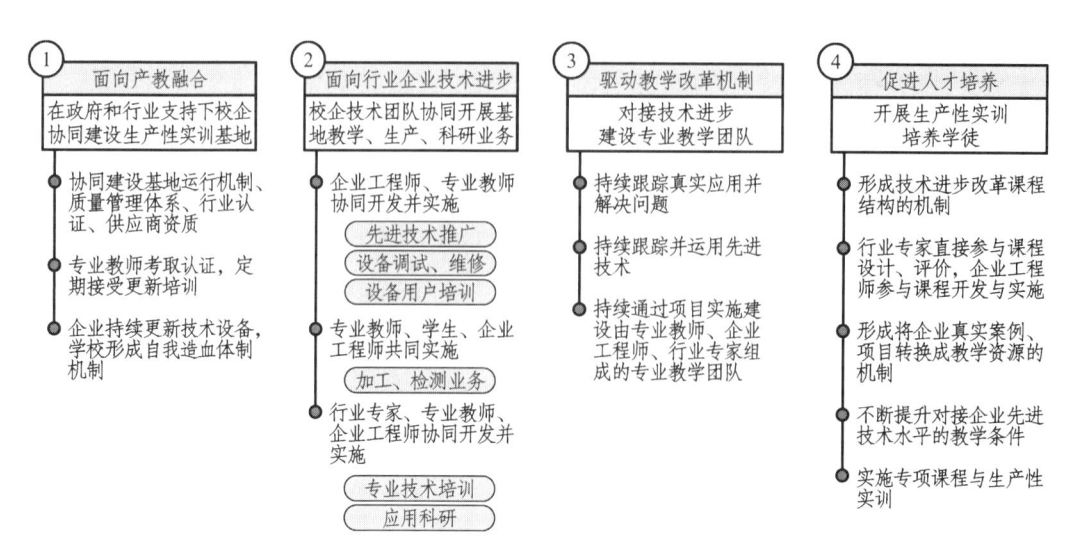

| ① 面向产教融合 | ② 面向行业企业技术进步 | ③ 驱动教学改革机制 | ④ 促进人才培养 |
|---|---|---|---|
| 在政府和行业支持下校企协同建设生产性实训基地 | 校企技术团队协同开展基地教学、生产、科研业务 | 对接技术进步建设专业教学团队 | 开展生产性实训培养学徒 |
| • 协同建设基地运行机制、质量管理体系、行业认证、供应商资质<br>• 专业教师考取认证，定期接受更新培训<br>• 企业持续更新技术设备，学校形成自我造血体制机制 | • 企业工程师、专业教师协同开发并实施<br>  （先进技术推广）<br>  （设备调试、维修）<br>  （设备用户培训）<br>• 专业教师、学生、企业工程师共同实施<br>  （加工、检测业务）<br>• 行业专家、专业教师、企业工程师协同开发并实施<br>  （专业技术培训）<br>  （应用科研） | • 持续跟踪真实应用并解决问题<br>• 持续跟踪并运用先进技术<br>• 持续通过项目实施建设由专业教师、企业工程师、行业专家组成的专业教学团队 | • 形成技术进步改革课程结构的机制<br>• 行业专家直接参与课程设计、评价，企业工程师参与课程开发与实施<br>• 形成将企业真实案例、项目转换成教学资源的机制<br>• 不断提升对接企业先进技术水平的教学条件<br>• 实施专项课程与生产性实训 |

图 11 校企协同"学徒车间"（生产性实训基地）建设与运行机制

## （三）创新现代学徒制课程体系建构和职业教育课堂革命的路径与技术

"3333"高效课堂建设路径与技术，主要解决"产教融合、立德树人"落细、落小、落地的问题。在国家产教融合战略理念的统领下，校企合作和工学结合的模式以及它们的运作方式有了新的内涵和规则，立德树人、德技并修、课程思政都对职业教学提出新的挑战。从松散的校企合作全面走向校企双主体育人，从在企业中选择典型工作任务到转包项目、世赛项目转换、针对 X 技能开发具有真实意义任务，工学结合有了新途径；立德树人新要求和德技并修育人才高效课堂就是当下教学改革的最后一公里。专业"三教改革"以人才培养目标和培养规格为逻辑起点，深化以系统教学设计为目标的课程改革，以人才培养过程即时生成的行为实证大数据为支撑（云课堂教学），以促进学生爱学、乐学、想学、德技并修的课堂革命为落脚点，学校提出"正反合"相融的"翻转课堂"是对教与学一种全新的模式呈现，是一个完整的学习过程。在国内率先提出教育技术和生产技术及信息技术的有效融合，促使教与学在严谨中产生快乐、在快乐中实现教学相长，提高课堂的有效性的提高课堂效率理论，建构出"3333"规范化和科学化的自顶到底的课堂改革理论和技术。

三线交融：① 工学结合线：以目标为牵引、任务为依托，以行动导向的教学方法为辅助工具，落实职业能力培养到人。② 立德树人线：以专业服务的行业新时代工匠精神为牵引，将爱岗敬业、精益求精、协同共进、家国情怀、劳动精神等有机融入教学任务和项目，落实学生思想意识和行为习惯的改变。③ 信息技术线：以课堂教学目标的三维评价标准为牵引，以有效信息要求设计结构数据、非结构数据和行为数据，开发云课堂教学手段，助力行动导向教学方法，实现人与人之间的互动、人与资源间的互动、资源与资源的互动、思维与思维的互动，助力三维目标的评价。

三层互联：专业培养目标—毕业要求的评价载体（习得成果）—评价标准（毕业要求），课程目标—设计的习得成果—评价标准，课堂教学目标—学生习得成果—评价标准，三层各同类数据相联，形成自顶到底的分解、自底到顶的支撑关系。

三段一体：指课前—课中—课后的教学设计与实施一体化。以内容切入、资源导入、实施融入的"三入"课程思政教学模式，有机融合"知识、技能"与"思政"；利用课程改革建设的资源（预设性资源）支撑职业能力的培养，利用信息化平台工具手段授课产生的新数据形成的有效信息，成为生成性资源；智能处理综合性数据，形成智能处理资源，生成教学报告，记载教育学全过程数据，作为评价有效课堂的依据。

三技融合：指基于信息化平台工具，将专业技术（生产技术）、教育技术（教学方法、方式）与信息化技术融合，用数据说明教学目标的达成情况，课程思政效果与学生成长。

本研究成果已经在全院教师中推广，并形成《高职课程与课堂改革案例集》专著一本，面向全省中高职院校推广。

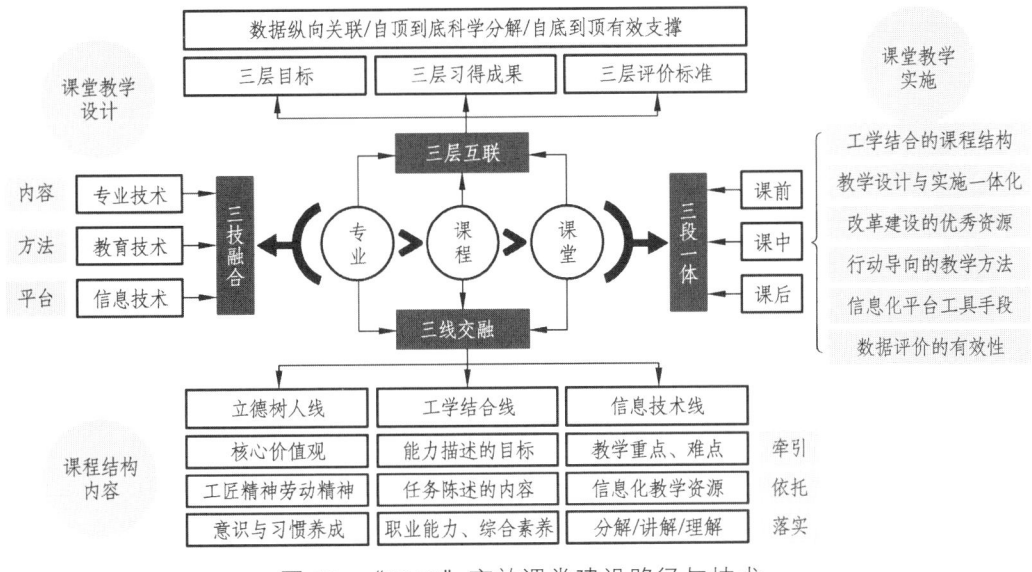

图 12 "3333"高效课堂建设路径与技术

## 四、成果主要解决的教学问题及解决教学问题的方法

### （一）主要解决的教学问题

（1）高职院校与中小企业开展的学徒制项目难以持续，即育人长效机制缺失的问题。

（2）高端装备制造领域专业教师专业能力发展、实训条件建设与技术发展脱节，即"教学条件不适应培养要求"的问题。

（3）专业人才培养目标、课程目标、课堂教学目标脱节，思政教育碎片化，信息技术应用形式化等问题。

### （二）解决教学问题的方法

（1）高职院校参与行业协会建设，领办行业协会教育培训委员会，促进行企校共建育人体制机制。

（2）确立"转化优势、吸引名企、业务融合、协同发展"理念，在协会协调下逐次将智能制造技术链上数字化检测、数字化加工与自动化、刀具等领域的顶尖企业引入学校，行校企协同规范构建"学徒车间"，获得质量管理体系认证和模具企业的供应商资质，解决中小型企业学徒实践教学条件问题。

（3）建构"三层互联、三线交融、三技融合、三段一体"规范化和科学化的自顶到底的课堂改革理论和技术，有效解决培养学生职业能力和社会主义核心价值观的效果问题，课堂革命的路径与技术问题。

## 五、成果创新点

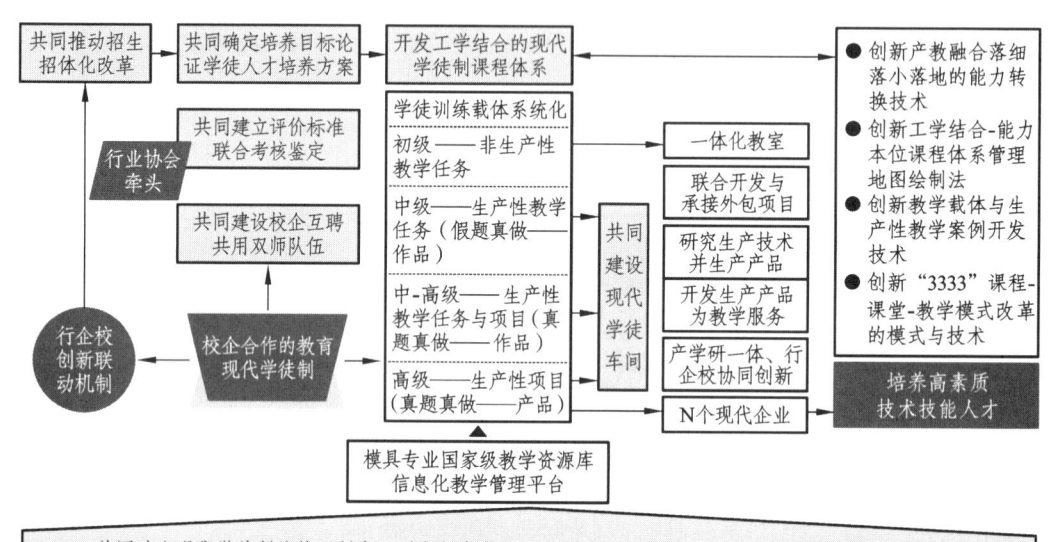

图 13  行企校共育的现代学徒制人才培养机制与模式

### （一）高职院校深度参与地方行业协会职业教育职能建设，创新行业统筹、校企七共同的校企协同育人长效机制

由于模具企业属于中小企业，由地方行业协会来统筹学徒培养是理所当然的，但目前我国地方行业协会的职业教育指导能力普遍薄弱，难以落实。本成果提出了由行业协会邀请高职院校领办协会教育培训委员会，在学习、借鉴德国、瑞士职业教育办学经验基础上，创新中国特色的现代学徒制育人长效机制的方案。

本成果实现了"因需而选"合作企业、"因需而设"定制化人才培养方案、"因人而定"学生+准员工/学生+学徒、"因课而择"工程师/技师+企业导师/教师+项目导师，形成行校企协同培养的育人新格局。

### （二）创新校内学徒车间的建设和运行模式，解决教师带领学生在校内学徒车间真刀真枪练手艺，培养职业能力、养成职业素养问题

目前我国职业教育中还缺乏类似于德国、瑞士建在企业或跨企业培训中心的"学徒车间"或"教学工厂"，在学校的行业通用能力培养课程阶段与在企业职业特定能力培养的顶岗实习阶段间，深化行业通用能力与形成职业特定能力的校内生产性实训难以落实，

在高端装备制造领域尤其突出,学生难以在毕业时独立完成技术技能岗位工作。

本成果提出了由高职院校通过逐次引智能制造技术链顶尖企业入校,校企协同建设和运行校内学徒车间(生产性实训基地)的方案,通过持续开展智能制造下的生产性实训,实现了教师和学生双身份,课程的教学成果(学生达标成果)标准化、公开化、可视化,作品与产品并存的生产性实训,形成了技术进步和真实应用驱动教学改革的体制机制。

### (三)创新"3333"职业教育课堂革命的路径与技术

在我校国家教育教学成果3343课程开发理论和"TTAAS"课程开发与教学设计技术基础上,研究和实践了"3333"职业教育课堂革命的路径与技术,全面解决了"产教整合、立德树人"落细、落小、落地的问题。

## 六、成果推广及应用

### (一)形成可持续可借鉴的行企校现代学徒人才培养模式与标准制度

成果系统开发了成都模具行业有共性需求的冲压、注塑两个领域的数字化模具设计与制造工艺,模具精密零件柔性线及单元的应用调试、数字化检测六个岗位能力标准和学徒选拔标准。在人才培养实施过程中,逐步建立了行企校各类协议、制度、管理办法,形成了《模具专业现代学徒制管理制度汇编》。本成果已推广至成都地区其他多所职业院校,也应用于成飞、成都航空产业园开展的技术技能人才订单培养。基于本成果学徒选拔标准,项目组开发了四川省普通高校对口招生职业技能考试大纲(加工制造类),自2016年起执行,成效显著。

图14 模具专业现代学徒制管理制度汇编

## （二）系统创新，促进教学能力提升，学徒获得感大、企业满意度高

学徒毕业时除专升本和参军入伍的以外，都在模具企业技术技能岗位就业，就业稳定性高、表现好。学徒100%取得毕业证书，超过90%毕业考核成绩为优良而取得行业技能鉴定证书。学徒在各企业的实习表现良好，平均企业满意率87%，优秀率48%，不满意记录为0。

运用"3333"模式，2013年至2020年，"塑料模具设计与制造""机械设计基础课程""公差配合与测量技术"课程在职业院校教学能力竞赛中获国赛一等奖1次、三等奖2次，"塑料模具设计与制造"课程参加2021年省赛获得一等奖，并晋级国赛。

在改革实践中，编写《课程改革与课堂革命教学案例》专著1本，通过面向中高职院校教学能力提升的培训，辐射推广成果，取得很好的效果。发表相关教育教改论文9篇，形成专利成果6项。

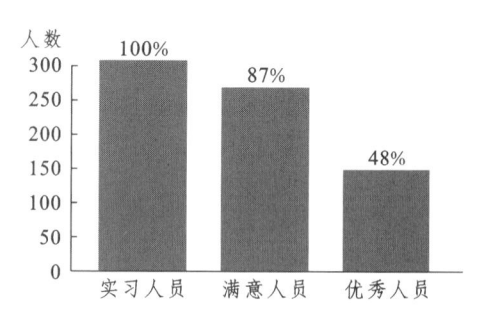

图15　学徒满意度评价

图16　团队成员参加四川省教师教学能力大赛（高职组）获得一等奖

## （三）校内学徒车间建设与运行模式得以推广应用

自海克斯康公司 2013 年将成都方案中心迁入我校，首先与我校合作共建校企协同高端几何量计量生产性实训基地以来，海克斯康陆续在数十所大学、高职院校开设校企协同基地。2018 年，GF 加工方案公司成都公司迁入我校，共建智能制造创新基地。2021 年，教育部推广瑞士 GF 智能制造实践基地建设项目，有 80 家院校报名。2019 年，在省市模具行业协会和骨干企业支持下，成航获批四川省模具产业智能制造应用技术工程实验室。

## （四）成果在教育行业和模具行业内得到推广应用

学徒制与学徒车间项目经验总结分别在 2019 年电子科大"广东现代学徒制校长国培班""2019 年中国模具行业协会人才培养工作年会""2020 年西南地区装备制造职业教育集团年会""2021 年中国模具人才培养产教融合高峰论坛"等论坛与讲座上进行了分享，获得广泛好评。重庆市模具工业协会携骨干企业专程到校考察本项目。

"3333"职业教育课堂革命的路径与技术在四川省进行了广泛推广，参加培训教师已达数千人。

图 17　在现代学徒制校长国培班上作经验推广

图 18　在 2019 年中国模具行业协会人才培养工作年会上进行经验推广

# 大师领衔、项目支撑、师生互助的高职"双师型"专业教学团队建设实践与创新

**【获奖等级】**

省级二等奖

**【完成单位】**

成都航空职业技术学院

**【主持人简介】**

周树强，副教授，高级技师，享受国务院政府特殊津贴，全国技术能手、"天府万人计划"天府工匠、航空职业教育教学名师、四川省第四届专家委员会专家，参与1+X职业技能等级标准《数控设备维护与维修》、中非职教合作项目《电工》职业技能等级证书标准制定，四川省技能大师工作室负责人、教育部产业导师资源库技术技能大师。

**【团队成员】**

周丽霞，熊熙，白凤光，李吉，凌敏，王皑军，刘志学，黄孟虎

**【成果简介】**

《国务院关于加快发展现代职业教育的决定》和《国家职业教育改革实施方案》中对"双师型"教师队伍建设提出了明确的部署和要求。建设一支具备工匠精神、教育理念先进、熟悉行业生产实际、实践能力强的"双师型"师资队伍是高职院校内涵建设的关键之一。本成果以四川省"周树强机床装调维修工技能大师工作室"为平台，以"中华技能大奖"技能大师、"全国技术能手"技能大师为双引领，以实际机床维修改造项目为载体，将教师提升和学生培养相结合，创新了高职院校"双师型"专业教学团队建设模式。本成果解决了"双师型"教师能力培养目标不确切、培养方式缺乏针对性、团队合作能力培养难落实等问题，为理论扎实、技艺精湛、团结协作、立德树人的"双师型"专业教学团队建设提供了新方案。

以"中华技能大奖"技能大师、"全国技术能手"技能大师为引领，确定"双师型"教师的实践能力培养目标。以机床装调维修领域的"中华技能大奖""全国技术能手"为标杆，结合相关专业人才培养目标和教师职业发展要求，确定专业教师的实践能力培养目标。技术技能人才培养是"双师型"教师培养的最终目的。依托技能大师工作室提供的实际工作项目，让教师走进企业实际与技能大师交流学习，同时通过参与技术培训、编写教材、指导学生竞赛等方式，提升教学能力。"双师型"教师团队合作能力培养通过指导学生技能竞赛等措施得以实现。以校、省、国家三级学生技能竞赛为抓手，成立竞赛团队，分工协作，提升教师协作能力，增强团队意识，提高团队合作能力。在解决了以上高职院校"双师型"专业教学团队建设的三大问题的同时，实现了两大创新：创新了教师能力提升与学生培养相结合的"双师型"专业教学团队建设模式；创新了"双师型"教师项目式团队合作能力培养路径。

通过技能大师领衔，"双师型"教师的培养目标得到了细化，培养路径多样，团队意识、合作能力得到提升，教师团队水平不断提高。目前，专业教学团队立项省部级科研课题 10 余项，发表 SCI 核心、中文核心期刊论文 20 余篇，专利 40 余项，参加西部职业教育论坛交流经验，得到同行认可。同时，参与技能大师工作室项目、参加技能竞赛的学生获得了全国职业院校技能大赛、世界技能大赛全国选拔赛等一等奖 10 余项，毕业生受到用人单位好评。

# 《大师领衔、项目支撑、师生互助的高职"双师型"专业教学团队建设实践与创新》成果总结报告

## 一、成果背景

《国务院关于加快发展现代职业教育的决定》和《国家职业教育改革实施方案》中对"双师型"教师队伍建设提出了明确的部署和要求。建设一支具备工匠精神、教育理念先进、熟悉行业生产实际、实践能力强的"双师型"师资队伍是高职院校内涵建设的关键之一。

## 二、成果来源

本成果以四川省"周树强机床装调维修工技能大师工作室"为平台，以"中华技能大奖"技能大师、"全国技术能手"技能大师为双引领，以实际机床维修改造项目为载体，将教师提升和学生培养相结合，创新了高职院校"双师型"专业教学团队建设模式。本成果解决了"双师型"教师能力培养目标不确切、培养方式缺乏针对性、团队合作能力培养难落实等问题，为理论扎实、技艺精湛、团结协作、立德树人的"双师型"专业教学团队建设提供了新方案。

## 三、成果主要内容

以"中华技能大奖"技能大师、"全国技术能手"技能大师为引领,确定"双师型"教师的实践能力培养目标。以机床装调维修领域的"中华技能大奖""全国技术能手"为标杆,结合相关专业人才培养目标和教师职业发展要求,确定专业教师的实践能力培养目标。技术技能人才培养是"双师型"教师培养的最终目的。依托技能大师工作室提供的实际工作项目,让教师走进企业实际与技能大师交流学习,同时通过参与技术培训、编写教材、指导学生竞赛等方式,提升教学能力。"双师型"教师团队合作能力培养通过指导学生技能竞赛等措施得以实现。以校、省、国家三级学生技能竞赛为抓手,成立竞赛团队,分工协作,提升教师协作能力,增强团队意识,提高团队合作能力。在解决了以上高职院校"双师型"专业教学团队建设的三大问题的同时,实现了两大创新:创新了教师能力提升与学生培养相结合的"双师型"专业教学团队建设模式;创新了"双师型"教师项目式团队合作能力培养路径。

## 四、成果主要解决的教学问题及解决教学问题的方法

主要解决的教学问题一:"双师型"教师能力培养目标不确切,缺乏载体。

"双师型"教师培养重在教师提升操作技能、技术应用、实践创新能力,应以企业生产实际为导向,明确教师实践教学能力。

解决方法:以实际生产项目为载体,"中华技能大奖"大师能力标准确定教师实践能力培养目标。

技能大师解决的都是关键工作难题、艰巨生产任务。通过技能大师工作室具体的数控设备维修改造工作任务,体现技能大师能力水平,解决了教师实践教学能力培养缺乏载体的问题,明确了教师实践教学能力培养目标。

如图1所示,将某公司的数控机床改造项目分解为四个子项目任务,作为教师实践能力培养目标的载体,细化实践能力。

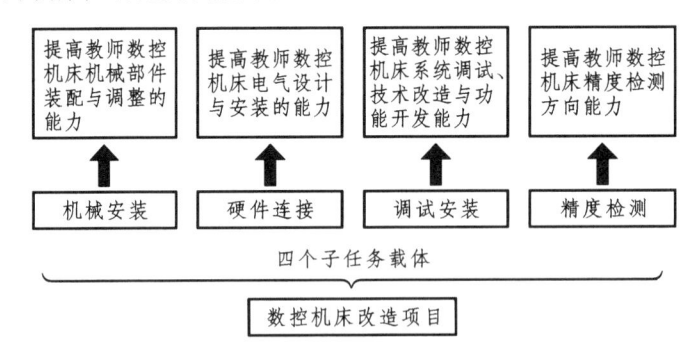

图1 数控机床改造项目作为教师培训载体

问题二:"双师型"培养方式缺乏针对性。

解决办法:将教师能力提升与学生培养相结合。

围绕教师实践能力提升目标,技能大师工作室为"双师型"教师提供能力提升与学

生培养相结合的更多路径，如图 2 所示。

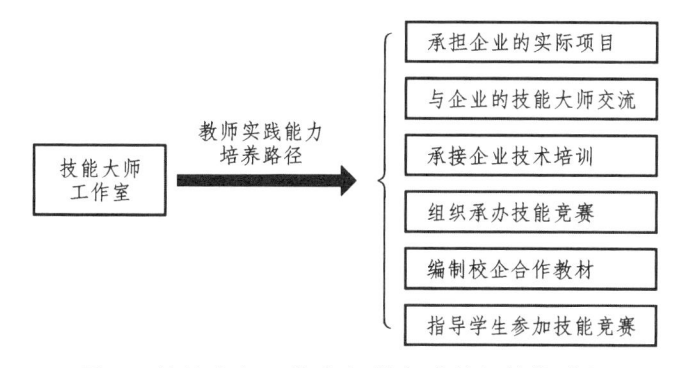

图 2　技能大师工作室提供多种教师培养路径

依托技能大师工作室把企业实际生产项目引入学校，为教师和学生提供真实项目条件，使其成为教师成长和学生进步的共同环境和平台。其次，通过技能大师工作室平台承办数控设备维修改造技能竞赛、指导学生参加技能竞赛，既可以促使教师先于学生了解新设备，掌握新技能、新知识，督促教师不断提升自身理论知识水平和专业技能，也可以让教师与技能大师交流学习，参与企业的实际项目，参加企业技术培训，参与编写教材，承办企业技能竞赛等，进一步提升教师实践能力。

问题三："双师型"教师团队合作能力培养难落实。

解决办法：技能大师工作室平台创造多种教师团队协同合作机会。

为解决这一问题，依托技能大师工作室创造各种教学团队协同合作机会。如图 3 所示。

图 3　技能大师工作室的团队合作机会

通过技能大师工作室，引入企业实际数控设备维修改造项目，教师团队分工协作，提升团队意识和团队协作能力。通过技能大师工作室，组织、承办技能竞赛，锻炼、考验教师队伍的团队精神。通过技能大师工作室，组建指导教师团队指导学生参加数控设备维修改造技能大赛，根据竞赛目标制定竞赛任务分工，促使每位教师深入钻研参赛指导工作，为共同目标协同工作。

## 五、成果创新点

### 1. 创新了教师能力提升与学生培养相结合的专业教学团队建设模式

技能大师领衔的"双师型"教师培养，实现了教师企业项目实践与学校教学活动的融合，即大师培养教师与教师培养学生同步进行。

例如，大师工作室承担精密零件三坐标检测项目，大师指导教师完成检测方向、设计步骤及关键检测点设计，教师则指导学生进行实际检测操作。再如，大师工作室承担零件五轴加工项目，在技能大师统一指导下，教师负责加工工艺编制、加工程序设计、加工注意事项分析等，并指导学生操作五轴机床完成加工任务。另外，大师工作室还承担了企业数控机床改造项目，技能大师制定改造总体方案，教师设计改造机床的硬件电路、机械结构、气路等，并指导学生绘图、硬件连接、安装调试。在此过程中，教师提高了技术应用实践能力，学生增强了理论知识，提高了动手操作能力。

**2. 创新了"双师型"教师项目式团队合作能力培养路径**

依托技能大师领衔的工作室各种真实项目建立团队，将教师团队分工协作，提升团队意识和团队协作能力。

例如，与某公司合作开展"数控工艺技术转包"项目，按照公司产品结构件数控加工工艺、编程技术人员的标准共同培养我校师生，促使团队成员共同学习进步，解决工艺技术问题，持续打造研制与生产的工程技术服务团队。再如，技能大师工作室组织、承办技能竞赛，各项任务分工协作，锻炼、考验教师队伍的团队精神。另外，通过技能大师工作室，组建教师团队指导学生参加数控设备维修改造技能大赛，根据竞赛目标制定竞赛任务分工，促使每位教师深入钻研参赛指导工作，为共同目标协同工作。

## 六、成果推广及应用

本成果自2016年筹备成立成都市"周树强机床装调维修工技能大师工作室"以来开始应用，主要在学校航空装备制造产业学院的机电一体化、电气自动化、数控技术专业的26名教师组成的教师团队中应用。经过5年实践，取得了良好的效果。

### 1. 教师"双师"能力不断提高

近年来，周树强获得学校"优秀青年教师""优秀教师""全国技术能手""四川省万人计划'天府工匠'""国务院政府津贴专家""航空职业教育教学名师"等称号，李吉获得川渝产学研创新成果三等奖，周树强、周丽霞获得教育部技能大赛"优秀指导教师"称号，凌敏、王皑军、郭庆丰获得四川职业院校技能大赛"优秀指导教师"称号，林盛、戴祥利、王浩获得"成都市技术能手"称号。

教师团队省部级科研课题立项10余项，发表SCI核心、中文核心期刊论文20余篇，获得专利授权40余项。从2016年开始，每年为航空装备制造企业举办数控设备维护与维修高技能人才培训班，不定期为多家高新技术公司开展员工技术技能培训。

### 2. 学生普遍受益

截至2021年，学生获得全国职业院校技能大赛"数控机床装调与技术改造"赛项一等奖1项、三等奖3项，获得全国数控技能大赛"数控机床装调维修工"赛项一等奖1项，获得世界技能大赛中国选拔赛制造团队挑战赛赛项电气设计方向第1名（选手荣获"全国技术能手"），获得"振兴杯"全国青年职业技能大赛总决赛"全国青年岗位能手"荣誉称号，获得四川省高职院校大学生技能大赛"数控机床装调与技术改造""工业机器人技术应用""四川省大学生电子设计竞赛"等赛项一等奖 5 项、二等奖 10 项、三等奖 18 项。

### 3. 职业院校交流

周树强在 2019 年首届西部职业教育论坛上分享了职业院校教师培养经验，2019 年成功申报四川省职业院校紧缺领域教师技艺技能传承创新平台，2020 年周树强大师工作室从市级项目建设升级为省级技能大师工作室项目，2021 年四川工程职业技术学院、四川希望汽车职业学院、湖南工贸技师学院等众多院校来校交流学习"双师型"教师培养经验。

# 提升高职院校国际化水平与能力的路径探索与实践——以成都航院为例

**【获奖等级】**

省级二等奖

**【完成单位】**

成都航空职业技术学院

**【主持人简介】**

杨湘伶，国际教育学院院长、国际合作与交流处处长。2021年主持"提升高职院校国际化水平与能力的路径探索与实践——以成都航院为例"项目，获校级教学成果奖一等奖；2021年主持"'一带一路'背景下航空类高职院校国际化发展有效途径探索""新时代背景下航空维修国际化技术技能人才培养路径研究"2项市厅级科研项目。2019年参与校级人文社科科研项目"'一带一路'倡议下高职院校留学生教育机制研究"（排名第二）；2020年参与校级人文社科项目"'一带一路'外宣翻译研究——以成都航院国际教育交流为例"（排名第二）。

**【团队成员】**

袁忠，郑金辉，何先定，刘巧燕，廖正非，曾圣洁，易磊隽，余姝霖，刘浙，陈琳，谢夏清，杨佩瑜

**【成果简介】**

本成果以高职院校国际化水平和能力提升的路径问题为导向，从国际化顶层战略布局、国际优质资源引进、融合创生能力提升、有效输出职教服务四个方面入手，以"一横一纵一点"国际化布局为指引，厘清国际化战略布局与具体业务之间的实现路径和逻辑需求，有序有效推进国际化目标实现；以满足学校优势专业建设需求为目的，以国际化理念、模式、体系、标准、专家为抓手，以国际资源的"优质、精准、多元"引进为原则，科学回应"为什么引""引什么""如何引"的问题，从而提高国际资源引进的针对性和转化率；以融合提升为主线，系统设计学生、师资、专业三个维度的国际化能力

提升方案，取得实效；以留学生教育、援外项目、服务国际产能合作为突破口，通过"优势、负责、持续"输出我校职教产品与服务，有力支撑国家对外开放战略。

# 《提升高职院校国际化水平与能力的路径探索与实践——以成都航院为例》成果总结报告

## 一、成果背景

党的十八大以来，国家相继出台一系列政策文件，明确指出要扩大职业教育对外交流与合作，提升职业教育国际化水平。作为职业教育中具有引领作用的高职教育，其国际化价值体现在"职业性"资格与能力的流通与认可以及对国家"走出去"战略的服务与支撑。然而，高职院校的国际化由于起步较晚、基础薄弱，发展不均衡，整体水平离上述价值体现还存在较大差距。如何提升高职院校国际化水平和能力已成为当下高职院校需要面对的重大课题。

## 二、成果来源

本成果从 2014 年开始探索，到初步形成，再到应用实践中的不断完善，历时 7 年有余，形成了"引得进、留得住、出得去"整体思路指导下的国际优质资源引进—融合创生能力提升—海外职教培训输出"三要素循环"可持续发展路径。学校已与全球 18 个国家和地区的 51 所教育机构建立合作关系，在美国、英国、瑞士、韩国、马来西亚、泰国等国家及中国香港、中国台湾地区建成 8 个师生境外研修基地，学生出国（境）学习交流 700 人次，教师海外访问研修近 200 人次。2015 年加入"世界职教联盟"组织，2016 年、2020 年连续两届当选"中国教育国际交流协会职教分会副理事长单位"（四川省唯一当选高校），国际对话能力不断提升。荣获"2018 年度世界职教院校联盟卓越奖"（四川唯一），引起国内外高职界广泛关注，产生了引领和示范作用。

## 三、成果主要内容

本成果围绕国家战略与区域经济发展需要，以高职院校国际化水平和能力提升的路径问题为导向，聚焦国际化顶层战略布局、国际优质资源引进、融合创生能力提升、有效输出职教服务四个方面有序有效推进国际化目标实现；以满足学校优势专业建设需求为目的，以国际化理念、模式、体系、标准、专家为抓手，以国际资源的"优质、精准、多元"引进为原则，科学回应"为什么引""引什么""如何引"的问题，提高国际资源引进的针对性和转化率；以融合提升为主线，系统设计学生、师资、专业三个维度的国际化能力提升方案；以服务航空企业"走出去"为突破口，通过"优势、负责、持续"输出我校职教产品与服务。

## 四、成果主要解决的教学问题及解决教学问题的方法

### （一）主要解决的教学问题

（1）国际化战略布局不清、落地不实的问题。
（2）国际化资源"为什么引""引什么""如何引"的问题。
（3）资源引进后如何系统设计利用以实现能力提升的问题。
（4）服务国家对外开放战略效果不佳、影响力不大的问题。

### （二）解决教学问题的方法

**1. 立足现实，厘清国际化战略布局与实现路径**

以服务国家战略与区域经济为宗旨，以人才培养、专业建设、师资发展为核心，顶层规划"一横一纵一点"国际化战略布局，即以学生交流、联合培养为抓手，构建与亚洲国家的横向交流网；以师资培训、资源引进、联合科研为锚点，深化与职业教育发达国家的纵向合作内涵；以校企合作、海外培训为手段，聚焦国家"一带一路"倡议重点任务。厘清国际化战略布局与具体业务之间的实现路径和逻辑需求，稳步推进国际化目标实现。

表1 "一横一纵一点"国际化战略布局

|  | "一横" | "一纵" | "一点" |
| --- | --- | --- | --- |
| 合作对象 | 亚洲及周边国家 | 职业教育发达国家 | 共建"一带一路"国家 |
| 合作内容 | 学生交流<br>联合培养 | 师资培训<br>资源引进<br>联合科研 | 校企合作<br>海外培训 |
| 合作目标 | 横向构建长期稳定的亚洲交流网 | 纵向深化国际合作内涵 | 重点服务"一带一路"国家倡议 |

**2. 需求导向，引进优质、对口、多元国际化资源**

以航空、汽车等特色专业建设需求为导向，坚持"优质、精准、多元"引进的原则，引进国际标准、专家、模式、体系等资源。优中选优，引进EASA航空维修国际标准，助力学校成为全国首批民航局授权的航空器维修培训机构；精准对接，作为世界技能大赛飞机维修项目中国集训基地，引进世赛飞机维修国际首席专家指导备赛并助力专业建设；多元吸收，引进德国双元制汽车机电人才培养模式和韩国空乘人才培养体系，资源共享、教学共担，提升国际化人才培养水平。

**3. 融合创生，整体提升学生、师资、专业国际化能力**

针对学生，将国际企业标准与学生培养标准融合，利用海克斯康、GF等国际化产学研平台高质量培养国际通用人才；将国际技能竞赛知识点融入课程体系，课赛融通，以赛促学，培育高水平技术技能人才。针对师资，外引内培，择优选聘提高"外引"效益，

丰富师资结构，提升国际化水平；多措并举提升"内培"质量，加大海外研修及国际资格培训力度，打造"双语双师双能"国际化师资团队。针对专业，引建结合，形成成航特色的国际化专业教学资源，主动参与国际标准制定，引领行业产业发展。

### 4. 凸显优势，扎实服务国家对外开放战略

坚持"优势、负责、持续"输出的原则，通过"中文+职业教育"积极培养"知华、爱华、友华"留学生；连续5年承担商务部援外项目，从教学、管理、科研和实训方面提供四川乃至中国职教范例；以服务航空企业"走出去"为突破口，与同根同源的中航国际战略合作，校企协同培养加蓬本土化技能人才，率先实施海外院校辅助运营管理，有效服务国际产能合作，切实扩大国际影响。

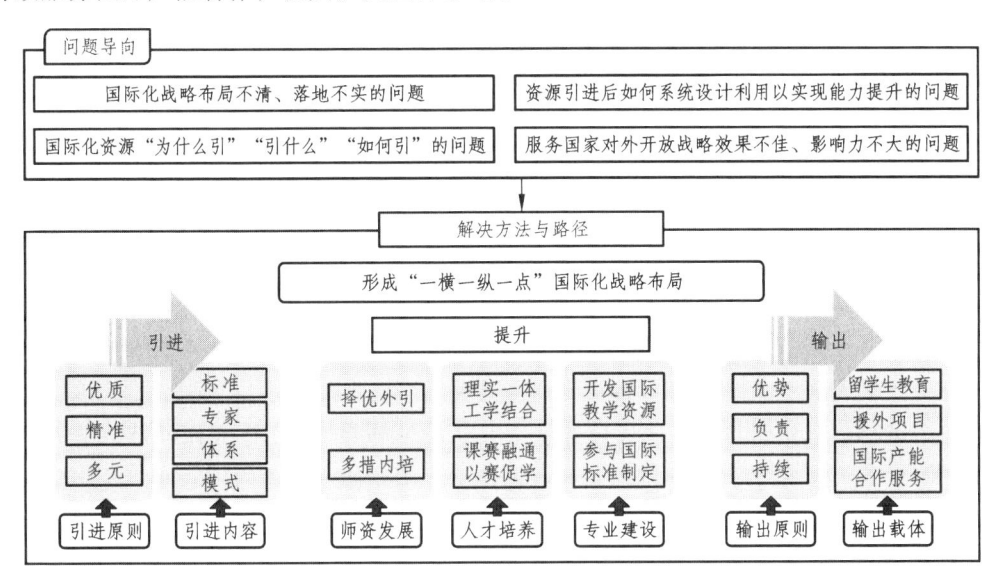

图 1　本成果主要解决问题方法路径

## 五、成果创新点

### 1. 创新"一横一纵一点"国际化战略布局思路

清晰明确的国际化战略布局思路是国际化水平和能力提升的方向指引和实践指南。为此，学校将自身国际化基础和发展定位与目的国教育优势和资源有机结合，从合作对象、合作内容、合作目标三个维度整体思考，确立了"一横一纵一点"清晰易懂的国际化战略布局，并以此为纲指导学校国际化整体发展方向和具体实施路径，稳步推进各项国际合作与交流工作。

### 2. 创新国际化水平和能力提升"三要素循环"可持续发展路径

按照"引得进、留得住、出得去"的总体思路，创新打造国际化水平和能力提升"三要素循环"可持续发展路径。"引进"是三要素循环的开端，通过精准引进多元优质国际化资源，取长补短，助力专业建设对标国际；"提升"是三要素循环的关键环节，精心设

计合理利用引进资源，聚焦学生、师资、专业建设实现融合创生，整体提升国际竞争实力；"输出"是三要素循环的出口与不竭动力，将实现"提升"后的优势职教资源对外输出，服务国家对外开放战略，同时在海外输出的过程中，因地制宜，互学互鉴，优化国际化标准体系要素，提档升级，更高水平引进国际资源、更高质量输出"成航方案"。

### 3. 创新校企海外合作模式与内容

学校创新"校（中方）—企—校（外方）"海外合作模式，将优势办学资源对接优势产业资源，与航空产业头部企业深度合作，依托企业资源匹配海外院校，同时了解目的国产业政策、教育体系、学科专业要求、生源市场等，通过三方联动，做实海外合作项目的论证规划与落地实施；创新校企海外合作输出内容，发挥教育者与管理者的双重角色，在输出海外人才培养方案、专业及课程标准的同时，首次输出学校管理运营经验，派出优质师资和管理干部远赴非洲加蓬实施学科标准建设、配套师资培训、辅助运营管理一体化援助，校企海外协同，落实"投资于人、援助于人、惠及于人"。

## 六、成果推广及应用

### 1. 教学基本建设成效显著，国际化人才培养质量明显提高

本成果在飞机机电设备维修、汽车检测与维修、空中乘务、航空复合材料成型与加工技术（复材）等多个专业广泛应用，已开发一套 17 册共计 2500 余页的航空维修国际课程资源，建成双语课程 4 门，建成"世界技能大赛飞机维修项目和制造团队挑战赛项目"两个世赛国家集训基地，建成教育部"中德职业教育汽车机电合作项目"全国八大示范中心之一；34 名教师取得国际职业资格证书，飞机机电设备维修专业团队获评首批国家职教师资教学创新团队，何先定老师担任国际标准"IEEE P.1936.1"工作组秘书，陈琳老师受邀赴剑桥大学参与 2017 年伦敦国际教育会议，并代表学校作主题报告。

近年来，学生的国际化能力明显提高。在国际赛事中崭露头角，复材专业学生连续 5 年参加 SAMPE 国际超轻复合材料桥梁竞赛，4 次获全球总冠军，"成航桥"蜚声海外；在国际产能合作中贡献服务，学校为"翼龙"无人机共建"一带一路"国家装配和维修维护基地提供了 80% 的人才支撑；在国际企业中成为骨干，中德 SGAVE 汽车机电人才培养、中韩空乘人才联合培养均已开展 6 届，共培养 500 余名国际车企维修技能人才和国际空乘人才，3 至 5 年后 80% 成长为技术能手和部门骨干。

### 2. 发挥示范引领作用，积极推广应用成果

基于国际化工作成效，学校被推选为中国教育国际交流协会职教分会、"鲁班工坊"建设联盟、"一带一路"产教协同联盟副理事长单位（均为四川省唯一当选高校），多次在国内外国际会议上交流分享学校国际化水平和能力提升的路径与经验，发挥示范引领作用。

近年来，国内外 60 余所高校前来交流学习，成果经验在宁波职业技术学院、青岛职业技术学院等高校得到良好推广应用；已培训 47 个共建"一带一路"国家及非洲国家的

293名政府官员和技术人员，培训量达1093人天；已为非洲加蓬恩考克职教中心开发2个海外人才培养方案和16个课程标准，培训加蓬本土教师25名。

**3. 收获国际认可与荣誉，引起社会广泛关注**

学校荣获"2018年度世界职教院校联盟卓越奖"，是全球21所、中国8所获奖院校之一，也是四川省自2018年以来唯一获此奖项的职业院校，校长应邀作大会专题发言，中国网、中国教育报、今日头条等多家媒体作专版报道；2019年，学校获"亚太职业院校影响力50强"称号，国际交流与合作办学案例被评为"2019中国（西安）世界职业教育大会优秀案例"，辐射效应进一步扩大。

# 适应装备制造业发展的工程基础技能训练体系构建与实践

【获奖等级】

校级一等奖

【完成单位】

成都航空职业技术学院

【主持人简介】

康凤，副教授，成都航空职业技术学院教务处副处长，长年致力于计算机科学与技术、教育教学改革等领域研究，曾多次主持校级教改项目，多次参与省级教改项目。共同参与建设国家精品资源共享课"计算机文化基础"、省级精品课"数据库基础"。主编出版教材《数据库实用操作技术与编程》和《Java EE 实例开发项目教材》；以第一作者身份发表核心期刊论文 2 篇，公开论文 7 篇。2019—2020 年度校级优秀教育工作者，2018 和 2021 年度校级优秀共产党员。

【团队成员】

张雪燕，袁忠，辛邵伟，冯梅，龙海燕，李兵，徐如涛

【成果简介】

装备制造业是国民经济的支柱产业，属于技术密集型产业，对就业人员的技术实力要求很高。随着中国经济发展进入新常态，供给侧结构性改革不断深化，传统装备制造业已悄然向智能制造方向转型升级。在转型升级背景下，新的职业岗位也对从业人员提出了更高的"技术+智力"要求，本成果正是聚焦装备制造业转型升级构建高职工科类专业工程基础技能训练体系开展的探索和实践。

本成果针对产业转型升级对从业人员在专业基础知识、工程素养、实践动手能力以及质量意识和创新意识等方面的新要求，梳理了装备制造类工科专业就业岗位所具备的工程基础技能，明确工程基础技能培养目标，修订专业人才培养方案，梳理课程体系，选择内容，打造"1+X"架构的模块化课程；深化专业人才培养模式，构建"工程体验+

基础训练+综合创新训练"为一体的多层次渐进式实践教学体系；创新管理模式，整合资源构建中心平台，规范系统地开展实验实训基地建设创新管理模式，推行"6S"管理，促进职场工作环境与校园育人环境的有机融合；加强"双师"结构教师团队建设，建立并完善相关教学管理制度，最终搭建"五位一体"的适应装备制造产业转型升级需要的高职工科类专业工程基础技能培养体系。基于该体系，进一步落实培养"具有宽厚基础知识、良好工程素养、较强实践动手能力和一定的创新意识"的具体教学方案。本成果提出通过"专业对接岗位""课程服务专业"的方式和"校企合作"模式制定专业人才培养方案、模块化课程方案、教学标准、教学要求和考核方式等，创新了工科类专业基础课程的开发与建设思路。

本成果共建成机电类基础实验（实训）室14个；配套完成实验指导书（实训手册）12册；开发工科类专业技术基础课程简介1册、专业技术基础课程标准9门；依托本成果共立项教育教学科研项目3项，发表论文4篇；建成国家精品资源共享课2门、省级精品在线开放课2门。

本成果从2013级开始在我校工科类专业应用，学生的动手能力和创新意识得到显著提升。近年来，我校学生在全国大学生机械创新大赛、全国大学生先进成图技术大赛以及工程综合能力大赛中多次获奖。

# 《适应装备制造业发展的工程基础技能训练体系构建与实践》成果总结报告

## 一、成果背景

装备制造产业转型升级，在专业基础知识、工程素养、实践能力以及创新意识和质量意识方面给相关从业人员带来了新挑战，也对高职院校人才培养、课程构架、师资建设、教学标准等方面提出了新要求。本成果聚焦产业新变化进行高职工科类专业工程基础技能训练体系的探索与尝试，力图从专业培养目标出发，打造"1+X"架构的模块化课程，构建由"工程体验+基础训练+综合创新训练"构成的多层次渐进式实践教学环节，创新了工科类专业基础课程的开发与建设思路。

## 二、成果来源

工程实训中心服务于国家创新驱动与制造强国战略，为适应国家可持续发展的新型人才需求，聚焦产业新变化进行高职工科类专业工程基础技能训练体系的探索与尝试，创新人才培养策略，强化工程创新能力，坚持理论实践结合、学科专业交叉、校企协同创新、理工人文融通，为装备制造产业领域输送创新人才。

## 三、成果主要内容

装备制造业转型升级背景下，职业岗位对从业人员提出了新要求，本成果是为适应这种新变化而开展的构建高职工科类专业工程基础技能训练体系的探索和实践。

本成果针对产业转型升级对从业人员在专业基础知识、工程素养、实践动手能力以及质量意识和创新意识等方面的新要求，梳理了工科类专业就业岗位所需的"工程基础技能"体系，继而从满足具体专业培养目标出发，科学选择内容，打造"1+X"架构的模块化课程；构建由"工程体验+基础训练+综合创新训练"构成的多层次渐进式实践教学环节；创新管理模式，整合资源构建中心平台，规范系统地开展实验实训基地建设；加强师资队伍建设，建立并完善相关运行管理制度，最终搭建"五位一体"的适应产业转型升级需要的高职工科类专业工程基础能力培养体系。基于该体系，进一步落实培养"具有宽厚基础知识、良好工程素养、较强实践动手能力和一定的创新意识"的具体教学方案。本成果提出通过"专业对接岗位""课程服务专业"的方式和"校企合作"模式制定模块化课程方案、教学标准、教学要求和考核方式等，创新了工科类专业基础课程的开发与建设思路。

## 四、成果主要解决的教学问题及解决教学问题的方法

### （一）成果主要解决的教学问题

（1）解决学校工科专业学生工程基础能力培养目标不清晰、教学内容碎片化、训练不系统的问题。

（2）解决校内工程基础训练硬件资源分散、教学资源重复建设、师资队伍建设未成体系以及管理运行效率低下的问题。

（3）解决不同专业对同一门专业基础课程的个性化要求以及学生创新创业能力培养需求的问题。

### （二）解决教学问题的方法

**1. 顶层设计、系统规划，构建系统化的培养体系**

结合《悉尼协议》对国际上工程技术人员学历资格认证要求，深入分析装备制造产业转型升级对高职学生工程基础能力要求的新变化以及目前人才培养方式在内涵建设方面存在的问题，根据新形势新要求新变化梳理工科类专业毕业生应该具备的"工程基础能力"体系构成。

基于对工科类专业学生应具备的"工程基础能力"体系构成的分析，进行顶层设计和系统性规划，全面修订专业人才培养方案。聚焦专业人才培养目标和规格，构建"五位一体"的培养体系，即全面推进模块化课程体系、专业人才培养模式、双师结构教师团队、实践教学环境与条件、专业教学管理体系。

图1 "五位一体"的工程基础能力培养体系

## 2. 对接专业、个性服务，构建模块化课程

在"专业对接岗位，课程服务专业"的思想指导下，与各专业充分开展对接活动，了解各专业个性化需求，根据各专业培养目标的具体要求，打破学科体系的定势，按"1+X"架构的思路构建新的模块化课程。其中"1"是指各专业公共模块，"X"是针对某具体专业的个性化需求而确定的差异化模块。

在进行课程开发时，深入行业、企业调研，以专业所对应的岗位群所需的总体知识、能力和素质要求作为培养目标，充分利用模块化课程的特点，针对性解决专业个性化问题，从而满足不同专业对同一门课程的差异化需求。

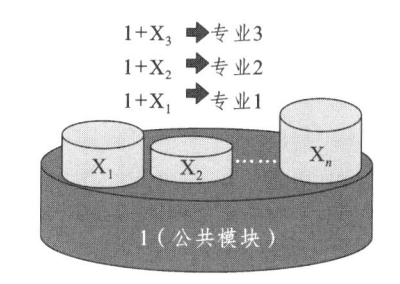

图2 "1+X"架构的模块化课程结构

## 3. 深化专业人才培养模式，开发多层次的实践教学体系

以装备制造业转型升级背景下提出的对就业人员工程基础技术能力、创新开发能力培养为目标，积极探索人才培养模式改革新路径。目标导向构建"工程体验+基础训练+综合创新训练"三层次环环相扣的多层次渐进式实践教学体系。

基于对职业岗位所需要的工程基础技术能力和创新开发能力进行分解，首先设计以参观与体验为主题的工程体验实训教学环节；紧接着以工程基础训练项目为载体开展工程基础技术能力培养；最后以开展自主设计综合项目为抓手，进一步培养创新开发能力。同时，根据能力培养的需要按需组合相关模块，通过发挥模块之间的关联性、递进性和模块的能力承载功能，有效地解决学生工程基础能力训练和创新能力培养的问题。由于模块组合具有一定的灵活性，也解决了学生个性化的学习和发展问题。

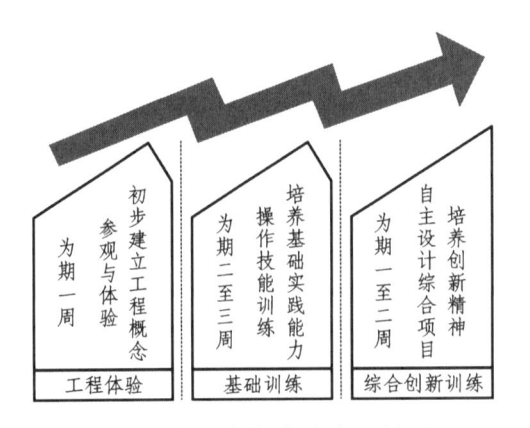

图 3 多层次渐进式实训体系

**4. 多措并举，打造双师结构教师团队**

职业教育作为培养技能人才的一种类型教育，要求教师不仅要具备应有的教学能力，还应具备工程实践能力（企业岗位项目实践能力）。学校通过"自主培养+校外引进"方式，努力打造双师型及专兼职结合的师资队伍。

常态化开展"入职培训—职称资质培训"，聚焦培养和提升教师的教学能力和科研理论水平。除此之外，通过定期开展全校教育思想大讨论、对广大教师开展经常性教育教学研究以及信息化教学手段应用培训，促进教育教学思想观念转变，提升信息化执教能力；利用职称评审等激励政策，促进教师积极投身教育教学改革实践；定期安排教师赴企业锻炼或做访问学者交流，提升教师的实践能力和科研理论水平。

**5. 整合资源，标准化管理，有效保障实践教学环境与条件**

为充分有效实施多层次渐进式实践教学体系，落实学生工程基础技术能力和创新开发能力培养，学校开展了设备资源整合。针对面向全校所有工科类专业开设的专业基础课，整合全校资源优势，充分挖掘设备潜力，实现各专业教学资源共享、优势互补，同时为促进校内管理，建立适应新变化的教学运行机制，将课程与实验实训资源以及师资团队进行整合，打造一个全校"共享公共平台"——工程实训中心；对于面向装备制造类各专业开设的有共性又有一定个性的专业基础课，学校统一归口在具备开设条件的航空装备制造产业学院。通过整合，大大提高了现有实验实训设备的运行和管理效率。

同时，标准化开展实验实训基地的建设，秉承"航空报国 追求卓越"的精神，通过引入航空文化元素以及"6S"管理理念，按照标准化、规范化要求进行环境打造，营造航空特色文化氛围，为潜移默化培养学生"严谨、审慎、精细、诚实"的职业素养和创新意识创造良好的环境条件。

各实验实训场地参照现代企业运行模式，制定并实施质量控制和管理制度，构建有效的运行管理制度和科学合理的教学质量保证制度，确保能力培养体系的良性运作以及培养质量。

### 6. 以人为本，构建校企合作的实践教学管理体系

聚焦培养适应装备制造产业升级发展需要的人才工程基础技术能力和创新开发能力要求，与企业合作共同开展实践教学管理的制度体系制定、过程管理以及条件保障等，充分落实实践教学这一重要育人环节。

在制度体系方面，一方面学校教务处实践管理科统筹全校实践教学管理工作，起草实践教学工作方面的制度文件；另一方面各专业教研室、工程实训中心及合作企业共同研讨制定人才培养方案，科学设计实践教学环节，对接职业岗位需求设计实习实训项目，明确实习实训目标、任务、内容和考核标准，同时完成实验实训场地管理制度文件编制。

在过程管理方面，利用实习管理系统做好实习实训前的安排与审核，保证实习实训安排的合理性；同时借助学校教学督导，加强实习实训过程监督检查，从安全性、规范性、实施有效性等方面严格过程管理。

在条件保障方面，信息化管理实习实训场地，落实实习实训工作经费专款专用，不断完善实习实训设备，逐步开展对实训场地的提档升级内涵提升，是有效开展和保障实习实训教学的重要手段。

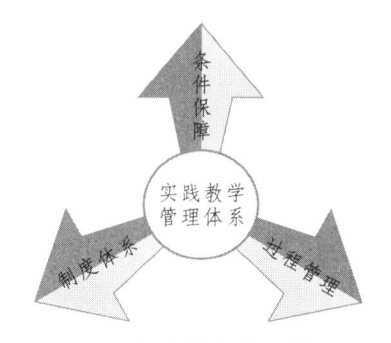

图 4　实践教学管理体系

### 7. 以赛促学，促进学生实践动手能力和创新意识的培养

依据本成果实践教学体系的多层次结构，以共享实训平台为依托，以国家级、省级、院级赛项为载体，开发各类训练项目并组建学生竞赛团队。通过实验室的开放式管理模式，以"传帮带"形式，开展自主学习和自主训练，促进学生动手能力和创新意识的培养。

近年来组织学生参加了全国大学生机械创新设计大赛、"高教杯"全国大学生先进成图技能与创新大赛以及全国大学生工程能力大赛等赛事，通过以赛促学、以赛促练，有效地促进学生动手能力和创新意识的培养。

表 1　近年来学生参加竞赛获奖情况

| 时间 | 赛项 | 获奖情况 |
| --- | --- | --- |
| 2014.04 | 第六届全国大学生机械创新设计大赛 | 二等奖1名，陈亮等 |
| 2014.07 | 第七届"高教杯"全国大学生先进成图技术与产品信息建模创新大赛 | 一等奖1名，二等奖8名，陈亮、董飞腾等 |

续表

| 时 间 | 赛 项 | 获奖情况 |
|---|---|---|
| 2014.10 | 第九届"发明杯"全国高职高专创新创业大赛 | 一等奖1名,二等奖2名,刘良存、曹瑞等 |
| 2015.07 | 第八届"高教杯"全国大学生先进成图技术与产品信息建模创新大赛 | 一等奖5名,二等奖7名,李东旭、葛磊等 |
| 2016.04 | 第七届全国大学生机械创新设计大赛 | 一等奖1名,二等奖1名,姚宇航、李林等 |
| 2016.07 | 第九届"高教杯"全国大学生先进成图技术与产品信息建模创新大赛 | 一等奖7名,二等奖3名,彭斌、邓富强等 |
| 2016.10 | 2016年第十届全国高职高专"发明杯"大学生创新创业大赛(创意类) | 创意类三等奖,霍胡敏、王松、李青松、赵云春、徐林 |
| 2016.12 | 2016年全国大学生工程训练综合能力竞赛 | 二等奖2名,应建平等 |
| 2017.07 | 第十届"高教杯"全国大学生先进成图技术与产品信息建模创新大赛 | 二等奖5项、三等奖1项;涂嘉苇、许钰等 |
| 2017.11 | 2017年(第二届)四川省大学生机器人大赛 | 四川省三等奖;谭力中、何俊怡、李丹、喻梓桓 |
| 2018.10 | 2018年四川省大学生机器人大赛 | 四川省一等奖1项、三等奖1项;柴望、杨凯翔、明湛彬 |
| 2018.11 | 2018年全国大学生工程训练综合能力竞赛四川赛区比赛 | 四川省二等奖1项、三等奖1项;柴望、杨凯翔、明湛彬 |
| 2019.04 | 2019年中国工程机器人大赛 | 全国一等奖1项;冯弋钉、龙小忠、魏正文 |
| 2019.07 | 第十一届"高教杯"全国大学生先进成图技术与产品信息建模创新大赛 | 一等奖3项、二等奖4项、三等奖2项;张一杰、龙小忠等 |
| 2019.10 | 2019年四川省大学生机器人大赛 | 四川省一等奖1项、三等奖1项;邓锦程、李云峰、杨彬 |
| 2019.11 | 2019年四川省大学生工程训练综合能力大赛 | 四川二等奖1项、三等奖2项;冯平林、明湛彬、杨兴源 |

## 五、成果创新点

### 1. 创新高职实践教学管理模式,极大提高教学资源的运行和管理效率

本成果整合资源,构建工科类专业基础教学共享平台,将学校内部工科类专业基础的所有教学资源(包括课程和实验实训场地)整合为一个公共平台,既解决了原来各自为政带来的工程基础能力培养不系统的弊端,又大大提高了资源的使用效率和运行管理效率。

同时，将部分具有装备制造业相关专业共同"个性"的专业基础课教学资源统一归口在二级学院牵头建设，解决了资源建设的无序性和重复性问题，保证了课程建设的规范性、有效性。

### 2. 构建了"系统化、模块化、梯度化"的教学体系

本成果针对装备制造产业升级发展背景下对人才工程基础技术能力的要求进行分析，提出了"1+X"的模块化课程架构，构建了"工程体验、基础训练、综合创新训练"的多层次渐进式实训体系。这种灵活的模块化教学体系便于根据需要进行选择组合。

### 3. 探索出工科类专业基础平台课程开发、建设的创新思路

本成果基于课程简介（知识点、技能点菜单），通过对接专业需求制定"课程标准"，并从模块化的"菜单"中选择相应的模块进行组合，完成课程搭建，再通过编写"课程教学实施方案"落实课程标准的要求，这种"按需定制"的课程开发与建设思路具有创新性。

## 六、成果推广及应用

### 1. 应用成效显著，学生实践能力和创新意识增强

本成果从 2013 级开始已在校内工科类专业学生中应用，在理论教学和实践教学中取得良好成效。因全面实理实一体化教学，学生兴趣被激发，上课的积极性和自主性大大增强，动手能力得到很好的训练，学习效果得到明显的提升。

学生创新意识得到显著提升。近年来，学生参加全国大学生机械创新大赛、全国大学生先进成图技术大赛以及大学生工程训练综合能力竞赛均取得优良成绩。

### 2. 建设思路新颖、成体系，具有借鉴意义

本成果所总结的"1+X"模块化课程架构和系统性多层次实验实训基地建设思路，在高职课程建设和实验实训基地建设方面迈出探索性的步伐，具有一定的借鉴性和推广价值。

### 3. 教育同行充分肯定，社会关注度高

本成果中实验实训基地建设得到了许多专家的关注和认可，近年来平均每年接待 20 余次兄弟院校参观交流，建设和管理经验为校内其他二级学院以及兄弟院校提供了借鉴和参考。

### 4. 教育教学改革成果丰硕，凸显成果效应作用

本成果先后共立项教育教学科研项目 3 项，发表论文 4 篇；开发工科类专业技术基础课程简介 1 册、专业技术基础课程标准 9 门；完成实验指导书（实训手册）12 册；建成国家精品资源共享课 2 门。

# 基于"总载体"的高素质技术技能人才培养模式研究与实践

**【获奖等级】**

校级一等奖

**【完成单位】**

成都航空职业技术学院

**【主持人简介】**

申爱民,教授,1994年获重庆市万州区委"有突出贡献的中青年拔尖人才"荣誉称号,2012年获成都航空职业技术学院"教学名师"荣誉称号,2017年成都航空职业技术学院教学成果奖一等奖成果主持人,2020年成都航空职业技术学院教学成果奖一等奖成果主持人。

**【团队成员】**

郭庆丰,王皑军,周树强,李杰臣,刘琼,龚勤慧

**【成果简介】**

为适应技能中国建设、创新人才培养模式、立德树人、培养更多高素质技术技能人才和能工巧匠的需要,提高学生技术技能及系统化应用能力,经过在高职和应用型本科相关专业探索研究和改革实践,取得了"基于'总载体'的高素质技术技能人才培养模式(简称总载体模式,成果中名词均冠总载体词头)研究与实践"成果。总载体模式中,总载体课程体系及课程开发是由高素质技术技能人才所需要的知识内容、技术技能与系列化载体等要素在周密逻辑分析基础上对接融合而形成。成果自创意、立项、研究到应用,在机电一体化技术专业同步实践、验证、丰富和完善了成果理论和方法,经凝练总结再指导该专业及其他专业学生实行更大批量、更深入的全过程、全面的培养。实践表明,凡能将专业培养目标和核心技术技能包容到一个设备、装置、系统或一个完整的生产任务中,满足对总载体的要求,原则上都可实施或部分实施总载体模式,而制造领域专业尤其适用。

# 《基于"总载体"的高素质技术技能人才培养模式研究与实践》成果总结报告

## 一、成果背景

为适应技能中国建设、创新人才培养模式、立德树人、培养更多高素质技术技能人才和能工巧匠的需要，提高学生技术技能及系统化应用能力，本成果在高职和应用型本科相关专业探索研究和改革实践，取得"基于'总载体'的高素质技术技能人才培养模式研究与实践"成果。成果是在能力本位理念指导下，以项目驱动，采用系统化总载体总领知识学习、技能训练、技术应用、素质养成等人才培养各个要素，以工程训练与学历教育深度融合为特征，对全部学生实行全过程、全面培养的人才培养模式。

## 二、成果来源

2010年，《成航学报》发表《机电专业学生专业技术应用能力培养方案研究》，第一次提出"总载体"概念和内涵。2011年，"基于总载体设计的机电一体化技术专业人才培养方案"校级项目立项，2015年结题。成果研究、总结和应用同步进行，并开展模拟汽车装配生产线总载体研究设计。2016年，《教育与职业》发表论文《基于系统化教学载体设计的人才培养方案研究与实践》，比较系统地阐述了总载体模式。2016年，"基于总载体的技术技能型人才培养模式"获成都航院第四届高等教育教学成果一等奖。2017年，《基于总载体的技术技能型人才培养模式》专著出版，全面阐述基于总载体的人才培养模式。2017年，四川省教育厅立项"人才培养总载体——'250 SCX型模拟汽车自动装配生产线研制、开发'"，2019研制成功并全面投入教学实践，同年项目结题。2020年，《当代职业教育》发表《高职人才培养目标解析与重构的初步尝试》，深化总载体模式下量化目标设定研究。2020年，"人才培养总载体——250 SCX型模拟汽车自动装配生产线"获成都航院第五届高等教育教学成果一等奖。

## 三、成果主要内容

"总载体模式"内涵是：贯彻能力本位理念，在专业人才培养目标和人才规格指导下，实施"总载体课程体系"，以"总载体"所承载的知识学习、技术技能训练、系统化应用为做中学和学中做内容，用项目驱动方法实现理论学习与系统化载体制作进程协同、工程训练与学历教育深度融合、知识与技术技能同步增长，施行基于总载体模式的教学管理方法，建立质量保障体系并以载体制作结果为考核重要依据的机制的一整套原则、思想、步骤和方法，实施对全部学生全过程、全面的培养。

总载体模式中，总载体课程体系及课程开发是由高素质技术技能人才所需要的知识内容、技术技能与系列化载体等要素在周密逻辑分析基础上对接融合而形成。"总载体"则是一个系统化教学载体，是依据系统理论和思维，通过选型、开发、设计等产生并由学生动手制作完成的一种贯穿于学业全过程，涵盖专业全部知识学习、能力训练、技术技能应用、职业素养养成的具有产品功能的特殊设备、装置、系统或一个完整的生产过程任务。总载体是人才培养的基础，在总载体课程体系中起到贯穿性主线作用，总领知识学习、技能训练、技术应用、素质养成等人才培养要素。

成果自创意、立项、研究到应用，在机电一体化技术专业同步实践、验证、丰富和完善了成果理论和方法，经凝练总结再指导该专业及其他专业学生实行更大批量、更深入的全过程、全面的培养。实践表明，凡能将专业培养目标和核心技术技能包容到一个设备、装置、系统或一个完整的生产任务中，满足对总载体的要求，原则上都可实施或部分实施总载体模式，而制造领域专业尤其适用。

本成果经过 10 年不断研究和实践，取得了完整的理论成果和教学成绩。出版《基于总载体的技术技能型人才培养模式》专著，在《教育与职业》等刊物上发表 7 篇论文。基于总载体模式，设计开发了机电类专业人才培养总载体——250SCX 型模拟汽车自动装配生产线（获专利授权），制定总载体人才培养方案，广泛深入开展教学活动，完成了大批量的人才培养。同时，总载体模式得以在校内外推行，成效显著。

### 四、成果主要解决的教学问题及解决教学问题的方法

#### 1. 成果主要解决的教学问题

成果致力于创造工学深度融合条件，增强教学有效性和学习的效率，使学生在学中做和做中学中得到全面学习和充分训练，知识、能力在工程实际中同步增进，并树立起工程意识和工匠精神，切实提高素质、技术技能及系统化应用能力。

#### 2. 解决教学问题的方法

推行总载体模式。实施总载体模式就是推动专业建设，以保障各个环节工作质量，提高学生技术技能和确保人才培养质量。

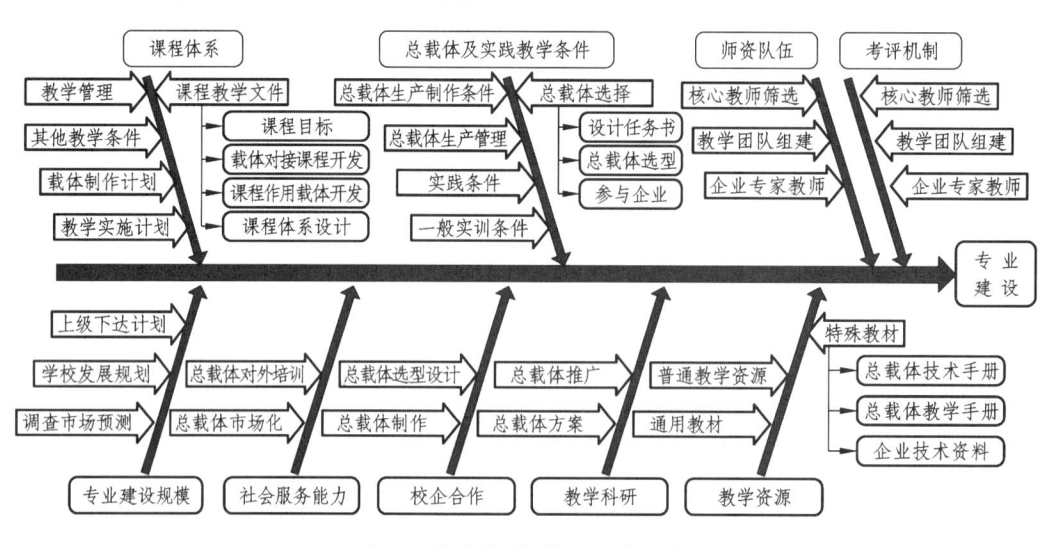

图 1 总载体模式与专业建设

制定总载体人才培养方案。以专业定位和人才培养规格目标指导总载体开发并制订人才培养方案及实施计划。按照总载体模式两个原则，抓住六个子系统核心功能，使总载体与课程两个体系始终交互同步增进，形成深度工学融合。

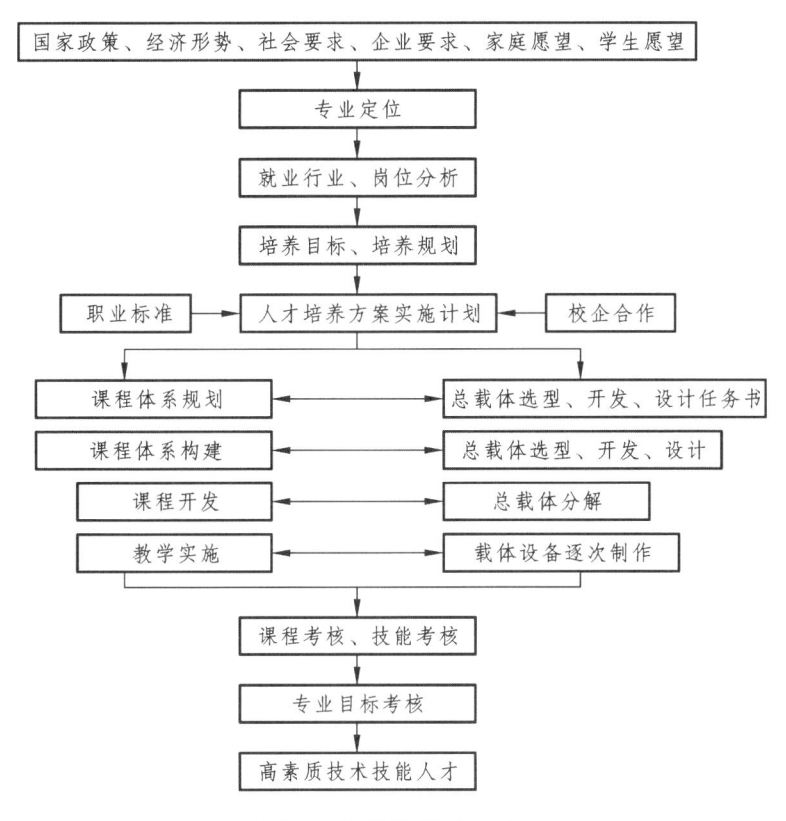

图 2　总载体模式内容

以能力本位理念、培养目标规格，构建总载体课程体系。以传统的课程体系为依据指导总载体的选型、设计和开发，规定载体的结构、技术原理、技术性能等，演化成含载体因素的"新"课程；同时，将选定或设计的总载体以由大到小、由难到易、由多到少、由集成到分散等方式逐级分解成分载体（可拆分，对应课程或模块）及子载体（不可再拆分，对应模块或单元），以此为基准与新课程对接融合，演化成以载体为线索的工程项目情境。

"课程依据"和"载体基准"两次对接融合后，按照职业教育规律和合理的逻辑，优化教学资源，采用先进教学方法，对"新"课程和项目情境上下沟通和横向延展构成网络，建成全新的总载体课程体系。再通过深度的课程开发，实施充分的做中学和学中做，使知识技术技能交集融合并系统化应用，提高教学效果和效率。

科学选型设计总载体。总载体承载着专业目标，具有教学和生产双属性，通过技术选型成熟产品或自主设计开发产生。对各级分解目标、技术技能要素、各层级载体、课程及模块单元进行逻辑梳理并对接融合，使载体一一承载相应知识和技术技能训练。子载体对应课程单元或模块、分载体对应课程或几门课程,使技术技能从基础到单元再到系统化应用,实现分步、递进、强化、关键技能重复的针对性训练。载体的制成就是能力积累过程,从而提高学生技术技能及系统性应用能力,达成专业目标。

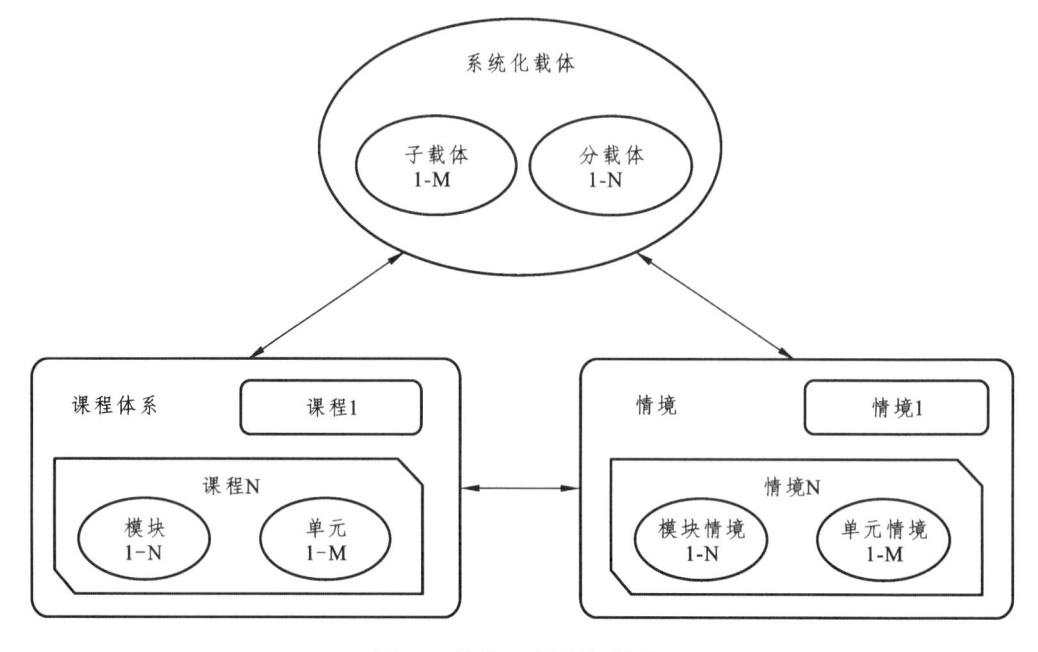

图 3　载体、课程与情境

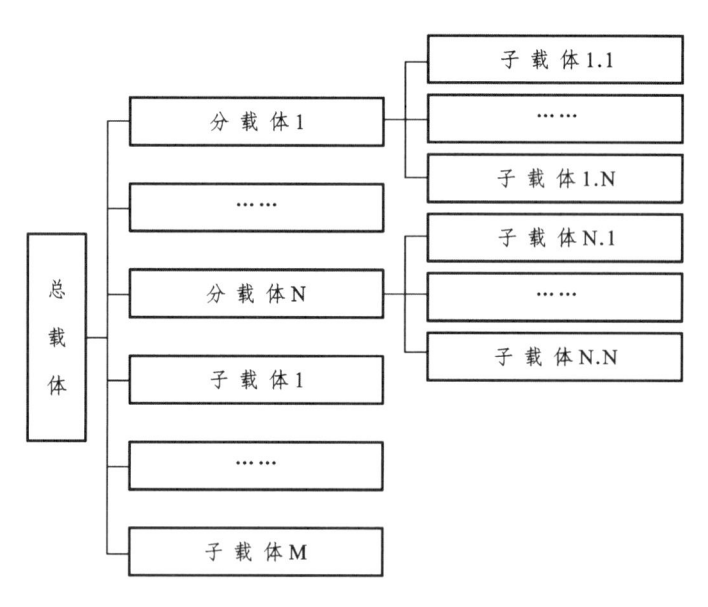

图 4　总载体结构

教学和载体制作同步实施。教学内容承载在载体上,课程教学结束意味着载体制作完成;或载体制作合格,则课程教学达成目标,总载体制成则技能修行合格。学生得到充分扎实的训练,可养成产品观念和工匠精神,也促使尽可能多的学生成才。

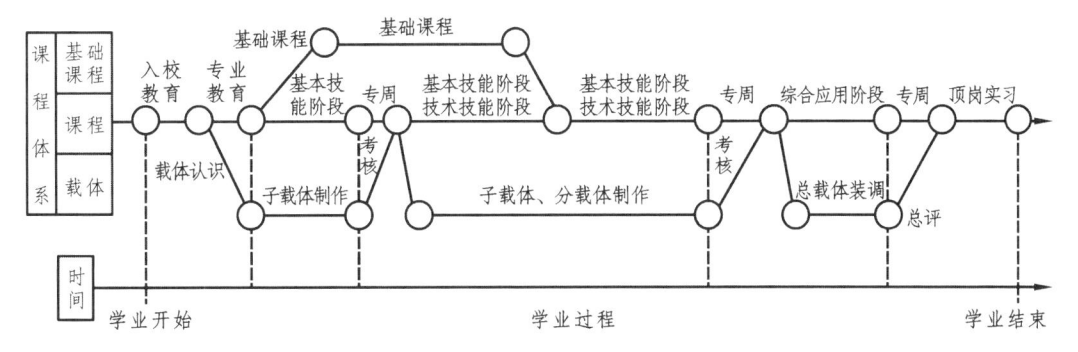

图 5　课程与载体同步时序

图 6　教学进程样表

## 五、成果创新点

### 1. 人才培养模式创新

成果提出、研究、总结并实施了独特的创新型基于总载体的高素质技术技能人才培养模式。

就其主要工作及运行层面也具原创性：

一个目标两个原则：特定目标和规格制定；载体涵盖知识学习、能力训练和贯穿学生学业、学生制作。

两个体系六个核心：总载体体系和总载体课程体系；核心岗位、核心能力、核心载体、核心课程、核心教学法、核心教师。

三层载体二次对接：总载体、分载体、子载体；载体与课程正向反向对接。

八项工作一个同步：前期准备和基础工作、总载体方案、总载体选择、总载体课程体系、师资队伍、生产性基地、教学资源、评价机制；课程实施与载体制作同步。

### 2. 职业教育方法创新

在职业教育方法层面上，成果提出两条人才培养核心原则，这也是总载体模式别于其他模式，总载体别于教学设备或实验实训设备的关键；成果实施了独特的总载体课程体系设计和课程开发理论及实用方法；总载体选择、设计、开发、制作、适用的方法、程序，是新型的学中做和做中学方案；人才培养系统的六个子系统中的核心要素，可以串联成为有高度实用性人才培养链条。在教学实施中，成果还创新性地提出特殊专周、生产制作与学习并进、《总载体手册》等重要概念和实用方法。另外，同一载体若侧重其产品周期设计、开发、制作、适用等不同培养阶段的学习和能力训练，就能培养不同技术应用层级和特种技能的人才。

### 3. 总载体设计开发范例

为机电一体化技术专业设计开发的总载体——250SCX 型模拟汽车自动装配生产线（生产效率 1 辆/min、质量 360 kg、车模规格 250 mm），满足生产和教学双重属性、有市场化潜力和社会培训功能、易于重复利用和回收等要求。该生产线采用先进的技术原理和路线，采用常用机电技术类别和应用，涵盖全面的知识体系和能力训练系统，并预留技术改造空间，由学生逐次制作而形成产品功能。该生产线克服了目前使用的实验实训设备的缺陷，是实行总载体模式重要和独特的成功实践。

## 六、成果推广及应用

### 1. 大幅度提高学生素质、技术技能及系统性应用能力

成果研究同步于机电一体化技术专业人才培养，鉴于该专业三个技术技能标志性规格指标（简单机电产品设计、生产线管运维改、机器人系统集成）、就业主要面向生产线岗位，在细化人才规格、技术技能及系统性应用能力总体目标分解基础上，研发 250SCX 型模拟汽车自动装配生产线。从生产线创意设计开始，学生就参加相应课程学习和技术训练，研发成功后，即投入全面的人才培养，具体过程是：制定人才培养方案；分解总载体为两个一级以及五个二级十个三级分载体、76 个子载体；经载体和既往课程对接融合成 20 门新型课程的总载体课程体系；研究人员承当核心教师，落实六个核心功能；制订三年期生产线制作与教学同步计划，设定六个协调学与做特殊专周；编制《总载体手册》以及模板化总载体教学文件；实行该生产线系列载体的特定设计、制作的结果为考核评估依据和过程控制点；等等。10 年来，共 9 届、23 个班、1100 多名机电一体化技术等专业学生基于总载体模式及生产线经专业教育、车模制作、部分技术单元设计和实作、专业课学习和实训、机电联调达成车模装配功能、毕业设计等重要环节，强化和提升了技术技能及系统化应用能力。

工业机器人、电气自动化技术、数控维修、自动化和机械电子工程本科、士官班相关专业学生，或借鉴总载体课程或借助生产线总载体学习和训练，有效提高了技术技能。

学生还以生产线为基础训练装备，参加省级及以上创新创业、技能竞赛并获奖 30 余项。

实践表明，总载体模式的总载体生产线还是实施各种先进教学方法、思政教育、全面提升学生素质的综合性平台。

**2. 积极进行成果推广**

成果理论研究和转化应用也同步进行。2017 年 2 月，重庆大学出版社出版了《基于总载体的技术技能型人才培养模式》专著；在《教育与职业》等刊物上发表论文 7 篇。著作和一系列论文全面论述了总载体模式的基本理论、内容、程序、流程等，以及相应教学育人方法。除校内众多专业不同程度采纳使用外，研究人员也在校外开办讲座，积极输出，推动成果应用。

250SCX 型模拟汽车装配生产线除用于人才培养外，还可用于同类院校学生、企业员工的技术技能培养，为类似学校和专业开发设计总载体提供了范例。

**3. 教师队伍建设水平提高**

成果研究、验证和应用以来，数十名教师参加工作，切实提高了教师教学能力、教学有效性和对学生学业指导水平，建立了一支新型专业教师队伍。

# 统筹规划，校企共育——基于课程思政"12334"模式的汽车类专业教学改革实践

**【获奖等级】**

校级一等奖

**【完成单位】**

成都航空职业技术学院

**【主持人简介】**

王青春，二级教授，全国汽车职业教育教学指导委员会委员，汽车行指委汽车制造类专委会副秘书长，2020年获得"四川省教书育人名师"称号，2022年入选"天府青城计划"天府名师项目；省级"课程思政"示范教学团队负责人；主持"汽车车身制造技术"课程分别获得2014年四川省精品资源共享课程、2020年省级"课程思政"示范课程、2022年省级精品在线开放课程。

**【团队成员】**

梁亚峰，赵娟妮，胡登纯，苏龙，陈佳，刘培勇，高育帼，漆静，刘铁，王阳合，高庆，刘浙，董洁，司中祺，王海龙，王黎，兰巍

**【成果简介】**

本成果以立德树人为总目标，主要解决高职院校汽车类专业课程思政与专业课程教学"两张皮"，知识教育与价值引领脱节的问题。本成果探索了专业课程与思政课程同向同行的路径与举措，并突出价值引领、工匠精神培育和企业文化融入等特色，形成了"课程门门讲思政，教师人人讲育人"的格局。成果主要内容如下：

在产教融合全视域下，专业在"课程思政"教学改革过程中，探索了适合高职教育的"12334"协同创新育人模式，其含义为"一个关键，两个主体，三融三课四评价"。基于"12334"协同创新育人模式，专业形成了全员、全过程、全方位育人体系，做到了把"课程思政"改革落细、落小、落实。

——以顶层系统设计为关键，提炼形成了内涵丰富、全过程覆盖的汽车类专业课程思

政指标体系，同向同行，将课程思政指标合理分配到每一门专业课程，各门课程的思政育人任务有机协调，各有侧重，共同完成课程思政育人任务，形成了课程思政的整体解决方案。

——学校、企业双主体育人，学生在学校主要进行理论学习和基本技能训练，在企业主要完成技能培训、工学交替和顶岗实习等实践教学。将企业实践教学统一纳入课程思政指标体系，修订课程标准和评价体系，使企业课程注重从技术技能和思政素养等方面培养学生，实现校企深度融合下的"技能传授"和"价值引领"。

——三融法，提出了三类将课程思政融入专业课程的方法，具体内容为："荣"榜样式融入，即通过先进事迹和企业案例，感染学生立志做好"汽车人"；"熔"感悟式融入，即通过在技能训练和学习过程中的体验，引导学生不断感悟升华精益求精等素养的重要性，从而实现价值引领；"融"会贯通式融入，即在已掌握知识技能的基础上，针对课程关键技术和热点问题，让学生拓展思考，融会贯通，形成创新思维、明辨是非和家国情怀等思政素养。

——"三课堂"联动，即校内教学课堂（第一课堂）有机融入思政元素；课外活动课堂（第二课堂）用创新创业、志愿者活动等项目拓展课程思政育人功能；企业实践课堂（第三课堂）把优秀企业文化作为重要的思政元素融入课堂，提升"课程思政"的实效。三课堂整体联动全过程育人，提高了课程思政的育人效果。

——"四评价"全面评价了学生思政素养，并全过程激励学生进步。其通过一课堂理论考核实时评价提热情，一课堂实践兼顾集体和个人评价促共同进步，二课堂评价奖励性积分挖潜力，三课堂企业考核奖惩增实效。"四评价"解决了思政考核难操作难落实的问题。

# 《统筹规划，校企共育——基于课程思政"12334"模式的汽车类专业教学改革实践》成果总结报告

## 一、成果背景

在全国高校思想政治工作会议上，习近平总书记强调"高校思想政治工作关系高校培养什么样的人、如何培养人以及为谁培养人这个根本问题。要坚持把立德树人作为中心环节，把思想政治工作贯穿教育教学全过程，实现全程育人、全方位育人，努力开创我国高等教育事业发展新局面"，开启了我国各高校课程思政的改革之路。而高职类院校办学的显著特点是产教深度融合、全面实施校企协同育人，为国家经济社会发展培养高素质创新型技术技能人才。高职院校产教融合的办学模式在突出专业技术技能培养的同时，更要发挥出专业课的思政育人目的和价值引领功能，实现知识传授与价值引领的同向同行。在专业课教学中实施"课程思政"，对于全面贯彻落实"立德树人"的根本任务、提高学生的思想政治素质、协同推进高校思想政治教育工作将起到重要的作用。

## 二、成果来源

### 1. 实施课程思政教学改革是汽车类专业发展的必由之路

就目前高职院校思政教育教学的现状来看，思想政治理论课在学生思想政治工作中的主渠道作用明显，但专业课程思政教育作用发挥不够，主要原因在于：在教育理念上，专任教师不能正确认识专业课程思政建设的意义；在教师能力上，教师德育能力与素养有待提升；在课程资源上，专业课程思政资源没能得到充分挖掘；在课程评价上，主要还是以知识技能评价为主等。因此，切实推进专业课程思政建设，是高职院校适应新时代思想政治工作要求的重要路径和有效抓手，是改进高职院校思政教育工作的一项十分重要而紧迫的任务。

### 2. 强化创新创业教育的融合已成为汽车类专业建设的时代命题

汽车类专业由于产业背景的特殊性，开展创新创业教育符合产业发展及市场需求。教育部先后启动"大学生创新创业训练计划""大学生人才培养模式创新实验区"等建设项目，举办国际"互联网+"大学生创新创业大赛。将创新创业教育融入人才培养的全过程，极大提升了大学生实践创新能力、就业竞争能力和持续发展潜力。

### 3. 坚持"立德树人、全员育人"是专业建设正确把握人才培养方向的永恒主题

立德树人，形成全员全程育人工作格局，统率专业课教师、政治辅导员等教师群体，统领思政教育、专业素养、素质拓展、职业规划等课程，形成关联，凝聚合力，围绕"大学生"作出"大学问"，促进学生的全面发展和健康成长成才。

## 三、成果主要内容

成果以立德树人为总目标，主要解决高职院校汽车类专业课程思政与专业课程教学"两张皮"，知识教育与价值引领脱节的问题。本成果探索了专业课程与思政课程同向同行的路径与举措，并突出价值引领、工匠精神培育和企业文化融入等特色，形成了"课程门门讲思政，教师人人讲育人"的格局。成果主要内容如下：

在产教融合全视域下，专业在"课程思政"教学改革过程中，探索了适合高职教育的"12334"协同创新育人模式，其含义为"一个关键，两个主体，三融三课四评价"。基于"12334"协同创新育人模式，专业形成了全员、全过程、全方位育人体系，做到了把"课程思政"改革落细、落小、落实。

（1）以专业人才培养目标为逻辑起点，顶层统筹设计了专业人才培养课程体系的思政脉络，让课程思政与思政课程同向同行、专业课程间课程思政教育协同并进，解决了长期以来开展课程思政的过程中每门课程各自为战，育人效果广种薄收的问题。从专业人才培养目标出发，梳理了与本专业人才培养目标相匹配的思政元素集，依人的成长规律及这些思政元素与思政课程的关联性和先后顺序，分布到每一门专业课程中，让课程思政与思政课程同向同行；在课程体系内部开展内涵贯通，避免同一思政元素重复嵌入、

同一思政案例重复引用，形成本专业所需思政元素完整、课程间思政教育衔接合理的整体课程思政解决方案，专业课程间课程思政教育协同并进。

（2）从课程开发入手，依专业人才培养目标赋予课程的思政育人要求，循课程职业能力培养主线，确定本课程的思政育人主线，在方法层面创新提出了三融（"荣、熔、融"）课程思政融入解决方案，切实解决了课程思政中思政元素怎样融、融到哪种程度的难题。以"荣"为先，通过相关先进人物事迹、优秀企业成长案例，以榜样的力量感染学生；以"熔"为主，在知识学习和技能训练的实践体验过程中，学生理解并感悟到相关思想素养的重要性；以"融"为通，结合课程中的新技术和热点问题，让学生独立思考、融会贯通进而提高自身思想素养。

（3）以教学实施为落脚点，进阶式培养目标，解决了教学设计与实施过程中课程思政落地难的问题。结合工作任务，精心设计教学过程，合理嵌入思政元素，优化教学流程。在任务实施的各个阶段，结合任务要求和实际情况，自然地引入课程思政元素，在教师讲授与示范的过程中言传身教，"以行导人"，不断接受思政素养的熏陶，通过强化课堂规范促使学生职业习惯的养成；在反复训练和操作中，让学生不断自我体会和感悟，通过职业角色扮演，在模拟的职业场景中培养学生的职业精神；在拓展与创新环节，让学生通过已学知识和已有思政素养主动思考，通过自身的主动学习过程自我炼化，融会贯通。

（4）校企"双主体"合作教学，双方共同挖掘企业岗位素质要求，共同将企业实践教学统一纳入课程思政指标体系，使校企双方思政育人紧密结合，挖掘企业的育人功能。以素质核心、能力本位、循线递进、工学交替双循环的专业人才培养模式，通过工学交替和顶岗实习两大企业实践教学环节，让企业参与学生培养的全过程，通过真实的工作岗位锤炼学生的工作技能，通过实际的工作环境让学生体验企业文化，以企业正式员工考核的标准对学生的工学交替与顶岗实习进行客观、全面的评价。企业实践课程既注重岗位技能的培养，也注重思想素质的养成，进而使学生"技能提升"和"素质养成"兼收并蓄。

（5）基于专业对课程思政的顶层设计和系统规划，对照专业课程思政育人总体要求，在每门课程中落实课程思政评价指标，将思政考核内容有机融合于课程考核评价，基于"三课堂"，从四个不同层面创新性提出了"四评价"课程思政育人成果达成评价体系，全面评价了学生思政素养，全过程激励学生进步，解决了思政考核难操作难落实的问题。通过一课堂理论考核实时评价提热情，将思政素养考核融入过程考核，借助信息化手段向学生实时反馈评价结果，使其佩韦自缓；一课堂实践兼顾集体和个人评价促共同进步，在任务实施的"做事"过程中，从行为习惯、团队协作等角度考察思政素养，形成课程中思政素养得分。二课堂评价奖励性积分挖潜力，针对竞赛、创新创业等事项，从吃苦耐劳、创新意识等方面进行奖励性积分，积分可兑换思政素养得分。三课堂企业考核奖惩增实效，由企业从爱岗敬业等企业用人的角度考核学生思政素养，形成企业实践思政素养得分。

## 四、成果主要解决的教学问题及解决教学问题的方法

### 1. 本成果解决的教学问题

（1）在课程体系层面，解决了"思政课程"与"课程思政"因缺乏整体规划而各自为政的困境。

（2）在课程设计层面，解决了思政元素和专业课程的融合问题。

（3）在教学实施层面，解决了课程思政落地难的问题。

（4）在校企合作层面，解决了学校和企业思政育人脱节的问题。

（5）在考核评价方面，提出了课程思政考核评价办法。

### 2. 本成果解决教学问题的方法

（1）统筹设计了课程思政指标体系，并将其合理分配到每一门专业课程中，使课程思政与思政课程同向同行，形成本专业所需思政元素完整、课程间思政教育衔接合理的整体课程思政解决方案。课程思政总体规划见图1。

（2）课程思政融入专业课程的方法是以"荣"为先，通过相关先进人物事迹、优秀企业成长案例，以榜样的力量感染学生；以"熔"为主，在知识学习和技能训练的实践体验过程中，学生理解并感悟到相关思想素养的重要性；以"融"为通，结合课程中的新技术和热点问题，让学生独立思考、融会贯通进而提高自身思想素养。图2为通过三类课程思政融入方法，在"车身制造技术"中实现了思政元素的分层融入。

（3）结合工作任务，精心设计合理嵌入思政元素。如图3所示，在任务实施的各个阶段，结合任务要求和实际情况，自然地引入课程思政元素（如接受任务阶段通过焊接规范要求引入法治意识等）。学生在完成工作任务的过程中，通过自身的体验和感悟，不断接受思政素养的熏陶，不断在提高技术的基础上提高自身思想素养。

（4）校企"双主体"合作教学，双方共同挖掘企业岗位素质要求，共同将企业实践教学统一纳入课程思政指标体系，使校企双方思政育人紧密结合。企业实践课程既注重岗位技能的培养，也注重思想素质的养成，进而使学生"技能提升"和"素质养成"兼收并蓄。

（5）基于"三课堂"，从四个不同层面实现课程思政育人效果的全面评价。在一课堂理论考核中，将思政素养考核融入过程考核，借助信息化手段向学生实时反馈评价结果，使其佩韦自缓；在一课堂实践考核中，在任务实施的"做事"过程中，从行为习惯、团队协作等角度考察思政素养，形成课程中思政素养得分。二课堂考核针对竞赛、创新创业等事项，从吃苦耐劳、创新意识等方面进行奖励性积分，积分可兑换思政素养得分。三课堂考核中，主要由企业从爱岗敬业等企业用人的角度考核学生思政素养，形成企业实践思政素养得分。

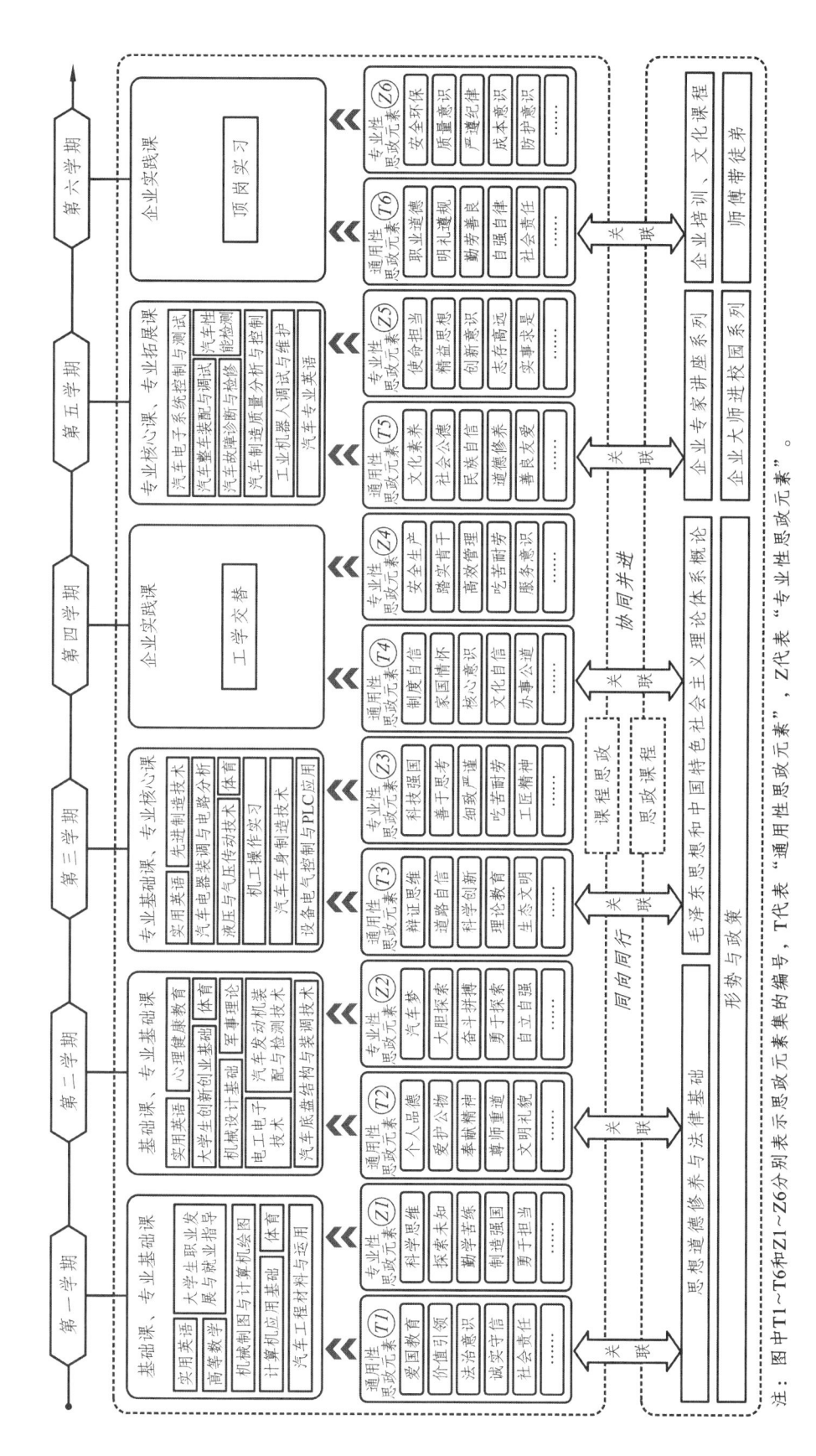

图 1 专业课程思政总体规划

注：图中T1~T6和Z1~Z6分别表示思政元素集的编号，T代表"通用性思政元素"，Z代表"专业性思政元素"。

图 2 课程开发与思政元素融入

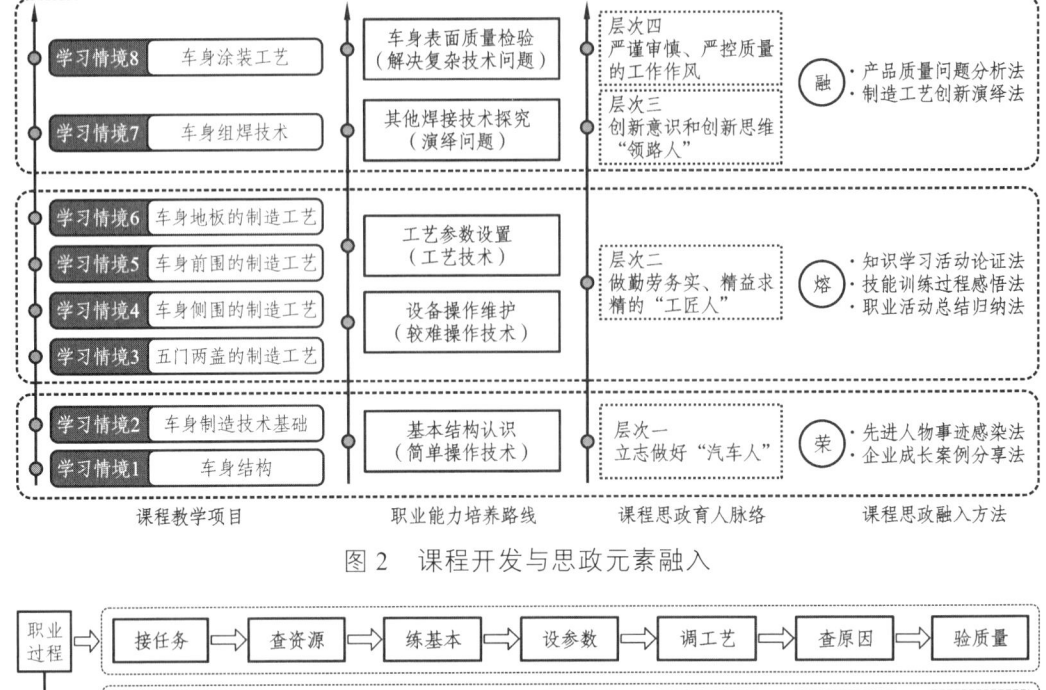

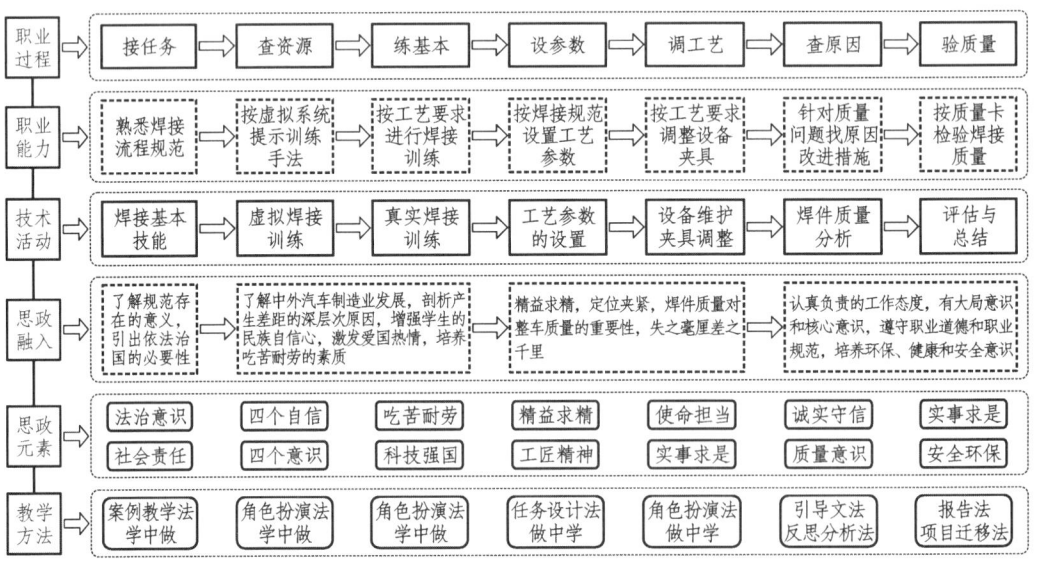

图 3 思政元素课堂教学实施

## 五、成果创新点

### 1. 培养模式创新——提出了"12334"课程思政协同创新育人模式

统筹规划，创新设计了专业人才培养课程思政总体方案，构建了汽车类专业"通用性思政元素"和"专业性思政元素"，依据人才成长规律与思政课程之逻辑关系，分配于各具体专业课程，使课程思政与思政课程同向同行、专业课程间课程思政教育协同并进；在课程开发和教学设计层面提出了可操作性强、行之有效的三融入（即"荣"榜样式融入，"熔"感悟式融入，"融"会贯通式融入）三课堂（即教学第一课堂，科技创新活动第二课堂，企业实践第三课堂），让课程思政能够切实落地。

**2. 育人理念创新——学校、企业双主体育人**

重点发挥企业实践课程思政育人效力，基于职业院校学生"顶岗实习"教学环节和本专业"工学交替"特色教学环节，从单纯的练"技"转向"德技并举"，深度挖掘企业的思政资源，凝练课程思政的育人目标，创新教学方法，完善课程标准并修订评价体系，实现校企深度融合下"技能传授"和"价值引领"的并驾齐驱，学校和企业对学生共建共育的模式。

**3. 评价体系创新——提出课程思政人才培养效果的"四评价"**

在一课堂理论考核中，将思政素养考核融入过程考核，借助信息化手段实时向学生反馈评价结果；在一课堂实践考核中，在任务实施的"做事"过程中，从行为习惯、团队协作等角度考察思政素养。二课堂考核针对竞赛、创新创业等事项，从吃苦耐劳、创新意识等方面实现积分制考核。三课堂考核中，由企业从爱岗敬业等企业用人的角度考核学生思政素养。

## 六、成果推广及应用

**1. 教学改革效果显著，学生受益面广，实践动手能力和创新能力明显提高**

通过将课程思政、工匠精神融入本专业教学，以成都经开区汽车产教联盟为依托，本专业毕业生在联盟内一汽大众、吉利汽车集团等企业就业，经过2～3年的成长期，大多成为单位的技术骨干，部分同学还被评为"成都工匠"。通过将思政元素融入第二课堂教学，极大调动了师生创新创业热情。近几年，学生参加互联网+、挑战杯、大学生智能汽车竞赛、发明杯等创新创业大赛获得200余项奖项，其中一等奖达80余项，师生共同申报并授权国家发明专利8项，实用新型专利150余项。参与竞赛及创新创业活动的本专业学生占比超过60%。学生在项目实践中需要学习应用大量专业知识，并付出艰辛劳动，动手能力、职业素养和创新能力得到极大提高。

**2. 人才培养成效明显，毕业生发展状况良好，用人单位满意度高，社会成就突出**

依托专业课程思政建设体系，引入企业新工艺、新技术和职业素养要求，学生接受企业文化熏陶。人才培养质量明显提高，该专业每年的就业率都在95%以上，就业单位优质。学生个人素质明显提高，如学院519331班的周文杰、519342班的朱子等积极参与了乐山的抗洪抢险任务，工作成绩突出，当地政府为其颁发了荣誉证书并直接向学校发来了感谢信；雷永鹏同学深入社区，为居民排忧解难，荣获"中国大学生自强之星"称号；许杨杰等同学在2023全国职业院校技能大赛中获国家二等奖。

**3. 社会服务能力显著提高**

近4年来已为在校学生、企业员工和其他社会人员提供职业鉴定及技能培训3000余人次；通过校企联合项目开发、团队申报、技术攻关等合作方式，成功申报教育厅科研项目8项，企业级技术应用开发项目总金额500余万元，专业社会服务取得了良好的社会价值和经济效益。出版有课程思政融入的教材2本，发表教改论文10余篇，出版课程思政案例 25 个。课程思政教改成果在第二届全国航空航天类课程思政教学改革论坛上代表学校作报告，会议论文被评为"优秀课程思政论文"，在论坛上展示了成航模式，也让全国同行听到了成航声音。

此外，近几年已经对广安职业技术学院、宜宾职业技术学院、成都工业职业技术学院等学校汽车类专业进行对口支援，通过师资培训、专业建设、示范授课等方式，使数千名师生受益；实训基地累计接待国内外参观交流 1700 余人次，为国际合作院校、国际友人及兄弟院校提供专业建设及实训基地建设借鉴经验。

# 基于类型教育与中高职衔接背景下的加工制造类技能考试的探索与实践

**【获奖等级】**

校级一等奖

**【完成单位】**

成都航空职业技术学院

**【主持人简介】**

袁忠，教授，成都航空职业技术学院教务处处长。近年来主持和参与国家级、省级以及校级教育教学科研项目共13项，公开发表论文11篇，其中中文核心期刊6篇，独撰及第一作者著10篇。2014年获国家级高等教育教学成果奖二等奖；2018年获首届全国航空职业教育教学成果奖一等奖；2020年获第二届全国航空职业教育教学成果奖一等奖；2021年获四川省2021年职业教育教学成果奖特等奖。

**【团队成员】**

付涛，郑金辉，张雪燕，康凤

**【成果简介】**

本成果是在构建中高职衔接的职业教育体系以及职业教育类型化的背景下提出。2014年，《现代职业教育体系建设规划（2014—2020年）》提出建立适应产业结构和经济发展需求、体现终身发展理念、普职融通、中高职衔接的现代职业教育体系，我国现代职业教育体系建设工作取得了突破性进展。2019年，国务院印发的《国家职业教育改革实施方案》提出"职业教育与普通教育是两种不同教育类型，具有同等重要地位"，确立了职业教育的类型定位。在此背景下，本成果聚焦于加工制造类职业技能考试，探索四川省对口考试加工制造类职业技能考试方案，力求开发出四川省对口考试加工制造类职业技能考试方案、大纲及考试题库，并形成可推广的标准化的职业技能选拔考试质量保证体系。

# 《基于类型教育与中高职衔接背景下的加工制造类技能考试的探索与实践》成果总结报告

## 一、成果背景

2014 年,《现代职业教育体系建设规划（2014—2020 年）》提出建立适应产业结构和经济发展需求、体现终身发展理念、普职融通、中高职衔接的现代职业教育体系，我国现代职业教育体系建设工作取得了突破性进展。2019 年，国务院印发的《国家职业教育改革实施方案》提出"职业教育与普通教育是两种不同教育类型，具有同等重要地位"，确立了职业教育的类型定位。职业院校应基于职业教育类型化的新定位，凸显职业教育的特点。因此，本成果聚焦于加工制造类技能考试，探索其在职业教育新背景下的新尝试。

## 二、成果来源

成都航空职业技术学院作为四川省 2021 年普通高校对口招生职业技能统考加工制造类专业职业技能考试点，为切实做好技能考试，进行了加工制造类技能考试的新尝试，做到技能考试与文化考核有效融合，使中职与高职有机衔接，为进一步推进技能考试改革奠定基础。

## 三、成果主要内容

本成果重点关注类型教育与中高职衔接背景下加工制造类职业技能考试，聚焦中职学生升学之路，解决中职学生"如何学""如何考"，中职教师"如何教"，中高职如何做到有效衔接等问题。基于此，本成果力求开发出四川省对口考试加工制造类职业技能考试方案，由专业知识和技能操作两部分组成，运用以技能考试为主、文化考核为辅的创新模式。同时，根据《中等职业学校加工制造类专业教学标准（试行）》、教育部中等职业学校机械制图等 4 门机械类专业基础课程教学大纲、钳工国家职业标准，开发出四川省对口考试加工制造类职业技能考试大纲，并将考试样题挂网。按 ISO 9000 质量体系认证要求，最终形成标准化的、可借鉴移植的、具有推广价值的加工制造类职业技能考试质量保证体系。

## 四、成果主要解决的教学问题及解决教学问题的方法

### （一）成果主要解决的教学问题

#### 1. 进一步推进了考试制度改革

深入贯彻国家和地方政府教育规划纲要精神，积极推进考试制度改革，运用以技能考试为主、文化考试为辅的创新模式。加工制造类职业技能考试由专业知识（应知）和技能操作（应会）考试两部分组成，克服文化高考惯性作用，步入技能考试运行轨道，

促进高等院校招生朝着重视技能、重视素养、重视职业素质、重视岗位能力的方向发展。

### 2. 实现应试教育向应用教育的实质性转变

从适合中等职业学校办学状况、引导职业教育基本走向、适合中等职业学校毕业生现状、激励中等职业教育群体主动成才的目的出发，通过考试方案、考试大纲、考试命题，使考试内容与从业需要相互兼容，满足专业工作岗位和知识能力的要求。

### 3. 使考试内容与职业岗位要求相匹配

从技能考试模式的基本属性出发，依据职业技能初级或中级标准，把握技能实用性及有效性特点，切入中职毕业生从业岗位技能要求，顺应职业素养的形成机理，邀请行业专家设计考试内容为真实工作过程，使技能高考内容与职业岗位要求相匹配。

### 4. 使中职与高职有机衔接

对中等职业学校的教学走向而言，技能高考具有航向标和指挥棒作用，在解决"怎么考"深层次问题的过程中，协同中职学校开通"怎样教"的正确渠道，进而使"怎么考"与"怎样教"相辅相成，形成自适应运行系统，实现中职与高职教育教学的有机衔接。

## （二）解决教学问题的方法

### 1. 深入研究职业教育理论，科学创建技能考试模式

霍华德·加德纳的多元智能理论表明，人类享有语言、音乐逻辑、数学、空间、肢体、运作、人际、内省、自然观察等 9 种以上的智能类型。传统高考主要适合选拔知识型或研究型人才，使其他能力类型失去机会，技能型人才也遭受阻隔。加工制造类对口招生以动手操作能力为主，考试将考生仿真设定为从业者，用工作岗位、生产过程、经营服务的真实境况，直接或间接呈现考生创造价值的实际能力。

### 2. 从学生角度出发，探索出中高职衔接的成熟模式

加工制造类职业技能考试从适合中等职业教育状况、中职毕业生现状出发，力求有助于把握职业教育基本走向、激励中职生争取成才，通过合理地解决好"怎么考"的深层次问题，协同中职学校开通"怎样教"的职业教育渠道。密切与中职毕业生就业岗位需要的联系，突出技能高考的实用性和有效性特点，深度切入从业岗位基本技能要素。

### 3. 开发延展性的技能试题，形成加工制造类职业技能考试资源库

加工制造类职业技能考试由专业知识（应知）和技能操作（应会）考试两部分组成，考试总分为 350 分，其中专业知识（应知）部分为 200 分，技能操作（应会）部分为 150 分。

专业知识（应知）考试采用上机考试形式，内容为加工制造类专业共性基础知识，考试时间为 120 分钟，考试试卷由计算机考试系统按规定的比例关系从题库随机抽取、组合。技能操作（应会）考试采取实际操作考试方式，考试时间为 60 分钟。

融合专业知识与技能操作考试内容，通过开发延展性技能试题，营造加工制造类职业技能考试多维发展空间，达到一种张弛有度、收放自如的动态平衡。使试题内容有效

覆盖考试大纲，并且能够翔实解读和诠释大纲含义，成为中职学校教学和技能训练的铺路石或递进阶梯。

**4. 探究考务组织的合理性和科学性，形成可推广的考务组织**

通过研究考试培训、机考监考人员培训、钳工考官培训、安保人员培训等方面的细则，确保考务工作的合理性、科学性和严密性。通过研究考务人员工作守则、应知考试监考人员工作职责、应会考试内场秘书工作职责、应会考试外场秘书工作职责，确保工作人员培训到位、职责清晰。我校在应对加工制造类职业技能考试工作中，一直认真并严格履行所研究出来的严密的考务组织流程，并对各方工作人员按研究出的工作职责进行培训，通过 5 年的实践检验，我校应对加工制造类职业技能考试工作的考务组织发挥了基础保障作用。

**5. 研究考试保障机制的严密性，形成可借鉴的考试保障机制**

组织保障和纪律保障都是顺利完成考试的必要和根本。根据加工制造类职业技能考试工作的具体情况，成立了命题工作组、技能考试（含应知、应会）工作组、纪律检查组、安全保卫及医疗保障组、后勤保障组等专门小组。并从纪律保障方面设计了应知、应会考试工作人员承诺书、考试工作人员廉洁承诺书、命题保密责任书等对工作人员的纪律保障进行约束，设计了学生违纪处理单来处理考场突发异常情况。经过 5 年的实践检验，本校所研究出的考试保障机制严密，确保了考试的顺利进行。

## 五、成果推广及应用

**1. 加工制造类职业技能考试模式已成熟**

在四川省招考委的统一领导和四川省教育考试院的统筹管理下，成都航院作为四川省普通高校对口招生职业技能考试考点，从 2016 年至 2020 年，共有 1 万余名中职加工制造类毕业生参加了选拔考试。技能考试逐渐被中等职业学校、考生和家长认同，产生越来越大的社会影响力。

**2. 为在全省全面实行加工制造类职业技能考试奠定基础**

由成都航空职业技术学院设计的加工制造类技能高考改革试点样本，经行业企业专家多轮可行性论证，表明在我校开展的加工制造类职业技能考试具有可移植性和可推广性。由此为稳步扩大改革成果，在全省范围全面实行加工制造类职业技能考试奠定基础。

**3. 中职与高职有机衔接的成果取得成功**

就业数据表明，通过加工制造类技能考试的学生就业签约率高、专业符合度好、岗位技能性强，受到用人单位的普遍欢迎。技能高考是选拔技能人才的有效手段，深度触及职业教育改革的中枢神经，具有牵一发而动全身的促进作用。取得深化技能高考改革成效，主要由技能考试大纲、考试命题与中职毕业生就业需要相兼容的程度决定，取决于激活专业教学周期和技能训练过程所达到的实际水平。在这里，巩固和完善技能高考运行机制，具有促进中等与高等职业教育衔接及协调发展、构建现代职业教育体系的现实作用和深远意义。

### 4. 畅通了中职学生的上升通道

职业教育是现代国民教育体系的重要组成部分，目的是培养具有一定文化水平和专业知识技能的高素质技术技能人才，侧重于实践技能和实际工作能力的培养。《国家职业教育改革实施方案》明确提出构建现代职业教育体系，建立"职教高考"制度，完善"文化素质+职业技能"的考试招生办法。探索研究建立"职教高考"制度，发挥好高考指挥棒作用，吸纳和培养更多优秀人才，完善高层次应用型人才培养体系，对打通从中职到高职再跨越到本科层次职业教育成长路径和畅通专业学位研究生教育的技术技能型人才成长渠道具有重要和深远意义。

# 协同构建技术服务创新平台，分类培养飞机结构件制造技术技能人才的探索与实践

**【获奖等级】**

校级二等奖

**【完成单位】**

成都航空职业技术学院航空装备制造产业学院

**【主持人简介】**

刘志学，讲师，2016年主持国家级精品资源共享课程。

**【团队成员】**

郑金辉，李吉，李秀鑫，胡登洲，戴祥利，林盛，李斌，周树强，张川

**【成果简介】**

航空装备制造是高端装备制造业中发挥引领作用的技术领域，是中国制造2025的重点与难点。在当前建设新时代航空强国的征程中，航空装备制造产业正在从传统的航空工业体系迈向"小核心、大协作"的军民融合创新体系，制造模式也在进行数字化、智能化的升级和变革，行业中的头部企业对技术技能人才对应的岗位和要求逐渐从操作转向调试，新兴、快速发展的军民融合企业对高素质技术技能人才也提出了毕业就能胜任岗位的要求，行业中对技术服务创新平台的需求日益增加，随之也出现了高素质技术技能人才在平台上对应的新型岗位，航空装备制造产业技术技能人才培养面临培养目标、条件、路径与可持续发展等一系列问题。

2019年3月，教育部、财政部在《关于实施中国特色高水平高职学校和专业建设计划的意见》中，也明确提出"聚焦高端产业和产业高端，重点支持一批优质高职学校和专业群率先发展""发挥专业群的聚集效应和服务功能，实现人才培养供给侧和产业需求侧结构要素全方位融合"。

为此，近年来成都航院数控技术专业进行了探索与实践，引入行业领军人物，在深入学习、分析瑞士、德国等制造类职业教育领先国家的技术技能人才培养的蓝图与路线

图的基础上，与航空工业成飞及配套企业、产业园区深度协作，形成了飞机结构件制造领域技术技能人才的分类培养蓝图与路径图，系统设计并实施了专业建设规划。

为破解"校内生产性实训"这一人才培养路径上的关键难题，以形成融入产业的技术服务能力为切入点，以人才培养的专业技术体系为牵引，与系列国际、国内领先技术供应商逐步构建了校企协同技术创新平台群，建成行业和头部企业的零件加工、检测、工艺编程、实验、科研等领域的合格供应商和省级技术服务创新平台的思路和举措，建成校内项目实训—校内生产性实训—企业顶岗实习的实践教学体系和课程改革体制机制，分类实施校企联合培养、双主体育人的人才培养与技术服务一体化的融合项目，取得了一系列成果。

经过几年的探索与实践，创新实现了协同构建技术服务创新平台，分类培养飞机结构件制造技术技能人才的成飞、成航——数控技术专业案例，创新探索并形成的校企协同构建技术服务创新平台建设和分类进行技术技能人才培养的方案，具有较好的示范价值和较大的社会影响力。

# 《协同构建技术服务创新平台，分类培养飞机结构件制造技术技能人才的探索与实践》成果总结报告

## 一、成果背景

航空装备制造是高端装备制造业中发挥引领作用的技术领域，是中国制造 2025 的重点与难点。在当前建设新时代航空强国的征程中，航空装备制造产业正在从传统的航空工业体系迈向"小核心、大协作"的军民融合创新体系，制造模式也在进行数字化、智能化的升级和变革，行业中的头部企业对技术技能人才对应的岗位和要求发生了重大变化，新兴、快速发展的军民融合企业对高素质技术技能人才需求旺盛，行业中对技术服务创新平台的需求日益增加，随之也出现平台的团队和技术技能人才需求，航空装备制造产业技术技能人才培养面临培养目标、条件、路径与可持续发展等一系列问题。2019年3月，教育部、财政部在《关于实施中国特色高水平高职学校和专业建设计划的意见》中，明确提出"聚焦高端产业和产业高端，重点支持一批优质高职学校和专业群率先发展""发挥专业群的聚集效应和服务功能，实现人才培养供给侧和产业需求侧结构要素全方位融合"。

近年来，成都航院数控技术专业引入行业领军人物，在深入学习、分析瑞士、德国等制造类职业教育领先国家的技术技能人才培养的蓝图与路线图的基础上，与航空工业成飞及配套企业、产业园区深度协作，形成了飞机结构件制造领域技术技能人才的分类培养蓝图与路径图，系统设计并实施了专业建设规划。

为破解"校内生产性实训"这一人才培养路径上的关键难题，以形成融入产业的技术服务能力为切入点，以人才培养的专业技术体系为牵引，与系列国际、国内领先技术

供应商逐步构建了校企协同技术创新平台群，建成行业和头部企业的零件加工、检测、工艺程编、实验、科研等领域的合格供应商和省级技术服务创新平台的思路和举措，建成校内项目实训—校内生产性实训—企业顶岗实习的实践教学体系和课程改革体制机制，分类实施校企联合培养、双主体育人的人才培养与技术服务一体化的融合项目，取得了一系列成果。

## 二、成果来源

本成果依托高等职业教育创新发展行动计划（2015—2018）子项目海克斯康高端制造几何计量实训基地、GF 智能制造技术实训基地两个生产性实训基地建设等的研究成果。

## 三、成果主要内容

在校企协同建设技术服务创新平台方面，在海克斯康公司与我校深度合作，于 2013 年在国内率先将方案中心设在高职院校，共建校企几何量计量技术协同创新中心以来，2014 年，中心成为成都市经开区公共几何量测量技术公共服务平台，发展顺利，双方于 2018 年再次签订校企合作协议，深化校企协同创新中心建设。2018 年 9 月，GF 加工方案在我校设立西南技术中心，共建智能制造创新基地。依托高职创新发展行动计划，成都航院数控技术专业持续开展了张川航空精密加工技能大师工作室、成航-GF 智能制造技术实训基地、成航-海克斯康高端几何量计量生产性实训基地等项目，并于 2019 年 4 月顺利通过验收。2019 年 9 月，四川省发改委批复我校建设四川省模具产业智能制造应用技术工程实验室；2020 年 9 月，海德汉公司在中国的首个授权培训中心在我校落成；2020 年 10 月，学校与厦门金鹭、上海意特利、东莞埃弗米就共建技术中心达成意向；2021 年 3 月，学校与北京精雕就共建技术中心达成意向。学校为更好发展技术服务创新平台作用，在成航资产公司下注册成立成航科技公司。成航科技公司拥有专职技术、管理人员 21 人，加工试制、检测、培训等支撑人才培养的业务发展顺利。

基于成航科技公司平台，2018 年与海克斯康共同培养了 2 名数字化检测员并签订转包合同，作为海克斯康驻厂工程师外派至长安福特发动机厂工作。与成飞公司数字化制造中心从 2019 年开始，共同培养了 6 名专职工艺员，与 5 名教师、15 名顶岗实习学生，组成了成飞公司数字化制造中心成航工艺组，自 2020 年开始参与新型战机的工艺研发工作。2021 年 1 月，航空工业成飞向学校发来感谢信，对成航工艺组的工作予以高度评价，并决定陆续在系统组件厂、钣钳厂、技装公司等单位予以推广，相关工作正在持续推进，为学校建设航空装备制造产业学院和开展飞行器制造技术专业群建设起到重要支撑作用。

经过几年的探索与实践，创新实现了协同构建技术服务创新平台，分类培养飞机结构件制造技术技能人才的成飞、成航——数控技术专业案例，创新探索并形成的校企协同构建技术服务创新平台建设和分类进行技术技能人才培养的方案，具有较好的示范价值和较大的社会影响力。

## 四、成果主要解决的教学问题及解决教学问题的方法

在四川省高教质量工程"校企协同共育新时代航空制造技能大师接班人的研究与实践"等项目中,成都航院数控技术专业在深入研究德国、瑞士双元制人才职业能力培养的基础上,创新探索并实践了在新时期下如何构建技术服务创新平台,实现"培训车间"功能,打通人才培养过程中在学校通过课程培养行业通用能力的阶段与在企业通过"跟岗实习""顶岗实习"培养企业职业特定能力阶段的断点,向新时代航空装备制造产业输送一大批企业满意的技术技能人才,并形成了构建校企协同技术服务创新平台,分类培养飞机结构件制造产业技术技能人才的方案。

### (一)新时代飞机结构件制造技术技能人才培养的难点与策略确立

当前作为头部企业的航空工业成飞,践行国家军民融合发展战略,将飞机设计与制造中的研发、总装、试验作为自身的核心能力发展,而将零部件制造能力转移给以入驻四川成都航空产业园为主的军民融合企业,并将一般工艺能力向孵化的技术服务创新平台转移。

经过调研和分析,面对航空工业成飞的军民融合发展趋势,数控技术专业面对的新型企业岗位要求及分析见表1:

表1 数控技术专业新型企业岗位要求及分析

| | 新岗位及任务 | 毕业时达到的要求 | 培养难点分析 | 解决策略 |
|---|---|---|---|---|
| 头部企业 | 调试员,面向产品研制,进行结构件、部件的数控加工工艺调试 | 心理素质好,能承受压力;专业基础扎实,能分析解决问题;功夫娴熟,能高效完成调试工作的职业特定能力 | 企业只从高水平技能竞赛获奖选手中选拔,当前从班级中选拔竞赛集训选手的方式在数量、质量上都不满足要求 | 校企协同创建世赛集训基地,开办五年制专业,吸纳中职获奖选手,开设世赛班,实施参加竞赛与生产相结合的培养路径 |
| 公共技术服务创新平台 | 工艺员,承担头部企业与军民融合企业的零部件加工工艺开发 | 专业基础扎实,能分析解决问题;经历系统的工艺开发、现场问题处理,工艺实验的培训与实践,具备独立工艺工作的职业特定能力 | 当前行业中没有现成的技术服务创新平台,学校现有人才培养方式难以实现此类岗位要求 | 借鉴IT行业经验,在头部企业、产业园区和技术供应商的支持下,自身孵化技术服务创新平台,承担工艺转包、加工试制、工艺研发等任务,与企业共同培养和使用工艺员 |
| 军民融合企业 | 高端设备操作员,到岗后就能独立运用五轴机床等设备完成飞机结构件加工 | 专业基础扎实,能分析解决问题;经历系统的五轴机床操作、结构件加工、质量控制与检测的培训与实践,具备独立操作完成任务的职业特定能力 | 企业没有类似瑞士、德国双元制体系中的"培训车间",学生在进入生产现场顶岗实习阶段前,未能完成系统的培训与实践。企业只能自行培养,学生在毕业前难以独立操作,收入有限,造成学生就业意愿差,流失率高 | 通过校企共建的技术服务创新平台,承接加工试制项目,与军民融合企业进行人才定制培养与加工任务转场相融合的项目,使定制班学生在学校接受系统的培训与实践。考核合格后,赴企业顶岗实习,毕业前能独立操作 |

上述策略中的关键问题是在现有的人才培养路径上，我们缺乏瑞士、德国双元制人才培养体系中建在企业或行业跨企业培训中心的"培训车间"，在学校的行业通用能力培养的课程阶段与企业职业特定能力培养的顶岗实习阶段中，缺乏行业通用能力深化与职业特定能力培养导入的阶段。

目前，由于种种原因，航空装备制造企业中难以建立并运行"培训车间"，我们选择了与头部企业、技术供应商协同构建学校及专业自主可控的"培训车间"——技术服务创新平台，逐步形成专业技术团队、质量管理体系、技术支持体系等要素，获得行业、企业的多元供应商资质，能承接工艺转包和加工试制项目，能承担工艺员、调试员、操作员培养中的岗前培训和真实任务实践，实现行业通用能力深化与职业特定能力培养导入阶段的教学。

近年来，成飞、成航密切合作，海克斯康、GF加工方案等技术供应商构建技术服务创新平台，与世赛制造团队挑战赛国家主训练基地——航空工业导弹院共建世赛制造团队挑战赛四川省集训基地，在数控技术专业领域进行上述三种类型人才分类培养的探索与实践。

### （二）校企协同构建面向高端装备制造技术服务创新平台的方法

在快速发展的产业中，校企协同构建面向航空装备等高端装备制造领域的技术服务创新平台，要自觉运用系统科学和创新理论按生物进化模式进行顶层设计，具体工作要依法依规严谨推进，我们形成的方法包括规划与建设原则，以及平台校企协同运行体制机制、通过认证的国军标质量管理体系、数字化"培训车间"管理系统等。

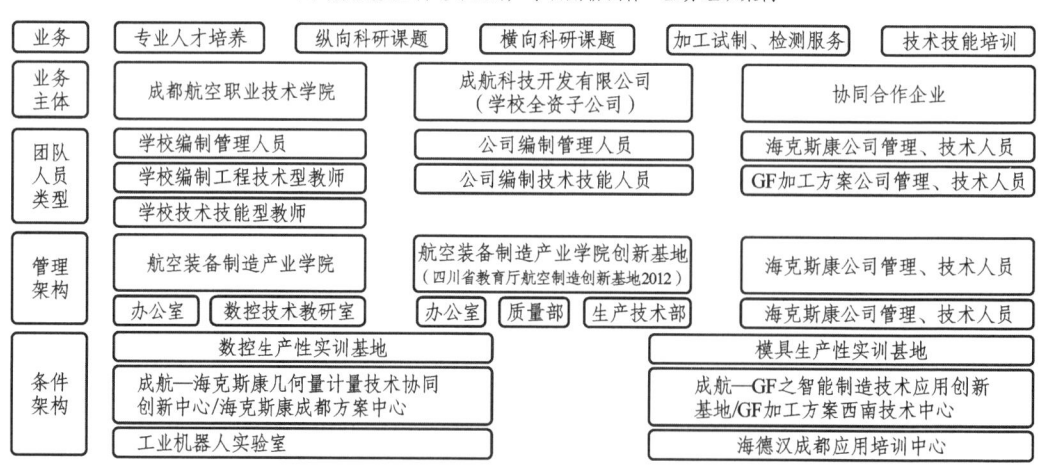

图 1　成都航院航空制造专业群产学研用协同体—业务组织架构

专业经过长期实践及一系列校企协同创新平台的建设和运行，确立了构建校企协同技术创新平台规划和建设原则。

**1. 校企协同技术服务创新平台群蓝图的规划原则**

规划校企协同技术服务创新平台时应遵循"技术引领、融入产业、业务融合、自我成长"的原则。含义如下：

（1）抓住行业与头部企业发展趋势中出现的技术服务与研发需求，坚持技术领先、开放、协同的原则，引入技术链上的系列国际国内的先进技术供应商深度合作。

（2）兼顾服务头部企业、中小企业，要与行业协会、产业园区形成共建的体制机制。

（3）开展融入人才培养的技术服务和研发，包括加工试制、检验检测、应用科研（含工艺实验、工艺创新、设备产线开发）、培训等业务。

（4）学校要形成自主可控的专业团队和技术、市场能力，具备自主的行业、企业供应商资质。

**2. 校企协同技术服务创新平台的建设原则**

应遵循"发挥优势、抓住机遇、控制风险、有机生长"的原则。含义如下：

（1）发挥学校的优势，抓住产业发展机遇，切入点应立足形成公共技术服务平台，在选择技术供应商时，应考虑合作难度应由易入难，（检测类技术供应商难度小于加工类技术供应商，设备磨损、定期更新），逐步构建成沿技术链布局的校企协同创新技术平台群，支撑专业的业务与发展。

（2）校企协同共建的技术服务创新平台建成后，要协调各方利益，控制风险，规划双方业务可从独立开展各自项目、协作开展双方的项目，到规划创新项目，协同实施，实现业务的融合。

协同创新平台在规划阶段，就应就学校、企业协同运行形成具有操作性的体制机制框架，并在实施中细化、优化。基地只有在决策层、管理层、执行层均能按规划开展协同工作，才能将各项业务顺利推进。

（3）供应商资质、团队建设、技术能力、质量管理能力等方面的建设要与项目承接规模和层次同步发展，培训服务从头部企业向中小企业扩展，加工试制、检验检测从中小企业向头部企业扩展。

（4）引入领军人物，发挥引领作用，是承接重大项目，促进平台发展壮大的关键因素。

**3. 技术服务创新平台的运作体制机制**

学校分别与海克斯康、GF加工方案共建的检测类、加工类技术服务创新平台的运作体制机制见图2。

**4. 数字化"培训车间"管理系统**

专业自主设计开发了数字化"培训车间"管理系统（见图3），主要包含实训资源、实训人员、仓库、实训计划、实训过程、实训评价的数字化管理，通过可视化看板展示资源、任务进度和评价，能有效提高学生的实训兴趣和实训效果。目前已投入试运行。

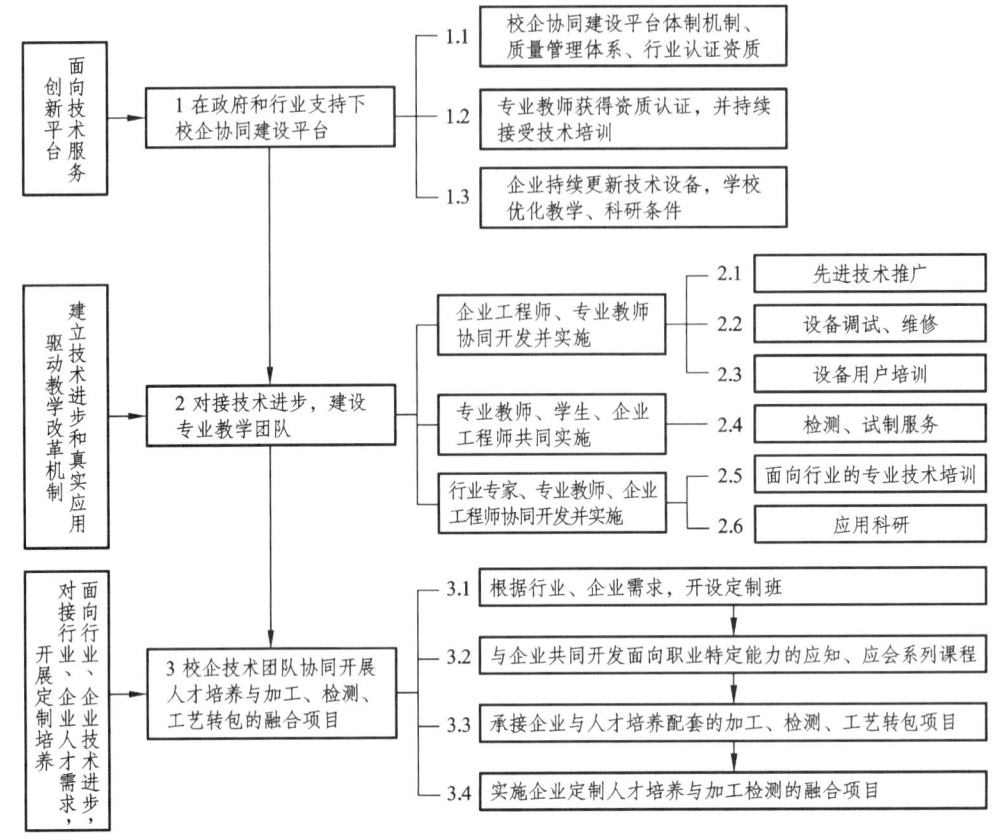

图 2　技术服务创新平台运作体制机制

### （三）分类进行技术技能人才培养的方案

应用 3343 理论中关于职业能力划分为行业通用能力与职业特定能力培养的方法，基于校企协同技术服务创新平台的条件，针对飞机结构件数字化制造领域，校企协同初步开发了数控技术专业"世赛班""工艺班""五轴班"的人才培养路径与职业特定能力培养层次课程及车间管理系统，并形成了不断完善的机制。

**1. 数控技术专业"世赛班""工艺班""五轴班"分类培养的路径**

围绕调试员、工艺员、高端设备操作员，我们分别开设"世赛班""工艺班""五轴班"，分类开发并实施了三个人才培养方案，成效显著。

图 4 是"五轴班"的人才培养路径，通过第三学期开展专班选拔，并与成飞配套的军民融合企业签订三方协议，第四学期在校内的技术服务创新平台进行面向五轴加工的应知、应会方面的理论、实践学习，在学校教师的指导和组织下完成企业真实加工任务，实现初步的五轴加工独立操作能力，第五学期在企业进行跟岗实习和学校的在线课程学习，达到企业要求后，进行顶岗实习阶段的独立操作，毕业设计由企业根据实际任务下达题目，由行业专家审核，并由企业专家和行业专家、学校教师组成毕业设计答辩委员会，实现学生毕业时职业特定能力水平达到行业、企业要求，并获得稳定收入，未来发展可盼可期。

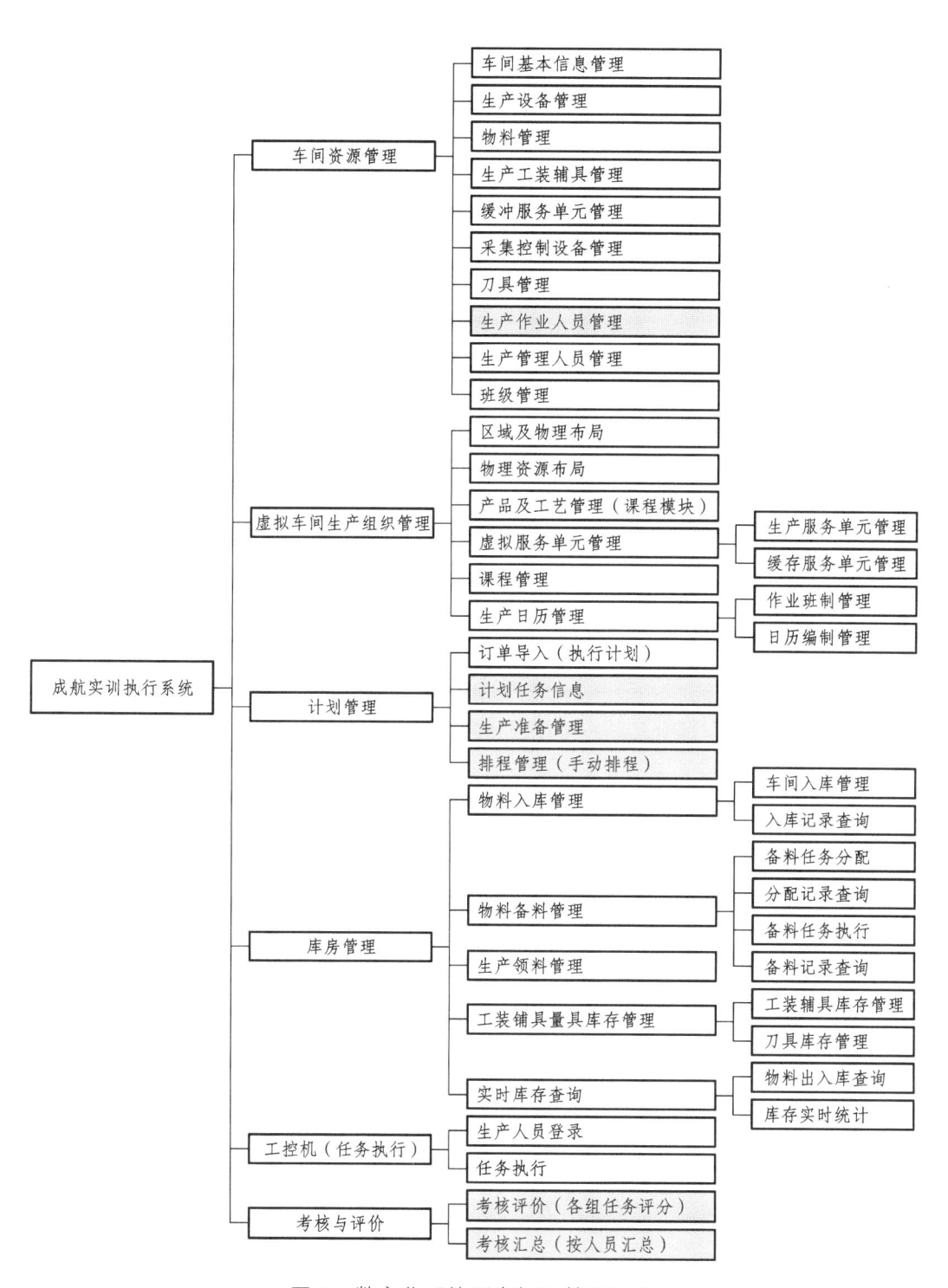

```
                                        ┌─ 车间基本信息管理
                                        ├─ 生产设备管理
                                        ├─ 物料管理
                                        ├─ 生产工装辅具管理
                    ┌─ 车间资源管理 ─────┼─ 缓冲服务单元管理
                    │                   ├─ 采集控制设备管理
                    │                   ├─ 刀具管理
                    │                   ├─ 生产作业人员管理
                    │                   ├─ 生产管理人员管理
                    │                   └─ 班级管理
                    │
                    │                   ┌─ 区域及物理布局
                    │                   ├─ 物理资源布局
                    │                   ├─ 产品及工艺管理（课程模块）
                    │                   │                        ┌─ 生产服务单元管理
                    ├─ 虚拟车间生产组织管理 ─┼─ 虚拟服务单元管理 ────┤
                    │                   │                        └─ 缓存服务单元管理
                    │                   ├─ 课程管理
                    │                   │                        ┌─ 作业班制管理
                    │                   └─ 生产日历管理 ─────────┤
                    │                                            └─ 日历编制管理
成航实训执行系统 ───┤
                    │                   ┌─ 订单导入（执行计划）
                    ├─ 计划管理 ────────┼─ 计划任务信息
                    │                   ├─ 生产准备管理
                    │                   └─ 排程管理（手动排程）
                    │
                    │                                            ┌─ 车间入库管理
                    │                   ┌─ 物料入库管理 ────────┤
                    │                   │                        └─ 入库记录查询
                    │                   │                        ┌─ 备料任务分配
                    │                   │                        ├─ 分配记录查询
                    ├─ 库房管理 ────────┼─ 物料备料管理 ────────┤
                    │                   │                        ├─ 备料任务执行
                    │                   │                        └─ 备料记录查询
                    │                   ├─ 生产领料管理
                    │                   │                        ┌─ 工装辅具库存管理
                    │                   ├─ 工装铺具量具库存管理 ┤
                    │                   │                        └─ 刀具库存管理
                    │                   │                        ┌─ 物料出入库查询
                    │                   └─ 实时库存查询 ────────┤
                    │                                            └─ 库存实时统计
                    │
                    ├─ 工控机（任务执行）┬─ 生产人员登录
                    │                   └─ 任务执行
                    │
                    └─ 考核与评价 ──────┬─ 考核评价（各组任务评分）
                                        └─ 考核汇总（按人员汇总）
```

图 3　数字化"培训车间"管理系统

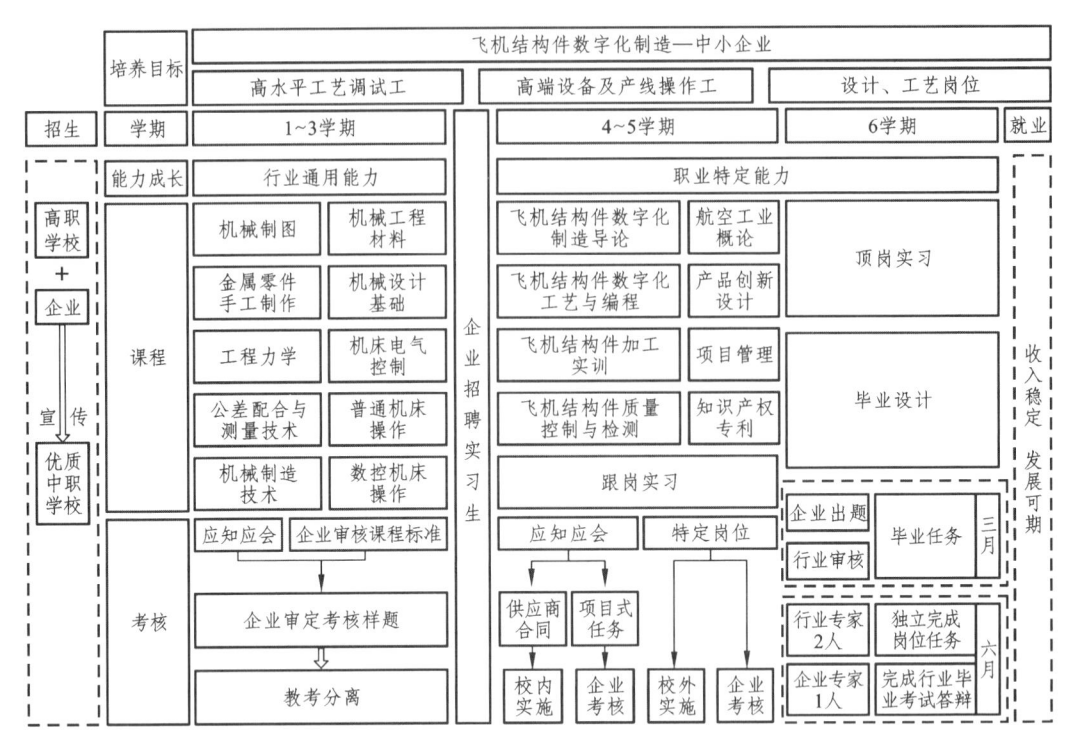

图 4 "五轴班"人才培养路径

**2. "工艺班""五轴班"的教学载体设计与课程开发**

协同社会资源，系统化开发出了学校自主知识产权的 CH35 虚拟战机数字化全模型（见图 5），与成飞数控厂协同开发了"飞机结构件数字化工艺与编程""飞机结构件柔性生产线实训""飞机结构件质量控制与检测技术"等课程。

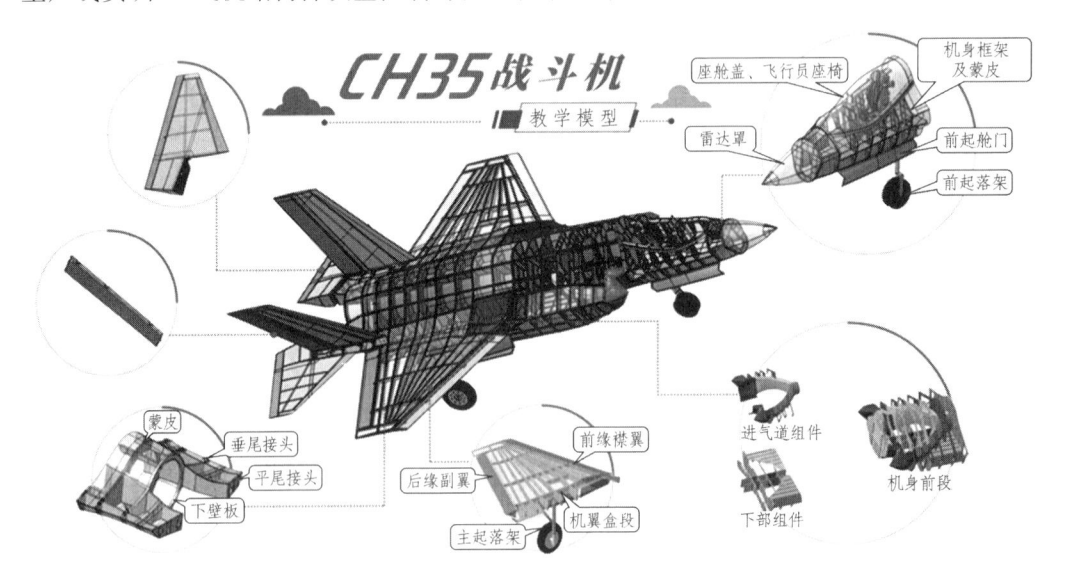

图 5 教学模型

## 五、成果创新点

（1）指出了现有人才培养模式中缺乏瑞士、德国双元制人才培养体系中"培训车间"环节，不能有效对接学生职业特定能力培养的关键问题，在航空装备制造企业未能设立"培训车间"或产教融合实训基地的情况下，提出了由高职院校通过校企协同建设技术服务创新平台，承担"培训车间"功能，以教师带领平台技术人员，与订单企业双主体实施学生职业特定能力领域的应知、应会课程，平台以供应商资质与订单企业签署项目合同，使学生在校内完成企业真实项目任务，以便顺利到企业进行跟岗实习、顶岗实习。系统提出了校企协同建设技术服务创新平台的路径、方法和成航数控技术专业案例。

（2）根据飞机结构件数字化制造领域开展教学培训缺乏教学载体，难以形成面向职业特定能力的教材、教学资源这一重要问题，创新开发思路，形成具有自主知识产权的虚拟战斗机数字化模型，并在此基础上，与头部企业协同开发面向职业特定能力培养的飞机结构件数字化制造系列教材、教学资源。

（3）形成了与头部企业、军民融合企业按"世赛班""工艺班""五轴班"等类型开展双主体育人的分类人才培养模式，满足企业的多元化需求和学生的多元发展诉求。"五轴班"方面，与订单企业同时进行人才订单和五轴加工项目合作，在技术服务创新平台上，由校内教师与企业教师共同带领订单班学生进行教学、生产任务，随后学生到企业进行跟岗实习、顶岗实习，在毕业时能独立完成岗位任务，收入满意，发展可期，教师也能在专业能力和收入方面不断发展，走出了一条企业满意、学生满意、教师满意的军民融合企业技术技能人才培养道路。

## 六、成果推广及应用

（1）在校企协同建设技术服务创新平台方面，在海克斯康公司与我校深度合作，于2013年在国内率先将方案中心设在高职院校，共建校企几何量计量技术协同创新中心以来，2014年，中心成为成都市经开区公共几何量测量技术公共服务平台，发展顺利，双方于2018年再次签订校企合作协议，深化校企协同创新中心建设。2018年9月，GF加工方案在我校设立西南技术中心，共建智能制造创新基地。依托高职创新发展行动计划，成都航院数控技术专业持续开展了张川航空精密加工技能大师工作室、成航-GF智能制造技术实训基地、成航-海克斯康高端几何量计量生产性实训基地等项目，并于2019年4月顺利通过验收。2019年9月，四川省发改委批复我校建设四川省模具产业智能制造应用技术工程实验室；2020年9月，海德汉公司在中国的首个授权培训中心在我校落成；2020年10月，学校与厦门金鹭、上海意特利、东莞埃弗米就共建技术中心达成意向；2021年3月，学校与北京精雕就共建技术中心达成意向。学校为更好发展技术服务创新平台作用，在成航资产公司下注册成立成航科技公司，拥有专职技术、管理人员21人，加工试制、检测、培训等支撑人才培养的业务发展顺利。

（2）通过本项目的构思、实施，项目组成员先后在2018年、2019年西南智能制造职教集团年会上作"聚焦航空 协同建设智能制造产学研平台""成都模具行业现代学徒制的探索"的报告，在 2019 年西部职教论坛上作"工匠精神传承"报告；2019 年通过四川省职业教育与成人教育学会专题组织了 6 期中职教师培训班；在 2019 年全国高职高专校长联席会议上进行了"技术引领、聚集协同、服务驱动，构建智能制造产学研用协同体，助推成都制造 2025"的案例展示；2019 年，先后接待省内外数十所高职、中职相关专业到校交流装备制造/加工制造类专业与课程建设。

（3）基于成航科技公司平台，2018 年与海克斯康共同培养了 2 名数字化检测员并签订转包合同，作为海克斯康驻厂工程师外派至长安福特发动机厂工作。与成飞公司数字化制造中心从 2019 年开始，共同培养了 6 名专职工艺员，与 5 名教师、15 名顶岗实习学生，组成了成飞公司数字化制造中心成航工艺组，自 2020 年开始参与新型战机的工艺研发工作。2021 年 1 月，航空工业成飞向学校发来感谢信，对成航工艺组的工作予以高度评价，并决定陆续在系统组件厂、钣钳厂、技装公司等单位予以推广，相关工作正在持续推进，为学校建设航空装备制造产业学院和开展飞行器制造技术专业群建设起到重要支撑作用。

# "1+X"书证融通人才培养模式的探索与实践

【获奖等级】

校级二等奖

【完成单位】

成都航空职业技术学院

【主持人简介】

张雪燕,讲师,成都航空职业技术学院教务处老师,具体负责学校教育教学改革管理工作、"1+X"证书试点工作的开展。2017年获得校级第五届信息化大赛微课组二等奖,多次参与省部级教育教学改革项目,公开发表学术论文多篇。

【团队成员】

袁忠,康凤,张善平,刘铁,王戎,廖正非,何先定

【成果简介】

成都航空职业技术学院积极响应国家出台的《国家职业教育改革实施方案》,在"1+X"书证融通人才培养模式方面,寻求高职教育"学历"和"能力"的有效结合、学校和社会的无缝对接,主要成果如下。

1. **开发了"1+X"书证融通的人才培养方案**

人才培养方案实现了"三对接",即"专业设置与产业需求对接""课程内容与证书标准对接""教学过程与生产过程对接",落实书证融通的人才培养模式。

2. **形成了《成都航空职业技术学院1+X证书制度试点工作实施方案》**

按照高质量发展要求,为完善职业教育和培训体系,形成可复制和推广的复合型技术技能人才培养培训模式。

3. **形成了"1+X"书证融通的人才评价方式**

毕业生的评价方式由职业院校自主评价转变为由职业院校和培训评价组织共同评

价，实际上是以行业企业的标准来评价职业学校的学生是否达到了行业企业的要求，实现了院校自主评价与行业企业评价的统一。

# 《"1+X"书证融通人才培养模式的探索与实践》成果总结报告

## 一、成果背景

### （一）"1+X"证书制度背景

在"1+X"证书制度提出来之前，职业院校实行的是"双证书"制度，即学历证书和职业资格证书两种证书制度，"双证书"制度在促进职业院校教育教学改革及学生职业技能培养、就业能力提升等方面发挥了重要作用。但是，随着时代发展、科技进步、产业转型升级，新职业和岗位纷纷涌现，职业院校继续实行"双证书"制度就逐渐产生了一些新的问题，如：双证书相互融合难度越来越大，职业资格证书专业技能含量偏低、覆盖面不够、更新周期长，学生精准就业能力不足，等等。种种问题表明"双证书"制度已然难以满足新时代经济发展对复合型技术技能人才的需求，急需探索一种新的制度来支撑职业教育的现代化发展之路，"1+X"证书制度应运而生。

2019年1月，国务院印发《国家职业教育改革实施方案》（简称"职教20条"），提出"从2019年开始，在职业院校、应用型本科高校启动'学历证书+若干职业技能等级证书'制度试点（以下称"1+X"证书制度试点）工作""深化复合型技术技能人才培养培训模式改革，借鉴国际职业教育培训普遍做法，制定工作方案和具体管理办法，启动"1+X"证书制度试点工作"的要求。为贯彻"职教20条"，2019年4月教育部等四部门制定了《关于在院校实施"学历证书+若干职业技能等级证书"制度试点方案》（以下简称《方案》），启动"学历证书+若干职业技能等级证书"（以下简称"1+X"证书）制度试点工作。为响应国家"职教20条"，我校在"1+X"首批试点中申报了建筑信息模型（BIM）等6个"1+X"试点证书，在"1+X"第二批试点中申报了智能财税等4个"1+X"试点证书，在"1+X"第三批试点中申报了数控设备维护与维修等17个"1+X"试点证书。

### （二）1+X证书制度的建设策略

《方案》提出"院校是'1+X'证书制度试点的实施主体""有关院校将'1+X'证书制度试点与专业建设、课程建设、教师队伍建设等紧密结合，推进'1'和'X'的有机衔接，提升职业教育质量和学生就业能力。通过试点，深化教师、教材、教法'三教'改革；促进校企合作；建好用好实训基地；探索建设职业教育国家'学分银行'，构建国家资历框架"。因而，在实施"1+X"证书制度试点时要做好顶层设计、抓好书证融通、推行"三教"改革，推进"1+X"证书制度落实落地。

1. **成立"1+X"证书制度试点领导小组，做好顶层设计**

实施"1+X"证书制度试点给职业院校带来新的机遇和挑战。作为"1+X"证书制度试点的实施主体，职业院校面临着教育教学理念、人才培养模式、治理模式、制度机制、资源配置等全方位的变革，面对变革必须高度重视，做好顶层设计，给"1+X"证书制度试点的实施提供基础和保障。为做好顶层设计，我校专门成立校级"1+X"证书制度试点工作领导小组和协调机构（包括试点学校主要负责人、教务处、二级学院或学院主管领导等相关人员），负责研究、宣传、解读、落实"1+X"证书制度的内容，负责对接上级工作指导协调机构，负责与相关"X"证书培训评价机构建立联系，负责学校整体"1+X"证书实施工作方案，负责出台"1+X"证书制度相关教学管理、经费管理制度，负责统筹推进学校试点的申报、师生培训、考核站点的建设和维护等工作，负责结合各专业（群）建设需求具体开展X证书试点的各项工作。试点工作领导小组、协调机构、办事机构参与专业人才培养方案制定、教材选定等工作。

2. **书证融通是实施"1+X"证书制度的精髓和关键**

"双证书"制度下，学历证书与职业资格证书没有实现成果互转互认，而1与X虽然在发证主体、教学内容、培养模式等方面大有不同，但两者都致力于职教人才培养，教育培训对象相同，并且能实现学习成果互转互认。职业院校要推行"1+X"证书制度，首先要使学历证书体现的专业教学内容与职业技能等级证书标准相对应，从而实现书证融通，书证融通是实施"1+X"证书制度的精髓和关键。同时思考和统筹安排将X证书培训内容有机融入专业人才培养方案，与专业课程教学内容相融通，"优化课程设置和教学内容，统筹教学组织与实施，深化教学方式方法改革，提高人才培养的灵活性、适应性、针对性"，从而进一步促进书证融通。探索"将相关专业课程考试与职业技能等级考核统筹安排，同步考试（评价）"。积极探索构建有效的职教"学分银行"，根据专业教学标准、职业技能等级标准、专业人才培养方案、课程标准等，研制具体的学分认定、学分积累与转换标准体系，构建学历证书与职业等级证书互通互认的框架。

3. **实施"三教"改革推动"课堂革命"**

"1+X"证书制度中蕴含了职业教育"三教"改革的要求，如对教师实践教学能力、职业岗位（群）真实任务的教法、教材如何体现"六新"等有了新的要求，同时"1+X"证书制度也体现了校企共同建构人才培养体系的需求，职业院校要实施"1+X"证书制度试点，如果仅仅依靠学校教师、现有教材、传统教法是很难满足发展需要的，必须深化校企合作、产教融合，实施"三教"改革，推动课堂革命，"三教"改革是实施"1+X"证书制度的重要支撑和载体。如：采取师资与行企业合作，行企业人才和学校教师多方流动，"多措并举打造'双师型'教师队伍"，探索组建高水平结构化教学创新团队；教材校企双元合作，采用适合"1+X"证书的模块化、工作过程式教材编写模式，将新"六新"要求纳入教材，探索开发立体化、活页式、工作手册式教材并配套信息化资源；教法上根据学生的特点，广泛应用信息化教学手段，运用线上线下、理实一体等混合模式，采用适合"1+X"证书制度教学研融合的项目教学、模块化教学、工作过程导向教学、混合式教学等方法提高教学效果，采用探究式、情境式、角色扮演体验式等方法模拟真实岗位工作提高教学效率，提升学生学习积极性，引导学生自主学习、终身学习，夯实学生可持续发展的基础。

## 二、成果来源

2019年"职教20条"指出职业院校要培养复合型技术技能人才，我校积极响应职业教育改革，作为第一批申报"1+X"证书试点的院校，深度解读"1+X"证书试点制度的相关政策文件，多次深入相关"1+X"证书开发企业进行调研，本着边研究边实践的原则，将"1+X"书证融通课程体系融入人才培养方案，落实课证融通解决方案。

## 三、成果主要内容

本成果积极响应《国家职业教育改革实施方案》，力图寻求高职教育"学历"和"能力"的有效结合、学校和社会的无缝对接，创新现有人才培养模式，实现"1+X"书证融通。基于此，本成果遵循职业教育高质量发展要求，开发了"1+X"书证融通的人才培养方案，实现了"三对接"，即"专业设置与产业需求对接""课程内容与证书标准对接""教学过程与生产过程对接"，落实书证融通的人才培养模式；形成了《成都航空职业技术学院1+X证书制度试点工作实施方案》，形成可复制和推广的复合型技术技能人才培养培训模式；落实了"1+X"书证融通的人才评价方式，毕业生的评价方式由职业院校自主评价转变为由职业院校和培训评价组织共同评价。本成果不仅使立德树人根本任务得到落实，而且完善了职业教育和培训体系，深化了产教融合与校企合作，促使职业教育作为一种类型教育走上可持续发展的良性轨道。

## 四、成果主要解决的教学问题及解决教学问题的方法

### （一）主要解决的教学问题

#### 1. 实现了培养复合型技术技能人才

"1+X"书证融通，将学历证书与职业技能等级证书、职业技能等级标准与专业教学标准、培训内容与专业教学内容、技能考核与课程考试统筹评价，将新技术、新工艺、新规范、新要求融入人才培养过程，主动适应科技发展新趋势和就业市场新需求，实现了复合型技术技能人才的培养目标。

#### 2. 构建了基于职业工作过程的课程体系

从职业技能等级标准入手，解析X证书相关联的职业技能要求，将技能点转化为知识点，整合知识点，构建模块化课程体系，实现"标准—内容—实施—考核"四步走双向反馈机制，让课程体系与职业标准和职业工作过程接轨。

### 3. 创新了学习成果管理制度

鼓励学生通过多途径或创新形式掌握技能，获得学历证书的学生在参加相应的职业技能证书考试时，可免试部分内容；获得职业技能等级证书的学生，可按规定兑换学历教育的学分，免修相应课程或者模块，为技术技能人才持续成长拓宽通道。

### （二）解决教学问题的方法

#### 1. 明确人才培养目标是书证融通的根本

参照职业技能等级标准确定技能标准→根据专业课程标准确定知识标准→整合统一技能标准与知识标准→修订课程标准→构建课程模块→教学实施→教学评价。

将 X 证书的培训内容有机融入学历教育专业人才培养方案，依据教育部发布的课程标准和专业教学标准，结合学校办学层次和办学定位，紧盯人才培养目标，坚持理论与实践相结合，重构课程体系，优化教学方法，构建实践教学模块，完成教师角色转变，确保人才培养目标的实现。

#### 2. "1+X"双周报制度，实现书证融通的监督反馈

每两周以二级学院为单位提交"1+X"双周报，将"1+X"工作推进情况作为常规工作，就有关"1+X"的工作进展情况、存在的主要困难问题、政策建议等情况进行总结和反馈。不断掌握"1+X"工作的相关情况，既实现工作监督，也可根据相应反馈及时做出动态调整。

#### 3. 以项目为抓手，推进书证融通的实施

为有效落实和推进"1+X"书证融通的实施，提升专业人才培养质量，将我校 26 个"1+X"证书试点进行了教改项目立项，各证书负责人做项目负责人，既考虑了相关教师工作量，提高教师工作积极性，也可为教师完成科研或职称评审提供依据。从试点基础、目标和任务、预期成果等多方面有效推进"标准—内容—实施—考核"的书证融通实施。

#### 4. 与国家"学分银行"接轨，改革人才评价体系

加强人才评价体系改革，明确 X 证书可置换的课程范围、学分要求、办理流程等，体现学习成果认定、积累和转换，为技术技能人才持续成长拓宽通道，提高学生学习主动性。

## 五、成果创新点

"1+X"证书制度不仅使立德树人根本任务得到落实，而且完善了职业教育和培训体系，深化了产教融合与校企合作，促使职业教育作为一种类型教育走上可持续发展的良性轨道。本成果的创新点主要体现在以下几个方面。

### 1. 社会力量融入职业教育的机制创新

职业教育的典型特征是要充分依靠产教融合与校企合作。但是多年以来，受体制机

制等多种因素影响，校企合作过程中始终存在着学校热、企业冷的现象，企业参与校企合作的热情不高使产教融合与校企合作难以深化。"1+X"证书制度的实施，调动企业举办职业教育的积极性，吸引更多的企业参与职业教育办学，社会力量尤其是企业融入职业教育的内生动力正被快速地激发起来。

### 2. 学历教育与培训并举的创新

"1+X"证书制度的实施，实现了学历证书与职业技能等级证书的互通衔接，促进了学历教育与职业培训的有机融合，使社会成员参加的职业技能培训与职业院校学生的专业课学习实现了统一，避免了课证分离造成的重复考试、浪费时间和精力情况的发生，提高了学习效率。对职业院校来说，实施学历教育与培训并举的法定职责得到了落实。

### 3. 人才评价模式创新

由于职业技能等级证书由职业教育培训评价组织联合企业共同开发，体现了行业企业的新技术、新工艺、新规范、新要求，因此这就预示着对职业院校毕业生的评价方式将由职业院校自主评价转变为由职业院校和职业教育培训评价组织共同评价，实际上是以行业企业的标准来评价职业学校的学生是否达到了行业企业的要求。所以"1+X"证书制度实现了院校自主评价与行业企业评价的统一。

### 4. 学习成果管理制度创新

与"学分银行"制度结合实施，职业教育学分银行系统和"1+X"证书信息管理服务平台实现对接，实现学习成果可追溯、可查询、可转换。在此情况下，职业院校的学习成果管理就不仅仅是学习成绩管理那么简单，除了要做好学习成果的认定、积累等工作，还要做好学习成果的转换。通过学习成果转换，为社会成员取得学历证书和本校学生参加职业技能等级证书考试时免试部分内容提供支持。

## 六、成果推广及应用

### 1. "1+X"书证融通人才培养模式已在我校25个专业开展

我校在前三批"1+X"职业技能等级证书中，已成功申报了26种，涵盖我校25个专业，并且成功申报了"1+X"多轴数控管理中心，以及数控设备维护与维修、无人机驾驶、空中乘务等12个"1+X"考核站点。我校2020级人才培养方案中，各专业已融入了"1+X"书证融通课程体系。

### 2. 我校成熟做法在省内具有引领和示范作用

我校在"1+X"书证融通、师资培训和激励、考核站点及实训基地建设等方面具有较成熟的做法。2020年11月2日，我校受邀在德阳参加四川省"1+X"证书制度试点工作推进会，并在会上发言，介绍我校"1+X"证书试点工作成果。2020年12月，接四川省教育厅通知，为总结"1+X"试点工作中的典型案例与成功做法，向我校征集"1+X"证书制度试点工作典型案例。

### 3. 我校"1+X"书证融通模式在行业崭露头角

2021年3月15日,上海景格公司举办了"1+X"证书院校说明会,300多家中高职学校参加了此次说明会,我校王青春院长应邀作了题为"从汽车制造到汽车'智'造——汽车制造类专业转型与人才培养的探索与实践"的报告,展示了学院及汽车制造专业近几年的办学成果与特色,以及该专业的课程体系与"1+X"的结合情况,为各院校汽车智能制造类专业的人才培养提供了借鉴方案。

2021年3月,在由四川省建设人才开发促进会组织的四川省2020年度BIM、装配式建筑施工"1+X"证书工作总结会上,根据近两年"1+X"方面的人才培养、考试组织、人员配备以及工程运用等方面的表现,我校作为四个表彰单位之一,并在会上发言,做相关经验介绍。

# 携手捷豹路虎深入开展校企合作产教融合育人的探索与实践

**【获奖等级】**

校级二等奖

**【完成单位】**

成都航空职业技术学院

**【主持人简介】**

刘宇，讲师，2018 年荣获成都航空职业技术学院 2016—2018 年度"优秀教师"荣誉称号，2018 年、2019 年负责捷豹路虎校企合作项目，连续两年荣获捷豹路虎卓越培训项目年度运营奖，2019 年指导学生参加四川省高职院校汽车维修技能大赛获得三等奖，指导学生参加第十四届全国高等职业院校"发明杯"大学生创新创业大赛获得二等奖，参加四川省高职院校教师教学能力大赛获得二等奖，荣获捷豹路虎卓越培训项目"优秀教师"荣誉称号，2020 年参加成都航院教师教学能力大赛获得二等奖，2021 年成都航空职业技术学院教学成果奖二等奖成果主持人。

**【团队成员】**

陈锐朗，刘纪，刘巧燕，刘斌良，胡登纯

**【成果简介】**

本成果来源于捷豹路虎-成都航院校企合作项目。项目自 2014 年成立以来，经过 6 年的建设运营，在校企合作课程建设、教学改革、学生培养培训、师资能力建设、实训场地建设、社会服务、项目日常运营管理等方面取得了一系列成果，取得了很多宝贵的实践经验。

# 《携手捷豹路虎深入开展校企合作产教融合育人的探索与实践》成果总结报告

## 一、成果背景

成都航空职业技术学院作为国家首批28所示范性高职院校和"双高"建设院校之一,在产教融合校企合作育人上具有较为丰富的理论研究与实践经验,在高职院校和区域范围产生了积极的影响,具有一定的品牌效应。

### 1. "成航"金字招牌为项目落地提供了基础条件

学校始终秉承"服务航空、服务国防、服务区域经济社会发展"的办学定位,产教融合、多元发展。学校广泛开展订单定制式和现代学徒制等人才培养模式,基本形成产教协同发展和校企共同育人的格局,探索形成了独具成航特色的职业教育办学模式。与航空产业系统39家企业成立西南航空产教联盟,联合区域内130家企业成立成都经济技术开发区汽车产教联盟。正是因为学校有优秀的产教融合校企合作基础,捷豹路虎校企合作项目才得以顺利落地。

### 2. 区域经济社会发展和产业环境为项目建设运营提供了坚实支撑

成都是四川省会、特大城市、成渝地区双城经济圈核心城市,西部大开发重点建设城市,国务院批复确定的中国西部地区重要的中心城市,国家重要的高新技术产业基地、商贸物流中心和综合交通枢纽,正加快建设成为国际消费中心城市。汽车保有量位居全国第二,汽车消费一直处于领先地位,为汽车后市场发展提供了广阔的舞台。包括捷豹路虎在内的各大汽车品牌大力布局成都及周边区域,为定制人才的培养和未来发展提供了有力保障。龙泉驿区作为国家级经济开发区,重点打造以汽车产业为核心的万亿级高端制造产业基地。地处汽车产业腹地,更加促进了学校汽车专业走"产教融合,校企合作"之路,这些为捷豹路虎项目的建设运营提供了坚实的支撑。

## 二、成果来源

产教融合、校企合作是职业教育的基本办学模式,是办好职业教育的关键所在。我院历来紧跟产业发展,重视校企合作。立足自身特点,在汽车产业链的前中后端,分别布设了新能源汽车技术、汽车电子技术、汽车制造与装配技术、汽车检测与维修技术专业。在专业建设上,以校企合作为切入点,与多家汽车企业开展深度合作,取得了一系列成果和经验。基于以上专业建设背景,汽车检测与维修技术专业从2014年9月开始,与捷豹路虎(中国)投资有限公司签订战略协议,合作开展人才培养项目——捷豹路虎卓越培训项目,同步成立捷豹路虎成都卓越培训中心。经过6年多的建设运营,成功培养出6届学生,为捷豹路虎授权经销商输出162名(从2017年以来,成功培养了112名毕业生）高素质的汽车维修技术服务专门人才。在校企合作项目建设运营、课程建设、教学改革、学生培养培训、师资能力建设、实训场地建设、社会服务等方面取得了一系列成果，取得了很多宝贵的实践经验。

### 三、成果主要内容

**1. 探索形成校企合作的整体性、纲领性方案，建立校企合作运营的体制机制**

以产教融合校企合作育人为根本出发点，建立一整套项目运行方案，从招生就业、教学管理、质量管理、班级管理、资产管理等方面制定纲领性文件，规范指导项目建设和运营。

**2. 探索建立汽车后市场"学校—企业—经销商"合作机制，形成"三元育人"体系**

以捷豹路虎中国为桥梁，与捷豹路虎西南地区经销商紧密合作，包括与成都惠通陆华汽车销售服务有限公司、成都合力创汽车销售服务有限公司、成都运通博捷汽车销售服务有限公司、成都运通晟捷汽车销售服务有限公司、乐山南菱汽车销售服务有限公司、南充永达路捷汽车销售服务有限公司、重庆惠通路虎汽车销售服务有限公司等西南地区13家捷豹路虎经销商达成深入合作关系，从项目成立至2021年3月，有超过180名捷豹路虎班学生进入这些企业实习就业，从2017年以来，至2021年3月，成功培养了112名毕业生进入各个经销商，近3年就业率保持在100%，形成了良好的校企合作局面。

**3. 校企融合，构建定制班人才培养方案，形成能力递进的课程体系**

立足捷豹路虎全球视野，参考校企相关标准，设置专门的人才培养方案，注重学生职业素养和专业能力的培养。项目双方坚持合作共赢、责任共担的原则开展联合培养，学校和企业共同制定了"学校课程+企业课程"双线交织的课程体系；学校课程主要有"机械基础""电工与电子技术""汽车构造""钳工实训"等基础课程以及捷豹路虎技术课程。综合分析学生未来职业能力要求，结合学生现有基础，把捷豹路虎技术课程分为两个级别，其中一级课程共6个模块184学时，涵盖了捷豹路虎品牌文化、车主手册、PDI、保养等内容；二级课程共6个模块256学时，主要包括发动机、底盘、车辆电气、空调、诊断等高级内容。企业课程主要是保养强化训练、轮胎更换与动平衡、四轮定位、底盘修理、发动机机械修理、故障诊断等内容，并且制定了《实习任务书》。学生从"跨进来"到"走出去"，形成了贯穿职业生涯的学习体系。

**4. 聚焦教学改革，推动信息化教学，着力推广"P-PADS"教学理念**

借助捷豹路虎项目的有利条件，引领本专业教学改革。捷豹路虎赠送给学校39台iPad，提供了在线学习平台"卓越网"和汽车维修资料在线查询系统"TOPIx"，项目有效整合这些信息化条件，在课程教学中广泛使用信息化教学并进行经验推广，例如，在2017年四川省中职成都航院交通类信息化培训班上，作了题为"信息化课程教学实施的思路、方法与实践——以'捷豹路虎'项目为例"的信息化教学展示。引入捷豹路虎

"P-PADS"教学理念（模式），在课程教学中不断拓展该模式的使用范围，取得了良好的教学效果。在不同场合着力推广该模式，包括在2018年非洲英语国家汽车产业研修班&加纳班上，以捷豹路虎诊断策略为例展示了"P-PADS"教学。

**5. 关注学生综合素质养成，培养学生全面发展能力，形成富有特色的捷豹路虎成都卓越培训中心"企业化管理模式"**

以学生为中心，充分发挥学生的主观能动性，创新制定出捷豹路虎成都卓越培训中心管理规制，中心场地日常运营由学生负责，各司其职，权责清晰，奖惩分明，从而培养并提高了学生的综合素养。该模式曾作为优秀经验，在2019年捷豹路虎卓越培训项目教学研讨会上，以"校企合作中的学生管理——以捷豹路虎成都卓越培训项目为例"为题与国内众多兄弟院校分享，引起了积极反响。

**6. 依托项目平台，推进师资能力建设，形成卓越培训团队**

（1）捷豹路虎卓越培训团队在2021年有校内团队教师6人，其中机电方向4人，钣金方向2人。其中，硕士学历3人，高级技师3人，全部具有"双师"素质，先后有约50人次参加捷豹路虎提供的各类培训和研讨。

（2）师资团队在项目建设中，取得一系列成果。例如，参加四川省高职院校教师教学能力大赛，荣获省级二等奖；参加学校教师教学能力大赛获得二等奖；依托项目发表论文1篇，获得学校教研项目立项1项，教材建设立项1项；荣获捷豹路虎颁发的优秀教师奖1项。项目老师还获得学校其他奖励若干项。

**7. 建成了符合企业实际工作环境的高标准教学实训场地——捷豹路虎成都卓越培训中心**

培训中心布局完全按照捷豹路虎经销商标准打造，教学车辆、台架、工具设备配置一流，为人才培养培训打下坚实基础。目前培训中心有捷豹路虎赠送新款整车4台，动力总成9件，电气实训盒4套，专用诊断仪2套，iPad平板电脑39台，资产原值超过400万。在捷豹路虎全国年会上曾获得捷豹路虎颁发的"最佳工具设备奖"，连续两次获得"最佳运营奖"，2019年年审综合排名位列全国第一名。

**8. 社会服务能力进一步增强，社会效益显著**

依托捷豹路虎项目平台，成功承接了若干个企业培训项目，多次承办成都市政府、龙泉驿区政府部门组织的汽车维修工、汽车装调工比赛，承办了维修工考证培训、二手车鉴定评估师考证培训、龙泉驿区失业人员再就业培训、政府技能提升培训，凉山州"就业精准扶贫"项目等，社会效益显著。

**9. 积极引领项目学生参与各类竞赛活动，成绩突出**

近3年指导学生参加竞赛获奖情况："捷豹路虎全国精英学徒大赛"三等奖2项；"四川省高职院校汽车维修技能大赛"三等奖1项；"全国高等职业院校'发明杯'大学生创

新创业大赛"一等奖 3 项、二等奖 3 项、三等奖 3 项;"全国大学生机械创新设计大赛"三等奖 1 项。

## 四、成果主要解决的教学问题及解决教学问题的方法

### (一)成果主要解决的教学问题

(1)解决了项目成立之初课程体系不完备、标准文件匮乏的问题。

(2)落实"三教改革",采用新的教学模式解决传统教学中的各种困难,解决教学资源不足问题。

(3)改善了学生课后学习积极性不高、实训基地建设参与度不足的问题。

(4)解决了师资团队不完善,教学能力、专业能力不足的问题。

(5)解决了培训场地不规范、车辆工具设备不足的问题。

### (二)成果解决教学问题的方法

#### 1. 抓住核心,统筹规划

(1)搭建平台,构建人才培养模式。通过搭建管理平台、物理平台和技术平台,构建了与学徒制教育相适应的"素质核心,能力本位,工学交替,双元实践"的现代学徒制人才培养模式,注重学生职业素养和专业能力的培养。学生从大二下学期进入定制班学习,通过大二下学期和大三上学期的在校学习,然后进入企业进行顶岗实习,到毕业进入企业工作。学生在校学习时既是学校学生,又是企业的学徒,对学生进行双重教育与双重管理。学生生产性实习劳动时间和劳动强度,均严格遵守劳动法规定执行;学生生产性实习报酬,按照实习协议约定,以货币形式及时、足额支付给学生。通过制度的形式,严格保障学徒权益,保证了学生的稳定性和积极性。

(2)建立体系,完善标准方案。立足捷豹路虎全球视野,参考校企相关标准,设置专门的人才培养方案,注重学生职业素养和专业能力的培养。项目双方坚持合作共赢、责任共担的原则开展联合培养,学校和企业共同制定了"学校课程+企业课程"双线交织的课程体系;学校课程主要有"机械基础""电工与电子技术""汽车构造""钳工实训"等基础课程以及捷豹路虎技术一级课程、捷豹路虎技术二级课程等相关课程,其中一级课程共 6 个模块 184 学时,涵盖了捷豹路虎品牌文化、车主手册、PDI、保养等内容;二级课程共 6 个模块 256 学时,主要包括发动机、底盘、车辆电气、空调、诊断等高级内容。企业课程主要是保养强化训练、轮胎更换与动平衡、四轮定位、底盘修理、发动机机械修理、故障诊断等内容,并且制定了《实习任务书》。学生从"跨进来"到"走出去",形成了贯穿职业生涯的学习体系。

#### 2. 把握重心,聚焦教学

(1)理念引领,创新体制机制。实施先进的"始于接车、终于交车,技术载体项目贯穿"式行动导向教学,校企双方依据岗位工作任务及流程,引进国家和行业职业标准,

共同开发现代学徒制教学资源，共同开发课程、选用教材，共同设计、分段实施教学，共同制定和实施考核评价标准，共同开展教学研究等，实现校企双主体育人。校企共同开发实践教学项目，推进优质教学资源的共建共享，构建实践教学体系。通过校企双方努力，目前已形成了一系列教学资源。

（2）借鉴先进，变革教学方法。教师、教材、教法三位一体，统筹推进，探索定制班教学新模式。变革传统教学方法，探索并应用全新的"P-PADS"教学模式，让学生"学中做，做中学"，提高学习效果。该"P-PADS"教学模式以适应成人教学为特点，老师课上进行引导、组织和激发，学生自主进行活动探索，让学生迸发课堂活力，充分发挥学生的主观能动性，极大提升教学效果。

（3）顺势而为，改进教学手段。利用捷豹路虎提供的人手一台的 iPad、电子书及数字化资源网站账号，开展先进的信息化教学。同时通过大量的"微任务""微操作""微竞赛""微话题"及微信、QQ 交流群、云之家等方法手段，提高学生学习兴趣，提高教学效率。

（4）双管齐下，改进教学管理。合作双方坚持学校教师和企业师傅双导师教学，在学校教学期间，以教师为主、师傅为辅；企业教学期间，以师傅为主、教师为辅。对于部分课程，也聘请师傅走进学校对学徒进行理实一体化授课，考虑到企业师傅工作实际情况，企业师傅可以按周学时正常授课，也可以是整周专周授课，教学组织方式灵活多样；同样，当学生进入企业学习的时候，企业师傅可以现场指导、言传身教，因此以企业师傅为主，而学校老师则不定期走访关怀学生，授课为辅。

（5）全面考核，丰富教学评价。学校与合作企业共同建立教学运行与质量监控体系，共同加强过程管理；建立校企"双标准"考核评价体系，形成多元教学组织管理与评价。在校内，学校会定期组织学员参加阶段测评，期中有学生座谈会，期末也会进行考核。而企业同时也会通过"卓越网"网络平台对学员进行测评，测评满分 100 分，80 分合格，学生有两次答题机会，如果不合格则进行重修。学生毕业时，企业会组织二级技师测评，测评学生理论知识水平和五项核心实操技能。此外，企业还会进行网上问卷调查，收集学生对教学的建议和意见。

**3. 独具匠心，改进运营**

持续关注项目运营情况，积极思考如何把能力培养与素质提升相结合，如何将专业学习与班级建设相整合，如何将专业老师与学生管理相融合，创设体现全新培养理念的企业化管理模式。

车间现场均按照企业标准进行打造配置，具备"标准化"工位、"7S"和看板。车间人员架构参考企业进行制定。学生既是车间的学员，也是车间的主人。车间日常运营由学生负责，各司其职，权责清晰，奖惩分明，从而培养和提高了学生的综合素养。

**4. 待以真心，合作共进**

（1）真诚合作，密切交流。校企合作项目成立之初即建立了由企业方和学校方共同组成的教学管理团队——JLR 卓越培训团队。校企双方有专人负责项目日常运营，有专人负责教学培训。校企双方团队成员间真诚合作，通力配合，形成月度例会制，进行常态化沟通交流，各项事务高效推进。

（2）相互学习，共同提高。卓越培训项目分为机电和钣金两个方向，对应有两个教学团队。团队成员都是由企业师傅和学校老师共同组成，并且企业和学校双方会定期互派，充分发挥各自的优势，为学生培养尽心尽力。针对学校老师，结合学院教师进修和培训相关制度，主要采取"走出去、请进来"，企业培训与挂职锻炼相结合的办法，加强师资队伍建设。各专业老师要在捷豹路虎培训和认证考试合格后，才能作为项目成员；同时通过企业挂职锻炼，增强老师的专业能力和经验。2017 年 3 月以来，项目老师先后参加了 25 余人次项目专业培训，授课老师均通过认证考试。

### 5. 不忘初心，携手共进

思想认识与行动付出是解决一切问题的法宝，而初心不改则是打开法宝的钥匙。团队要不计得失，乐于奉献，方能解决项目发展中存在的各种问题，方能全面发展。

## 五、成果创新点

（1）捷豹路虎校企合作项目以人才定制培养为基础，学校、捷豹路虎中国、捷豹路虎经销商三方人员"三方参与"，学校培训中心、捷豹路虎培训学院、捷豹路虎经销商"三方支持"，学校学习、经销商实习、就业见习"三段培养"，毕业证、1+X 证书、捷豹路虎认证证书"三证融合"，形成了富有特色的以"现代学徒制"为核心的产教融合"四个三"育人体系。

（2）将企业培训大纲与学校人才培养方案相融合，既考虑学生纵向职业长久发展，也关注学生横向能力素养全面培养，形成了校企融合的定制班人才培养方案。

（3）不断探索和践行"三教"改革，探索和实践信息化教学在实际教学过程中的应用，搭建了以 iPad、手机、摄像头为硬件平台，雨课堂、云之家为软件平台的信息化教学环境，部分课程已经开始实施信息化教学；实施教材与教学法改革，探索活页式教材、电子教材在教学中的应用，形成了若干活页式教材与工作页；基于企业互动式、沉浸式学习体验模式，采用"P-PADS"教学模式进行教学；建立了定期校企间交流机制，在教学研讨、师资培养工作上持续推进。

（4）坚持"三全育人"，在学生进入捷豹路虎班的全周期里，项目组全员参与，全面培养学生。尤其注重班级文化建设，建立了富有特色的班级管理章程，把班级文化建设融入培训中心日常管理，形成了类似企业的培训中心管理文化。

（5）通过项目建设运营，形成了一套完整的校企合作项目运营管理方案。以系统思维全面梳理项目现状，提取核心要素，建立合理可行的项目运营架构，保障项目持续高效运营。

## 六、成果推广及应用

项目经过 3 年多的发展积淀，在校企合作产教融合的育人改革与实践方面取得了众多发展成果。

（1）学生专业学习成效显著，综合能力进一步提高。通过"三教改革"与"三全育人"的全面实践，学生参加捷豹路虎全球二级技师等级认证测评成绩不断提高，二级通过率屡创新高。

（2）人才培养效果逐渐显现，历届定制班学生就业率接近 100%，多名毕业生已成长为企业骨干，其中不乏通过捷豹路虎全球四级技师认证的唐帅、陈彪、杨寒、梁涛等同学。梁涛、陈彪、杨寒等人还分别成为技术主管、内训师、班组长。

（3）师资能力进一步增强，教学团队不断完善。所有授课老师均通过企业认证。打造出一支业务能力强、能打胜仗、专兼结合的精英教学团队。项目组刘宇老师获得 2019 年捷豹路虎卓越培训项目"优秀教师"称号。项目组刘巧燕、刘斌良、刘宇老师依托项目课程"JLR 空调系统"，参加 2019 年四川省高职院校教师教学能力大赛，荣获省级二等奖。项目组依托项目课程"JLR 底盘系统"，参加 2020 年学校教师教学能力大赛，获得二等奖。项目组刘宇老师获得成都航院 2016—2018 年度"优秀教师"，刘纪老师荣获 2020 年"驿都工匠"称号。

（4）项目科学运营管理能力进一步提升，多次获得捷豹路虎中国颁发的奖励。其中，2018 年获得 JLR 年会管理奖之卓越运营奖；2019 年在捷豹路虎全国十所合作院校年度审核评比中，获得了总分第一的好成绩，再次荣获卓越运营奖。

（5）打造出场地规划合理、设施设备一流的硬件环境，为定制班人才培养和本专业学生教学提供了优质的条件。培训中心接待过包括外国参观团、省部级领导、军队武警系统领导在内的高级别参观团。

（6）社会服务能力进一步增强。承接了多项企业横向项目以及政府部门举办的比赛。其中比较有代表性的有与成都亦知科技合作开发车身维修课程（江铃福特）、培训一汽大众员工钣金技能等横向项目。承接捷豹路虎西南地区经销商 DMS 培训、成都市百万职工技能大赛、龙泉驿区汽车维修工大赛等。

（7）班级建设进一步增强，富有企业特色的班级文化不断彰显，班级综合竞争力进一步提高。

（以上数据截止到 2021 年 3 月）

# 高职教育高效课堂的研究与实践

**【获奖等级】**

校级二等奖

**【完成单位】**

成都航空职业技术学院

**【主持人简介】**

王洵,副教授,成都航空职业技术学院无人机产业学院课程思政与建设中心主任,主要研究方向为飞行技术、通用航空应急救援和高等职业教育研究。从教10余年来,主持国家级及省部级科研项目30余项,曾获得"国家级课程思政教学名师""四川省首届四有好老师""四川省高校优秀教师""四川省最美教师团队成员"等荣誉称号。在教育教学中始终坚持以"航空报国,追求卓越"的成航精神和辩证唯物主义思想指导教学工作,坚持行动导向教学理念,努力推进工学结合、校企融通实践与课程思政示范教学研究,获得国家、四川省、航空工业行指委各级各类奖励,并获省教学能力大赛一等奖两次,省教育教学成果一等奖、二等奖等荣誉。被四川省教科院聘为教师教学能力大赛指导专家,被四川省宜宾市、德阳市聘为通用航空发展专家咨询委员会委员。

**【团队成员】**

何先定,冯成龙,高庆,魏洪波

**【成果简介】**

研究成果基于我校国家级及省级高水平建设专业群无人机应用技术专业教学现状,研究在高职教育课堂教学改革实践中,立足产教融合、坚持立德树人、全面运用信息化手段支撑教学的方法,探索"1+X"职业技能标准进专业、进课程、进课堂与课程思政教育自然融入教学活动,打造高效课堂,全面提升人才培养质量的实施路径。

研究成果以专业核心课程"飞行原理"为载体,研究在以西南航空产教联盟为代表的校企合作平台之下,对接CCAR-61部飞行训练大纲与无人机驾驶职业技能等级标准,制定人才培养方案与课程标准、开展课程分析与学情分析、开发建立信息化平台(资源)

与评价系统的方法。

研究基于飞行员职业能力要求与学生认知规律开展了课程重构，以课程结构创新引领教学模式改革，聚焦学生能力培养，全面融入课程思政，对接行业企业岗位需求，引入真实工作案例开展教学设计，形成"地面理论+飞行实践（GL+FL）"的教学模式。

研究尝试在教学实施中，运用行动导向教学方法，凸显学生主体，科学选择载体，信息化教学自顶到底贯穿教学全过程，为教学反思与改进提供数据分析与反馈。通过"一个项目、一个主题""双线耦合""三环递进"的方式开展混合式教学活动，实现由单一知识传授向综合价值引领的转变。

# 《高职教育高效课堂的研究与实践》成果总结报告

## 一、成果背景

本教育教学成果是基于学生主体的高职高水平专业群高效课堂体系建设教育教学研究成果。国内外此类课程在教学中通常沿袭本科学科化知识体系，教材写什么教师讲什么，教师往往缺乏对行业企业的深度调研和对学生学情的分析，校企合作流于形式，职业技能标准与岗位能力需求与人才培养方案和课程标准等教学基本文件要求严重脱节，授课过程中重知识传递轻能力培养，教学手段单一，评价体系缺失或不完整，专业教育与思政教育"两张皮"现象突出，理论艰深晦涩，学生理解困难，学生厌学现象突出，学生学习效果与专业人才培养质量不尽如人意。

## 二、成果来源

作为研究载体，"飞行原理"课程内容对接中国民航 CCAR-61 部飞行训练大纲与 AOPA 无人机飞行执照训练，以及"X"—无人机驾驶职业技能等级标准，基于职业能力要求和学生认知规律完成了对课程体系的重构，综合运用信息化教学平台和虚拟仿真平台解决教学难点、支撑教学活动，将课程思政内容贯穿教学实施过程始终，实现了由纯理论课程向"地面理论+飞行实践（GL+FL）"的理实一体课程转变的模式改革与创新。

## 三、成果主要内容

成果通过确立课程素质目标、思政教育目标、知识目标和能力目标，将思政教育、航空文化教育、军政素养教育有机融入教学全过程。立足"三个敬畏"教育，帮思想、教技术、带作风。把握微小细节，传承航空人"三老四严"作风，培养学生的职业荣誉感与职业责任感，激发学生担当意识和爱国情怀，引领学生树立正确的人生观和价值观，完成从"普通学员"到"合格士官"的角色转变。

"飞行原理"课程作为双高专业群中 1+X 试点项目重要载体，在深度分析部队无人机综合保障士官岗位调研报告、行业标准、人才培养方案等规范性文件并融入 AOPA 无人机飞行执照、CCAR-61部飞行训练大纲、空军部队士官生培养规范等要求基础上,开展课程分析与设计,开发教学内容,制定实施方案。

项目基于有人机/无人机飞行员培养规律,以课程结构创新引领教学模式改革,聚焦"岗位要什么、学生学什么、教师如何教"三个核心问题,将"认识飞机—了解飞机—操纵飞机"作为课程设计与实施主线,将原有章节式纯理论教学内容分解并重构为理实一体的四大模块:飞机和大气的一般知识、空气动力学基础、无人机的一般飞行操纵、无人机的特殊飞行。将原有的纯理论讲授的传统模式转变为"地面理论+飞行实践（GL+FL）"的教学模式,灵活运用多种教学方法,科学选择载体,开展混合式教学活动。如图1所示。

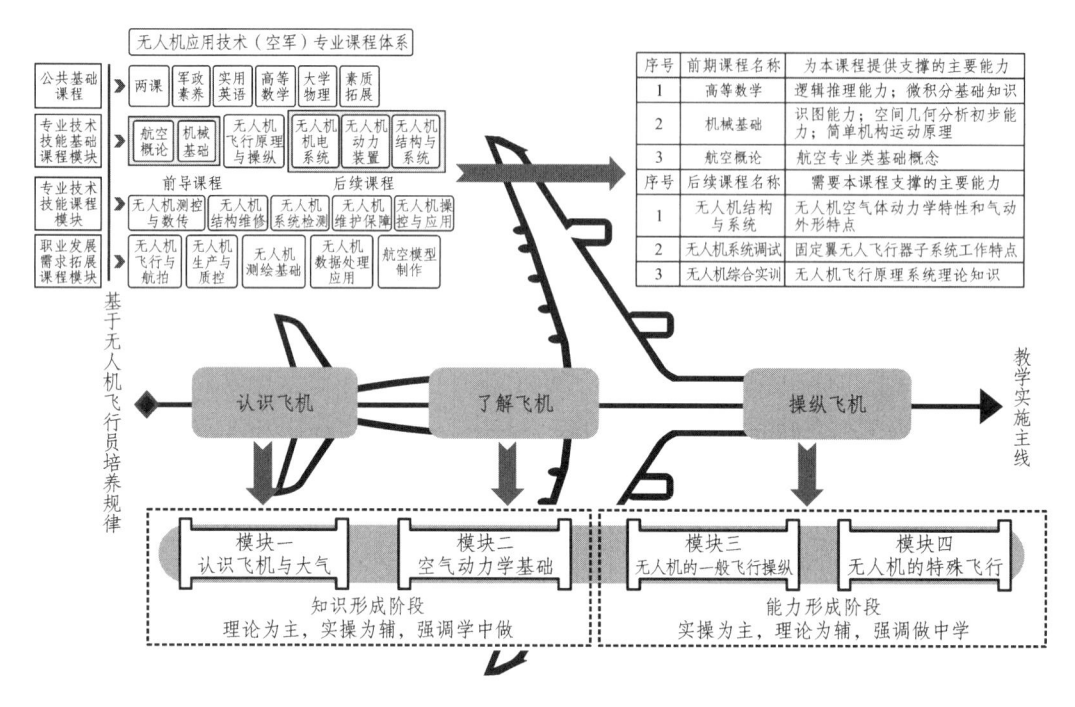

图1 项目设计与实施思路

教师采用"由具象到抽象、由事例讲事理、由现象讲原理、由原理得方法"的教学策略,把整体知识、能力、素养目标细化到每个学习单元,由教学目标和课程内容推出教学重点,由教学目标和学情分析得出教学难点,使用现有教学手段和方法难以解决的教学痛点催生了教学改革,如图2所示。

课题将载体课程由原有章节式纯理论教学内容分解并重构为理实一体的四大模块:飞机和大气的一般知识、空气动力学基础、无人机的一般飞行操纵、无人机的特殊飞行。并在专业课程授课中,自然融入思政资源,如"宣先烈事迹、看功勋飞机、讲英雄战例"等方法,增强学生的民族自豪感,激发学生的爱国热情和献身国防的伟大理想。

课题改革充分运用做中学、学中做、讲练结合等多种教学方法,完成教学重难点授课。

课题按照"能力在活动中递进提升、知识在应用中内化于心,课程思政、军政素养、航空安全教育贯穿教学过程始终"的理念开展研究。如图3所示。

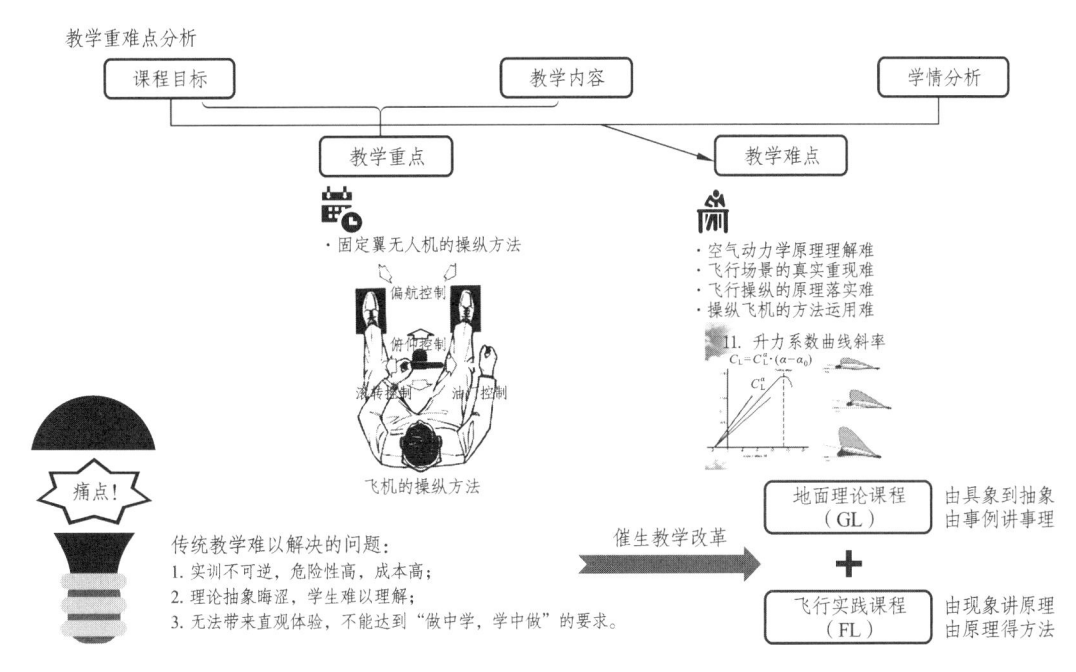

图 2　教学重难点分析

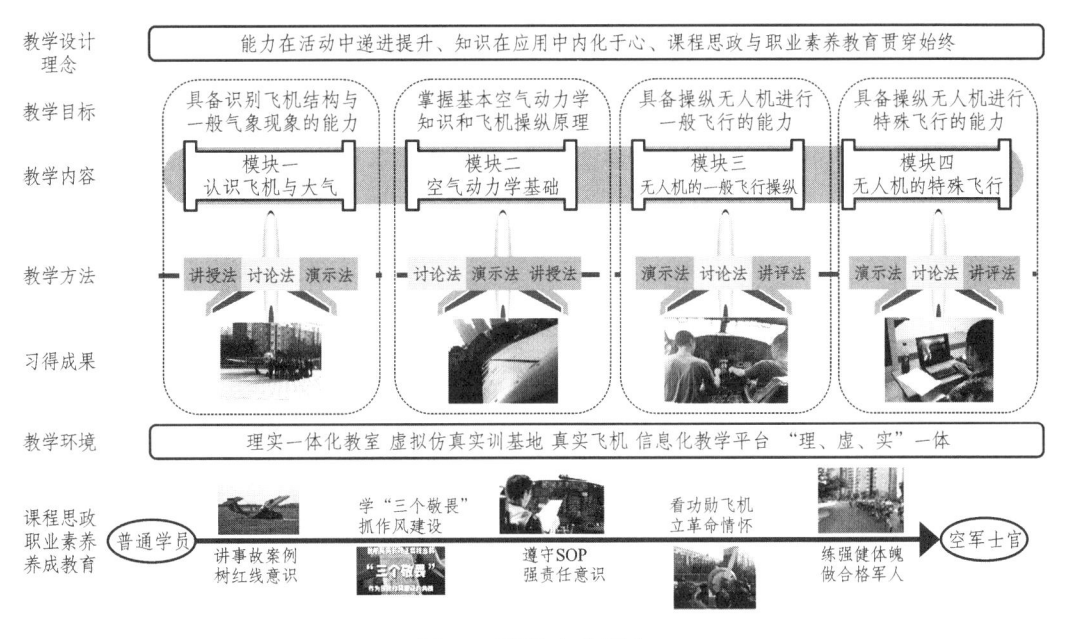

图 3　课题改革理念

在课程实施环节，全面运用虚拟仿真平台解决学生理解难、场景重现难、原理落实难、看不见、进不去、摸不着等教学难点问题。全面应用信息化教学平台，采集教学数据，分析教学活动，提供教学支撑，提升学习效果。如图 4 所示。

图 4　运用信息化平台和虚拟仿真平台解决教学难点，支撑教学活动

## 四、成果主要解决的教学问题及解决教学问题的方法

问题 1：双高专业群专业课程的教学目标、教学重难点及其解决方案如何确立？确立的原则是什么？解决途径是什么？

问题 2：基于工作过程的教学组织形式如何开展，基于行动导向的教学方法在高职高效课程实施中如何应用？

问题 3：长期困扰航空相关专业纯理论课程教学的理论难理解、教师难讲、学生厌学的难题如何破解？

问题 4：采用怎样的教学实施策略充实教学资源、构建评价体系以构建高效课堂？

问题 5："信息化+课程思政"如何自顶向下，贯穿和支撑高效课堂教学活动全过程？

以本课程中"无人机的一般飞行操纵"模块为例，教师依照知识递进与能力递增的关系，将本模块教学内容划分为低、中、高阶三个任务，每个任务下分设若干子任务，共计 16 学时，其中总结讲评为 2 学时，其余均为 1 学时，如图 5 所示。

在课程实施流程设计中，将飞行训练阶段与教学实施对应，基于飞行训练（工作）过程，开展课堂教学活动，使学生获得沉浸式情景体验，提升教学效果。如图 6 所示。

每个子任务选取一项典型工作任务，教学活动围绕典型工作任务（如图 7 所示）展开，课程思政教育以专题教育、典型案例与事故等形式与专业知识教育有机结合，同步并行展开。如图 8 所示。

教学活动分为"课前—课中—课后"三阶段，按照不同教学内容及重难点，分别设计课程思政和专业知识教学内容，匹配不同教学策略，灵活选取教学方法，开展课程实施。

课前——通过"三归位"活动强化学生作风养成。如图 9 所示。

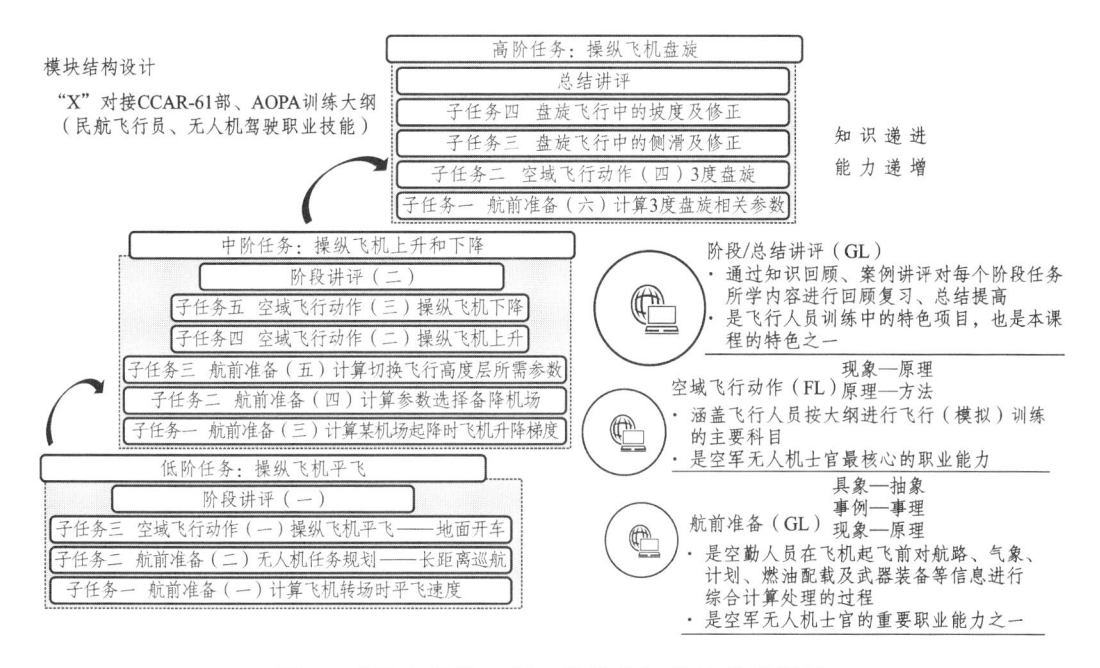

图 5 "无人机的一般飞行操纵"模块教学设计

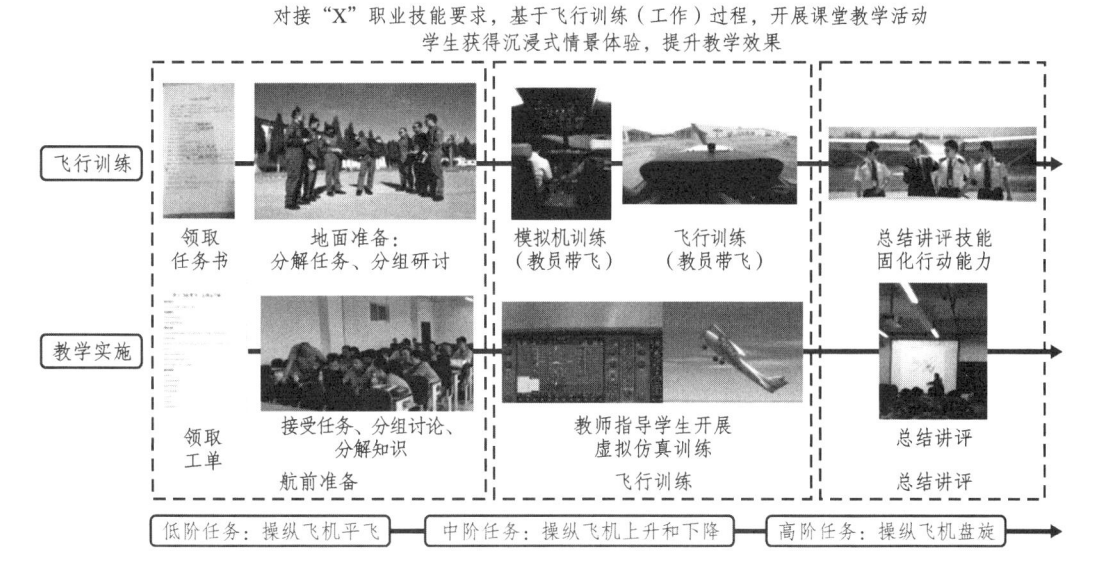

图 6 教学实施流程

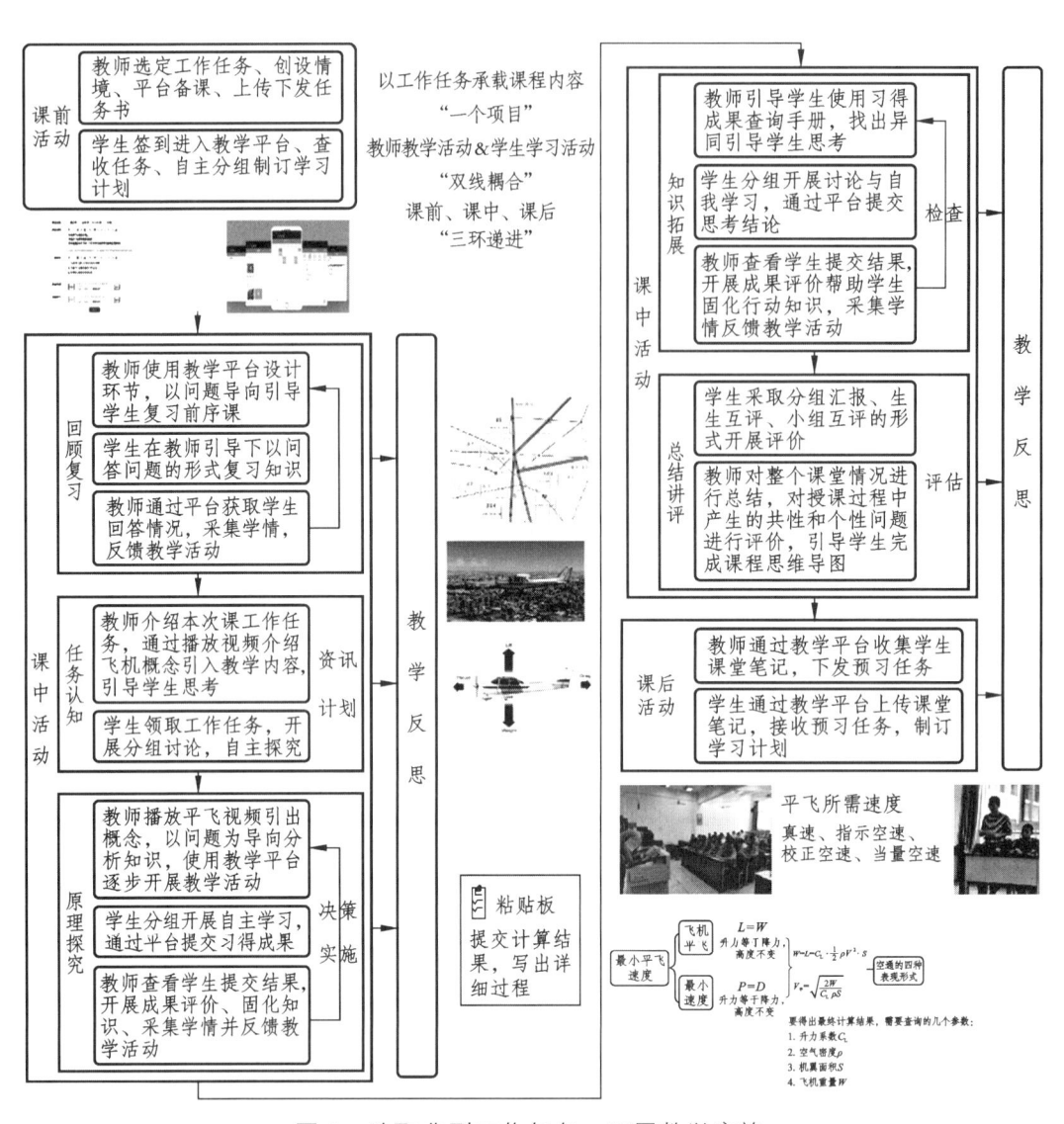

图 7　选取典型工作任务，开展教学实施

图 8　军事装备发展史专题教育

课前三归位

三个敬畏
敬畏生命 敬畏规章 敬畏职责

人员归位　手机归位　状态归位

军政素质硬　管训能力强　专业技术优

图 9　课前"三归位",强化作风养成

课中——结合工作过程,详细讲解 SOP 标准操作程序,通过情景模拟提升学生学习效果,帮助学生树立航空人的职业荣誉感与责任感,激发学生学习积极性和爱国爱军的革命情怀,讲经典事故,剖析事故背后的人为因素,使学生树立红线意识、责任意识。如图 10 所示。

一摸　二查　三放　四看

图 10　课中讲 SOP,树责任意识、立革命情怀

课后——综合分析案例,完成思维导图及课后任务,完成教学评价量表,强化知识认知、能力形成,强化"三个敬畏",激发学生争做"四有军人"热情。如图 11 所示。

在具体实施中,教师运用宏观教学法(项目教学法、引导文教学法、任务设计法)和微观教学法(粘贴板法、头脑风暴法、讲授法、演示法、思维导图法等)开展课程思政与专业知识教学。如图 12 所示。

教师采用"由具象到抽象、由事例讲事理、由现象讲原理、由原理得方法"的教学策略,将载体课程组织形式重构为 GL(地面理论课程)和 FL(飞行训练课程),以任务为牵引,把整体知识、能力、素养目标细化到每个学习单元,并将课程思政、军政素养、航空文化教育贯穿到教学活动全过程中。如图 13 所示。

教师通过做中学、学中做、讲练结合等多种教学方法相结合完成教学重点授课,运用虚拟仿真平台解决学生理解难、场景重现难、原理落实难、看不见、进不去、摸不着等教学难点问题,全面应用信息化教学平台,采集教学数据、分析教学活动、提供教学支撑,充分发挥地面理论与飞行训练课程的特点,激活学生主体作用,引导学生手、脑、心并用,解决工作任务形成习得成果,达成学习目标,全面提升学习效果。

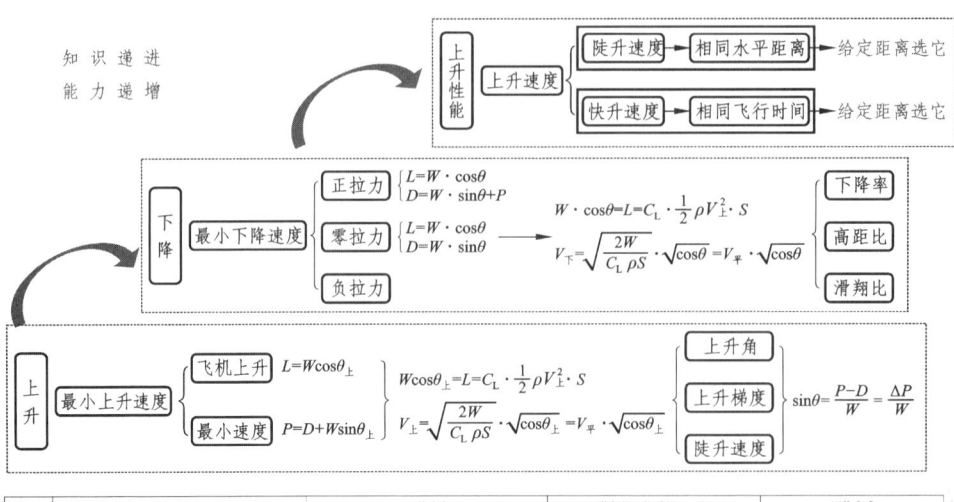

中阶任务：操纵飞机上升和下降（理论环节）

知识递进
能力递增

上升性能 — 上升速度
- 陡升速度 — 相同水平距离 — 给定距离选它
- 快升速度 — 相同飞行时间 — 给定距离选它

下降 — 最小下降速度
- 正拉力: $L=W\cdot\cos\theta$, $D=W\cdot\sin\theta+P$
- 零拉力: $L=W\cdot\cos\theta$, $D=W\cdot\sin\theta$
- 负拉力

$W\cdot\cos\theta=L=C_L\cdot\dfrac{1}{2}\rho V_{\text{下}}^2\cdot S$

$V_{\text{下}}=\sqrt{\dfrac{2W}{C_L\rho S}}\cdot\sqrt{\cos\theta}=V_{\text{平}}\cdot\sqrt{\cos\theta}$

- 下降率
- 高距比
- 滑翔比

上升 — 最小上升速度
- 飞机上升: $L=W\cos\theta_{\text{上}}$
- 最小速度: $P=D+W\sin\theta_{\text{上}}$

$W\cos\theta_{\text{上}}=L=C_L\cdot\dfrac{1}{2}\rho V_{\text{上}}^2\cdot S$

$V_{\text{上}}=\sqrt{\dfrac{2W}{C_L\rho S}}\cdot\sqrt{\cos\theta_{\text{上}}}=V_{\text{平}}\cdot\sqrt{\cos\theta_{\text{上}}}$

- 上升角
- 上升梯度
- 陡升速度

$\sin\theta=\dfrac{P-D}{W}=\dfrac{\Delta P}{W}$

| 工件任务 | 评价维度 | | 评价内容 | 评价标尺（格子打"√"） | | | | | 评价方式 | |
|---|---|---|---|---|---|---|---|---|---|---|
| | 一级维度及权重 | 二级维度 | | 5★ | 4★ | 3★ | 2★ | 1★ | 主体 | 方法手段 |
| 航前准备（一）计算飞机转场时的平飞速度 | 专业知识（35%） | 1.温故知新（5%） | | | | | | | 自评+教师 | 信息化平台答题汇总 |
| | | 2.平飞时作用力的平衡（10%） | | | | | | | 自评+互评 | 信息化平台"一句话问答" |
| | | 3.平飞计算公式（10%） | | | | | | | 自评+互评 | 信息化平台"一句话问答" |
| | | 4.不同空速的概念和应用（10%） | | | | | | | 自评+教师 | 信息化平台短板检测 |
| | 技能水平（50%） | 5.分析平飞作用力的能力（10%） | | | | | | | 自评+互评+教师 | 信息化平台短板检测工具 |
| | | 6.计算所需速度的能力（35%） | | | | | | | 自评+互评+教师 | 信息化平台课堂一句话问答、轻松检测工具 |
| | | 7.根据不同应用场使用不同空速的能力（5%） | | | | | | | 自评+互评+教师 | 信息化平台一句话问答、轻松检测工具 |
| | 素质要求（15%） | 8.纪律意识、责任意识、安全意识（5%） | | | | | | | 自评+教师 | 1.信息化平台数据查看 2.考勤、相关管理 |
| | | 9.信息技术能力（3%） | | | | | | | 自评+教师 | 查看信息化平台的学习资料 |
| | | 10.严守三个敬畏、严慎细实的工作作风（2%） | | | | | | | 自评+互评+教师 | 1.查看平台数据 2.相互管理 |
| | | 11.航空报国、追求卓越的情怀（5%） | | | | | | | 自评+互评+教师 | 信息化平台图片粘贴、评分、讨论 |

无人机应用技术（空军士官）人才培养方案

思想政治素养要求 | 管理素养要求 | 职业能力及素养要求 | 军事技能要求 | 军人素养要求

组织学生缅怀空军战斗英雄
树立学生爱国爱党爱军思想

日常授课培养军人姿态、气质
雷厉风行、令行禁止的组织纪律

讲功助飞机
扬时代正气
立强军雄心
树革命情怀

基础体能和体制达到规定标准
掌握无人机基本操纵技能
适应紧张艰苦的训练生活严酷的战场环境

爱祖国、爱人民、爱军队
不怕牺牲、勇敢担当的精神

有灵魂　有本事　有血性　有品德

军政素养教育贯穿"无人机飞行原理与操纵"课程实施全过程

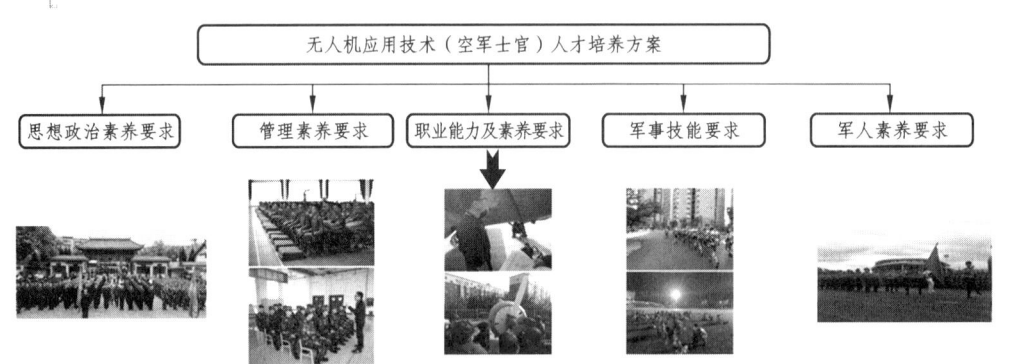

图11　课后完成作业，开展评价、强化认知、对标方案、激发热情

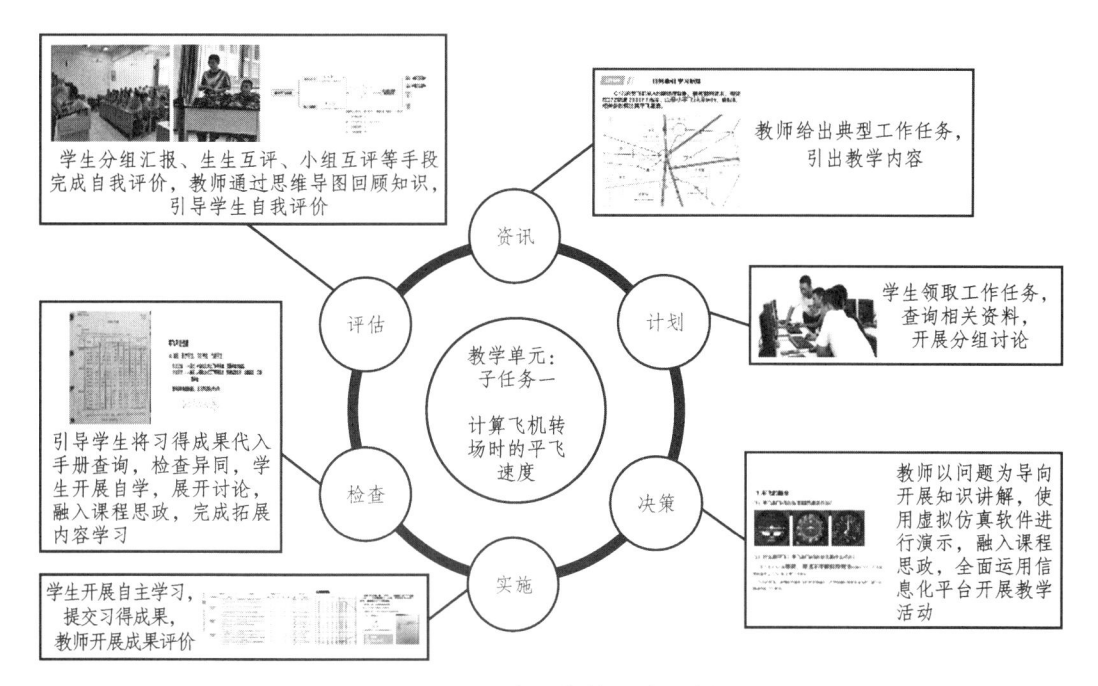

图 12　行动导向教学法示例

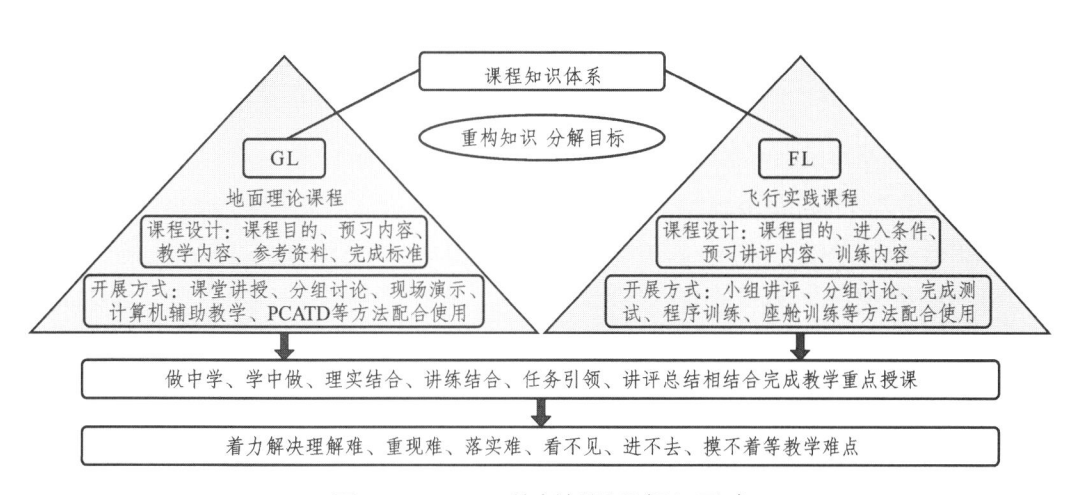

图 13　GL+FL 的创新课程组织形式

通过四个模块的学习，学生具备了中大型固定翼无人机操纵与保障的职业能力，具备了"敬畏生命、敬畏规章、敬畏职责"的航空人职业素养，具备了"严慎细实、听从指挥、吃苦耐劳"的空军士官军政素养。

## 五、成果创新点

**1. 产教深度融合，职业标准进专业、进课程、进课堂，打造对接职业技能标准的双高专业群专业课程评价体系**

成果基于西南航空产教联盟，对接 CCAR-61 部飞行训练大纲与 AOPA 无人机驾驶职业技能等级标准，制定人才培养方案与课程标准，开展课程分析与学情分析，开发建立信息化教学平台（资源）与评价系统的方法。

### 2. 课程结构创新引领教学模式改革，模式改革带来效果提升

将原有的纯学科化习题的纯理论课程改造成基于职业能力形成和学生认知规律的理实一体化模块化课程；将原有的以讲授法为主的单一教学模式改变为采取"地面理论+飞行实践（GL+FL）"的教学模式，灵活运用多种方法，科学选择载体，开展混合式教学活动。通过重构知识、分解目标，实现理实一体、讲练结合，有效破解教学痛点，提升教学效果。

### 3. 信息化教学平台、虚拟仿真平台贯穿支撑教学全过程

信息化自顶向下贯穿教学全过程，运用虚拟仿真平台解决学生理解难、场景重现难、原理落实难、看不见、进不去、摸不着等教学难点问题，全面应用信息化教学平台，采集教学数据、分析教学活动、提供教学支撑，充分发挥地面理论与飞行训练课程的特点，激活学生主体作用，引导学生手、脑、心并用，解决工作任务形成习得成果，达成学习目标，全面提升学习效果。

### 4. 课程思政内容系统设计、情境融入、分类实施，落实立德树人目标

课程系统完成了整体性思政教学主题设计，并精选数百案例，形成课程思政大纲与案例册，融入教学情境，形成教学亮点和学生兴奋点，按照不同的模块属性分类实施。

### 5. 大中小微四重循环教学法，提升学习效果，固化行动能力

课程基于职业能力形成规律，对接工作过程，将结构设置为课程—模块—任务—知识点四重循环，分别对应私照训练—科目训练—子科目训练—技能点训练四个阶段，在每个阶段内部设置若干教学环节，形成教学闭环，实现知识有序叠加，能力螺旋递进，素质贯穿始终。

## 六、成果推广及应用

### 1. 效果受认同，理念可推广

截至 2020 年 6 月，已有 60 余名毕业生进入空军各作战部队各工作岗位，快速形成工作能力，大大缩短在部队战斗力生成时间，授课模式受到部队好评，并将项目改革理念运用到部队内部培训中。

### 2. 信息化教学，学生实践能力强

运用信息化教学先发优势，共进行 70 余人次的网络教学；另有 6 名学生运用所学知识，使用各型无人机，参与视频采集、楼栋消杀、物资投送等工作。

### 3. 模式可借鉴，经验可辐射

在无人机应用技术专业进行课程改革的基础上，还将授课模式推广应用到飞行技术

专业相关课程及退役军人与空海军、武警部队能力再培训中,取得了不俗的成绩。

**4. 学生参与专业竞赛与项目研发**

与"双一流"高校同台竞技,获专业竞赛多项奖励,并参与教师主导科研项目"基于某国产算力平台的飞行训练器项目"解决"卡脖子"问题。

**5. 产生成果输出**

发表学术论文两篇,参加教学论坛交流经验获与会代表一致好评,以成果研究形式为内涵的新形态教材已立项并开始编写工作,与西南交通大学出版社达成了出版教材意向性协议。课程先后被评为校级、省级、国家级课程思政示范课程。

# 基于市场经济视域下的航空维修类专业群产教融合人才培养模式研究与实践

**【获奖等级】**

校级二等奖

**【完成单位】**

成都航空职业技术学院

中国国际航空公司

**【主持人简介】**

何龙，教授，全国首批职业教育创新团队（飞机机电设备维修专业）负责人，国家级课程思政示范课程"航空发动机原理与结构"主持人、课程思政教学名师、课程思政示范课程教学团队负责人，主持飞机机电设备维修专业国家资源库、四川省精品课"数控设备调试与维护"、四川省精品资源共享课"飞机结构与系统"，主编教材《数控机床调试与维护》《航空概论》，翻译中国劳动社会保障出版社引进教材《计算机数控加工基础》《汽车电子与电气系统》《汽车电气与供暖空调系统维修》等三本共计近15万字，是第46届世界技能大赛四川选拔赛优秀指导教师，中华人民共和国第一届职业技能大赛四川省选拔赛暨第四届"四川工匠杯"职业技能大赛技术专家，获国家级教学成果奖二等奖1项，四川省教学成果奖一等奖1项、二等奖3项。

**【团队成员】**

马超，刘英俊，彭亚娜，王昌昊，杨超，葛剑

**【成果简介】**

2006年，航空机电设备维修专业作为首批国家示范重点建设专业立项，自此，本成果历经14年，将该专业发展壮大为航空维修类专业群，成为拥有国家级专业、国家级专业资源库、国家级职教团队等多个头衔的品牌专业，成为体现学校"服务航空、服务国防、服务区域经济"办学定位的核心专业，与中国航空工业集团、中国航发集团、中国

国际航空公司等行业龙头企业有着深厚的战略合作关系，开设有世赛班/航发班/国航班/士官班等订单班 100 多个，规模达 5000 余人，形成了基于市场经济视角下的航空维修类专业群产教融合人才培养模式。

# 《基于市场经济视域下的航空维修类专业群产教融合人才培养模式研究与实践》成果总结报告

## 一、成果背景

21 世纪市场经济条件下，航空维修产业快速发展，航空维修类人才需求量持续扩大，而人才培养的专业与岗位脱节、学历教育与职业证书不融通、毕业生对企业文化不了解不认同导致离职率高等问题，使得航空维修高素质技术技能人才短缺、企业人才培养成本不断增加。

## 二、成果来源

本成果主要依托国家级重点专业建设、民航局 CCAR-147 培训机构建设、国家级资源库建设、"双高计划" A 类高水平专业群建设、首批国家级职教团队建设、国家级职业教育改革课题等项目，以产教融合人才培养模式为核心，构建了航空维修类人才培养供应链，示范引领了航空类专业及其他院校的专业建设与发展。

## 三、成果主要内容

本成果主要内容包含三个方面。一是建立了市场经济视域下产教深度融合的航空维修类人才供应链。基于企业经济属性，立足产教深度融合，校企密切合作，联合开发专业人才培养方案，服务产业/企业战略发展，建立了以"产教融合、校企合作"为特点的航空维修高素质技术技能人才供应链，使企业最大限度节省了人才资源投入，最大限度创造市场经济价值。二是提出"成于人、敬于业、精于技"教育教学理念，实现了课证融合和企业文化传承的衔接贯通。以获取航空维修行业入门资格（经 CCAR-147 培训取得航空维修人员基础执照）为导向，在职业院校中首创校企合作的"2+1"人才培养模式，形成"成于人、敬于业、精于技"教育教学理念，建立了基于职业教育双证融通人才培养模式，实现了课证融合和企业文化传承的衔接贯通。三是实现了航空维修军用+民用/国企+民企两大板块三个方面的合作共赢。以现代学徒制试点为突破，示范引领了军航（军民融合直招士官—空军、海军、武警等）、民航（国航班、海航班、川航班等）、航空工业（成飞班、航发班等）等订单培养，更多适应了航空产业以"高质量、高安全、高素养"为特征的经济属性与社会职责，实现了航空维修军用+民用/国企+民企两大板块三个方面的合作共赢。

## 四、成果主要解决的教学问题及解决教学问题的方法

### （一）解决的教学问题

为了适应航空产业以"高质量、高安全、高素养"为特征的经济属性与社会职责，本成果主要解决了以下教学问题。

（1）专业与岗位脱节的问题。

（2）课程内容与职业标准错位的问题。

（3）教学过程与生产过程不符的问题。

（4）学历教育与职业资格证书不融通的问题。

（5）毕业生对企业文化不了解、不认同，导致离职率增加的问题。

（6）毕业生对岗位作风素养不熟悉，导致前期工作不适应，岗位频繁调整的问题。

### （二）解决教学问题的方法

**1. 立足产业、校企联合——解决了专业与岗位脱节、课程内容与职业标准错位等突出问题**

校企联合开发专业人才培养方案，学校立足西南航空产教集团，联合航空企业专家组建专业群教学指导委员会，聘请资深专家担任专业群与专业校外带头人，依据国家专业教学标准，校企共同制定专业人才培养方案、制（修）订课程标准、开发育训融合资源、编写校企合作特色教材等。

**2. 对接行业、课证融通——解决了教学过程与生产过程不符、学历教育与职业资格证书不融通等教学难题**

围绕专业高素质技术技能人才培养工作核心，校企联合开发教学资源、特色教材，形成专兼结合的师资团队。对照民用航空维修人员基础执照，制定课证融通课程标准，实现校企合作"2+1"人才模式的订单培养。

**3. 联合党建、引领人才——解决了学生对企业文化不认同、行业作风素养偏低等导致岗位调整频繁、离职率高、企业用工成本增加等教育问题**

以联合共建党支部为引领，着力开展"思政课程+课程思政"改革，全面落实"立德树人、航空报国"育人任务；创新开展班级"双导师、双辅导"教育工作，打造学生"痕迹管理"平台，实现了"成于人、敬于业、精于技"教育教学理念；以校企合作"2+1"人才培养模式为基础，持续开展航空维修技术系列讲座和企业文化宣讲活动，传承了机务良好作风，提升了学生服务航空、献身航空的意志。以机务作风、企业文化、岗位素养为导向，开展航空维修技术系列论坛，实现文化传播、作风传承、素养传递的良好育人氛围。以理实一体、虚实结合为目标，校企合作共建校内外实训基地，学生深入企业认知岗位情况、熟悉岗位工作、掌握岗位能力，提前适应企业工作，达到企业岗位要求。

通过以上教学问题的解决，本成果构建了航空维修类专业群人才培养供应链，培养

了具有"航空报国、追求卓越"精神的高素质技术技能人才，节省了航空维修类人才培养培训成本，实现了企业与院校共生共长与利益最大化，为开展"1+X"证书制度做了前期探索。

## 五、成果创新点

### （一）创新了市场经济视域下航空维修类专业群产教融合的人才培养模式

本成果从市场经济视域出发探索专业群产教融合的人才为培养模式，始终坚持"产教融合、校企合作"的职业教育改革方向，提出了校企协同育人的职业教育理念，创新了行业、企业在专业人才培养中的主导作用，探索了"1+X"证书在航空维修类专业的应用。

### （二）创新了"双证融通、课证融合"的高素质技术技能人才培养目标

本成果以"双证融通、课证融合"的高素质技术技能人才培养目标，将学历教育与行业入门资格证书融入人才培养的全过程，使学生在掌握专业公共基础知识和专业基础知识的前提下，获得职业/岗位能力，顺利通过民用航空基础执照考试，毕业即具备进入行业资格，缩短了企业员工培养培训周期，使企业人力资源投入最小化、收益最大化，为校企长期合作打下了坚实基础。

### （三）创新了专业产教深度融合、校企密切合作的教学体系

本成果以培养应用技术人才为导向，创新了专业产教深度融合、校企密切合作的教学体系，形成了纵向贯通、横向融通的职业教育教学体系，校企合作开发资源更加丰富，校企专兼职教师队伍发挥了重要作用，更多体现了职业教育类型特征。

### （四）创新形成了专业群建设整体解决方案

本成果以现代学徒制试点为突破点，结合校企合作"2+1"人才培养模式，进一步优化专业内涵，形成专业群建设整体解决方案，其成果示范引领其他专业及其他院校，带动其他专业/院校快速发展，成为西南地区航空维修类专业教育培训样本。

### （五）创新建设了支持专业群发展的航空公共技能平台和专业技能平台

本成果以网络化/数字化改革为重点，大力推进虚拟仿真/虚实结合的资源建设、实训基地建设，着力打造支持专业群发展的航空公共技能平台和专业技能平台，建立教师发展中心与技能培训中心相结合的校企合作双中心，实现教育、培训、竞赛、取证等一体化建设。

## 六、成果推广及应用

### （一）校内推广应用情况

自 2006 年开展产教融合人才培养模式探索以来，在学校航空类专业中全面推行该模

式,已培养毕业生 2000 余人,其中优秀学生 200 余人,毕业生适应岗位、服务岗位、快速发展的能力大幅提升,得到西南地区乃至全国航空公司的一致好评。该模式经过总结凝练推广到飞行器制造技术专业—成飞班、复合材料工程技术—成飞班、航空发动机装试技术—航发班等航空工业班级,适时推广到空海军及武警部队的专业士官班,延伸推广到其他非航空类专业中,大幅提高了学校专业办学能力和就业率。

### (二)校外推广应用情况

通过研究、总结、实践,成果得到国内外航空职业院校的一致认同,得到部分航空职业院校的效仿,甚至有部分本科院校(如南昌航空大学、郑州航空工业管理学院等)学习借鉴。校企合作"2+1"人才培养模式在扬州工业职业技术学院、北京电子信息职业技术学院等 10 余所院校推广,为民航探索"1+X"制度落地做了前期探索,为全面实现航空维修"双证融通"积累了宝贵经验,得到民航局高度肯定。

### (三)社会推广应用情况

以校企深度合作为牵引,组建校企联合专业指导委员会,成立西南航空产教联盟,聘请行业技术技能专家担任校外专业群/专业带头人,得到西南地区乃至全国媒体的关注。以校企合作为基础,校企共同申报 CCAR-66R2 版民用航空基础执照,在国航、川航的战略合作背景下,独立按照 CCAR-66R3 获批首批培训试点机构,社会影响力与知名度逐步提高。

### (四)预期推广应用前景

基于市场经济视域下的航空维修类专业群产教融合人才培养模式已基本成熟,其在产教融合、校企合作、市场经济等方面的独特做法,将会为航空维修领域探索"1+X"证书制度提供数据支撑,有利于实现德国"双元制"教育的本土化,能够在其他专业、其他院校推广中具有巨大的优势,是服务职业教育改革方向的有效举措,能够进一步促进职业教育向类型教育发展,有着强大的生命力与影响力。

# 立足需求，服务区域，高职应用型航空物流人才培养体系的探索与实践

【获奖等级】

校级二等奖

【完成单位】

成都航空职业技术学院

【主持人简介】

王玫，副教授，2022年主持四川省"课程思政"示范课程，5年内主持市厅级课题3项，主编公开出版教材3本，荣获实用新型专利1项。2013年获学校"优秀青年教师"称号。2018年荣获第八届"发明杯"全国高职高专创新创业大赛"优秀指导教师"称号。2020年获学校"优秀教师"称号。

【团队成员】

付涛，李超杰，曾海珠，陈丽英，马文洁

【成果简介】

2019年1月，成都航空职业技术学院成功申报"航空物流"专业，功能定位"服务航空、服务区域经济"，主要取得了以下5项成果。

（1）打造特色专业，构建"企校双制，工学一体"的育训结合人才培养新模式。

（2）实施"1+X"证书制度，提高物流人才培养质量。

（3）循航空物流产业链设置职业岗位群，完成课程体系设计，形成专业岗位群工作分析表。

（4）导入企业级优质资源，搭建合作平台，进行课程教学资源建设。

（5）建立符合人才培养目标定位的科学质量评价体系，推行综合素质培养改革。

# 《立足需求,服务区域,高职应用型航空物流人才培养体系的探索与实践》成果总结报告

## 一、成果背景

民航业是我国经济社会发展的重要战略产业,也是衡量区域竞争力和开放水平的重要标志。中华人民共和国成立以来,我国民航业取得了长足进展,行业规模不断扩大,服务能力逐步提升,安全水平显著提高,在航空运输、通用航空、机队规模、航线布局、法规建设以及运输保障等方面实现了持续快速发展,为我国改革开放和社会主义现代化建设作出了突出贡献。

民航业作为融合运输、仓储、配送、货代、流通、金融和信息服务等行业的复合型交通运输服务产业,吸纳就业人员多,2020年年底从业人数超过190万。民航人才一直被视为国民经济发展的紧缺人才之一。我国已初步建立从中职到高职、本科、硕士、博士的民航学科和人才培养体系。根据民航行业特性和人才培养特点,现代民航职业教育体系已初步形成。

为促进四川省航空物流行业的升级和发展,为四川省航天业务及相关经济产业的发展起到支撑作用,与"一带一路"倡议相呼应,我们于2017年6月申请了四川省教育厅科研项目"技能型航空物流人才需求分析及职业技能培养模式研究——以四川省为例",成功立项,并于2018年11月结题,为四川民航运输企业尤其是航空物流方向提供复合技能型人才,为促进民航运输发展奠定了基础,并为当地及全国开设有航空物流相关专业的兄弟院校人才培养提供借鉴,加强推广,以此丰富航空物流行业的专业人才。

## 二、成果来源

本成果依托于2017年6月立项、2018年11月结题的四川省教育厅科研项目"技能型航空物流人才需求分析及职业技能培养模式研究——以四川省为例",以及我院与四川川航物流有限公司的"企业新型学徒制"校企合作项目,在此基础上进行了拓展和应用,有一定的推广价值。

## 三、成果主要内容

2019年1月,我校成功申报"航空物流"专业,功能定位"服务航空、服务区域经济",主要取得了以下5项成果。

### (一)打造特色专业,构建"企校双制,工学一体"的育训结合人才培养新模式

2019年我校与四川川航物流公司共同制定了"企业新型学徒制"实施方案及实施计划,采取由川航物流和成都航院"企校双制,工学一体"的培养模式,共建育训平台,

共享教育资源。2020年，我校专业教师为企业培训新员工约1000人次；同年9月，川航物流来我校校招，开启了川航物流第一次面向高职毕业生的校招，对深入推进产教融合校企合作，实施校企协同育人，提升人才培养质量，起到了极大的推动作用。

### （二）实施"1+X"证书制度，提高物流人才培养质量

2018年我校成功获批国家第一批物流管理"1+X"证书制度试点及考点院校，共有4位教师通过培训和考核取得中级培训师和考评员资格。2019年12月进行了面向本专业大三学生和部分已毕业学生的"1+X"职业技能等级认证考试，通过率为77%。此外，将"1+X"证书制度融入人才培养方案和课程标准，梳理相关的教学文件，确定书证融通课程，创新人才培养模式。

### （三）循航空物流产业链设置职业岗位群，完成课程体系设计，形成专业岗位群工作分析表

鉴于成都航院毕业生的专科性质，根据航空物流产业链企业需求，扩大就业面，将传统的"机场到机场"运输升级为高品质的"门到门"服务，将空港物流园区、跨境电商、快递、冷链企业的相关岗位纳入航空物流岗位群。

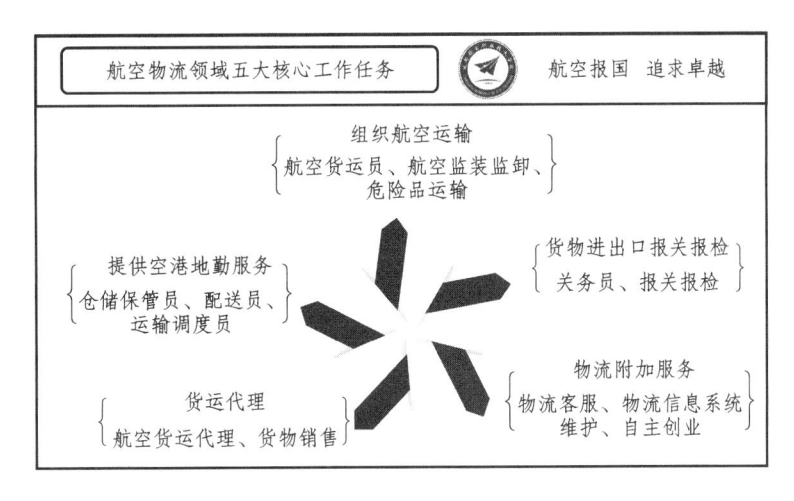

图1 航空物流领域五大核心工作任务

### （四）导入企业级优质资源，搭建合作平台，进行课程教学资源建设

校企协同做优做强"课程、师资、实训基地、社会服务与创新能力"四大关键要素资源，引进航空物流企业和跨境电商企业的资深专家，成立"航空物流专业顾问委员会"，实行"双导师"制，借助企业案例进行精品课建设和新型教材编写，资源建设标准与企业需求对标，打造共建、共享、共赢的产教融合创新生态。

表 1　2018—2020 年课程教学资源建设

| 2 门校级精品课 | "物流仓储与配送服务""物流客户服务" |
|---|---|
| 4 门网络资源共享课 | "物流仓储与配送服务""物流客户服务""航空货运代理实务""国际物流服务" |
| 2 门新型教材 | 《物流成本核算与控制》《国际贸易实务与操作》 |
| 1 门活页式、手册式教材 | 《物流作业方案设计与实施》 |

### （五）建立符合人才培养目标定位的科学质量评价体系，推行综合素质培养改革

综合运用学生评教、教师评学、同行评教以及社会评价来客观衡量课程教学质量，是学校教学质量管理的重要手段之一。

## 四、成果主要解决的教学问题及解决教学问题的方法

### （一）主要解决的教学问题

（1）如何打造物流行业特色专业，实现人才培养模式创新？

（2）如何提升学校对社会的服务能力，解决中西部区域航空物流人才缺少、服务能力薄弱的问题？

（3）如何搭建校企合作平台，进行教学资源建设？

（4）如何建立科学质量评价体系，推行综合素质培养改革？

（5）如何指导学生开展创新课题研究与职业技能竞赛活动？

### （二）解决教学问题的方法

#### 1. "规划引领，循链布局"，打造特色专业

目前，中国航空物流行业正在面临来自市场和政策的双重机遇。中国进出口贸易的快速增长以及电子商务的迅猛发展必将带来航空货运需求的快速增长。

2019 年，航空物流人才被列为我国 12 类紧缺人才之一，缺口达到 20 万。2020 年，全国有 28 所高职院校开设了航空物流专业，在校生总规模 2200 余人，四川省仅有 4 所，数量远达不到我国每年对航空物流专业人才的需求量。在专业设置环节解决两个问题：一是开设什么样的专业，即专业开设；二是开设专业的人才培养目标定位，即专业定位。专业必须适应区域经济产业结构。成都是我国西南乃至西部地区重要的交通枢纽，成都新机场的规划建设，将对建设天府新区、创建国家级内陆航空枢纽港、打造西部现代空港新城具有极其重要的带动作用。因此，根据学校的优质校建设方案和"十三五"规划方案，打造具有航空特色的航空物流专业建设，正是顺应和辅助学院航空运营专业集群发展的需要。

根据《民航局关于促进航空物流业发展的指导意见》规定，注重打破民航边界，从全方位、全物流链视角审视航空物流业发展方向。电商、快递、冷链等现代物流市场的高速发展，为航空物流业创造了可观增量，引起的航空货源结构性变化，对顺畅衔接的

物流一体化服务提出了要求。航空物流要努力化解环节多、主体多、流程复杂等影响效率的问题，将传统的"机场到机场"运输升级为高品质的"门到门"服务。根据航空物流产业链企业需求，将空港物流园区、跨境电商、快递、冷链企业的相关岗位纳入航空物流岗位群。

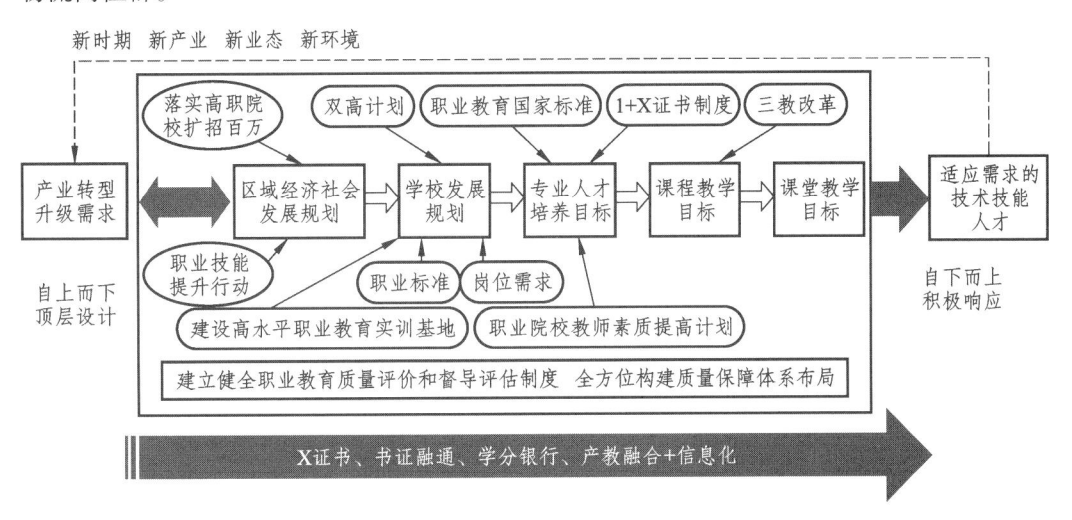

图 2 物流行业特色专业建设方案

## 2."企校双制，工学一体"，创新人才培养

川航物流公司于 2019 年和我校航空物流专业共同制订了"企业新型学徒制实施方案及实施计划"，签订了委托培训协议，共建"航空物流校企育训平台"，双方在平台上充分享受教育培训资源，包括课程、师资、实践条件等。采取由川航物流和成都航院"企校双制，工学一体"的培养模式，以"招工即招生、入企即入校、企校双师联合培养"为主要内容，探索建立"职工学徒+学生学徒+校企协议"的招生招工新机制，将学生培养教育与企业员工培训提升融为一体。

图 3 培训与校招

具体实施方案是"职工学徒"经企业招聘入职后第一年主要在企业进行基本知识学习和基本技能训练，第二年分别在企业进行专业综合知识和专业综合能力训练；"学生学徒"第一年在学校学习基础理论课程，第二年由学校和企业交替进行专业基础知识和专项技能训练，第三年则主要让学生真刀真枪从事企业工作。企业实施班组化管理模式，

通过师傅带徒弟，确保学生切实掌握岗位技能，同时让学生体验、模仿、尝试、感悟企业文化。这为航空物流专业培养满足企业需求的技术技能型人才提供了难能可贵的机会。

委托培训协议制订了 2020 年一年的培训计划，本专业 5 位教师对川航物流新员工培训约 1000 人次，校企共建育训课程资源，如"物流概论""物流规划与设计""冷链运输管理""供应链协同运营管理""物流信息技术"等共 10 门课。同时，川航物流接收我校航空物流专业同学现场参观和实习，并于同年 9 月来我校校招，开启了川航物流第一次面向专科毕业生的校招，对深入推进产教融合校企合作，实施校企协同育人，提升人才培养质量，起到了极大的推动作用。

### 3."明晰标准，产教融合"，优化课程资源

明晰要素资源的建设标准，与企业终端需求对标。企业数量与专业办学规模相适应，企业品牌与专业办学追求相匹配，有效支撑专业建设。探索以校企合作作为专业建设的逻辑起点，牵引专业建设要素资源建设，建立互利双赢校企合作长效机制，调动企业参与校企合作的积极性，优化资源配置，推进校企合作的深度与广度；引入一流合作企业的新标准、新工艺、新技术以及典型生产作业过程和实际工程问题，使课程内容与职业标准对接、教学过程与工作过程对接。

积极加入中国物流与采购联合会航空物流分会、成都市物流协会，密切联系川航物流、顺丰速运、京东物流、中航货站等合作企业，借助企业案例和资源，与企业共建信息化共享课程，编写新型活页式、手册式教材。目前已建成"物流客户服务"等 4 门网络资源信息化课程，正在进行"物流仓储与配送服务"等 2 门校级精品课建设及"国际贸易实务与操作"等 3 门课程新形态教材的编写。

### 4."以研促学，以赛促学"，指导学生竞赛

专业搭建了良好的创新平台，建立了学生创新培养机制，学生创新能力得到显著提高。推行导师制和项目制，指导学生参加物流职业技能大赛、"互联网+"双创比赛，"1+X"职业技能等级考试等，参与从方案设计到项目设计、项目准备、项目实施的全部过程。学生作品通过选拔参加各类竞赛，通过真实项目实践，学生学习应用大量知识，并付出艰辛的劳动，动手能力、职业素养和创新能力得到较大提高。

图 4　学生参与各类竞赛

## 五、成果创新点

### 1. 彰显航空特色,创新人培模式

截至2020年,四川省共有79所高职院校,开设物流类专业的有35所,占省高职院校总数的44%,其中开设航空物流专业的学校只有4所,少之又少,还有个别正在申报中。中西部地区对航空货运货代的人才需求足以支撑专业未来的发展,开设该专业有良好的就业前景。我们依托学校的航空特色,打造特色专业,并构建"企校双制,工学一体"的企业新型学徒制人才培养模式,共建"航空物流校企育训平台";开展"1+X"职业技能认证也正体现了三教改革、产教融通,强化育训并重,满足区域需求,推进人才培养模式的进行。

### 2. 改善建设方法,满足区域需求

专业建设过程中,对标一流企业的工作标准、质量体系,形成正相关,校企协同建设、良性互动,做优做强"课程、师资团队、实训基地、社会服务与创新能力"四大关键要素资源,解决专业建设的"内涵发展、特色发展、创新发展"三大发展主题,主动担当培养航空工匠、践行航空报国使命,努力将航空文化有机融入人才培养全过程,据以凝练出专业建设文化,体现专业建设的精神品位和价值追求,形成实践应用层面创新。

## 六、成果推广及应用

### 1. 专业对接产业效果突出

依托物流协会,借助龙泉区域优势,引入更多实习和就业企业,同时吸取京东、顺丰、川航、国航等一流合作企业的新标准、新工艺、新技术以及典型生产作业过程和实际工程问题,使课程内容与职业标准对接、教学过程与工作过程对接,缩短了学生的就业磨合时间;引入企业先进文化和竞争意识,使学生接受企业文化熏陶,认识到专业知识和技能水准的重要性,激发学生学习热情,培养学生专业素养。就业单位高度赞扬成航学生的综合素质,还为部分实习学生颁发了"免试卡",欢迎他们毕业后直接上岗。

学生的动手能力和创新能力也明显提高。创新创业及竞赛活动极大调动了航空物流专业师生的创新热情。近几年来,在全国高职高专"发明杯"大学生创新创业大赛中,共获奖10余项,在四川省"互联网+"创新创业项目中获铜奖1项。参与学生超过80%。

图5 学生积极参与竞赛项目

### 2. 双师队伍结构不断优化

本专业鼓励教师参加全国性物流研讨会议，了解更多航空物流发展动态，安排教师接受先进经验和理念的培训以及创造机会到企业进行实践锻炼，使教师专业知识更扎实，更清楚物流企业运作现状，了解企业对人才的需求，以便针对学生特点进行培养。

新专业创建以来，师资队伍建设取得了较大的成绩：1 名教师赴德国学习，5 名教师到机场货站、跨境电商、冷链企业等进行实践锻炼并通过学校考核，4 名教师参加"1+X"师资培训并取得中级培训师和考评员资格。目前本专业的"双师"素质教师占专业教师比例已高于 85%。

我们邀请企业专家参加"航空物流专业人才培养方案论证会"，新聘了 5 名兼职教师，包括川航物流培训部主管、成都双流机场货站配载室组长、汇通天下成都口岸经理、德邦四川事业部空运总调部经理等专家，他们都是来自航空物流产业链上的企业专家，有着非常丰富的从业经验，对专业体系的构建、课程的设置及就业岗位的细分等提供了宝贵的意见和建议，壮大了专业的兼职教师群。

### 3. 育训平台实现共建共享

近两年来我们开展"1+X"职业技能证书考核，为在校学生和其他社会人员提供职业鉴定及技能培训 100 人次；与川航物流公司合作"企业新型学徒制"项目，共建"校企育训平台"，培训川航物流新员工约 1000 人次；通过校企联合项目开发、团队申报、技术攻关等合作方式，老师们成功申报教育厅科研项目 4 项，为学校引进资金 20 余万元，授权实用新型专利 1 项，公开发表论文 10 余篇；2020 年，支持企业复工复产，获京东物流集团授旗。专业社会服务取得了良好的社会价值和经济效益，社会服务水平明显提高。

2020 年，我们与宜宾职业技术学院物流管理专业进行中高职衔接，通过示范授课等方式使学生受益；实训基地累计接待国内参观交流 10 余人次，为兄弟院校提供专业建设及实训基地建设借鉴经验。

### 4. 航空物流发展切实可行

四川省正在深入实施西部大开发战略，着力推动成渝地区双城经济圈及天府新区发展，推进成都国际航空枢纽建设，加快构建西部综合交通枢纽，促进与建设西部经济发展高地相适应的民航业发展，我们的创新与实践无疑为航空物流专业人才培养探索出了一条可行之路，为航空货运物流网络培养和储备人才。这些人才在推动货运航空公司与铁路、公路、水运和物流企业开展各种形式的合作，完善地面物流网络，促进航空货运企业由单一货运向多式联运转型的过程中，将大有可为、大有作为。

# 标准与竞赛协同驱动飞机维修精英人才培养模式的探索与实践

【获奖等级】

校级二等奖

【完成单位】

成都航空职业技术学院

【主持人简介】

何龙，教授，全国首批职业教育创新团队（飞机机电设备维修专业）负责人，国家级课程思政示范课程"航空发动机原理与结构"主持人、课程思政教学名师、课程思政示范课程教学团队负责人，主持飞机机电设备维修专业国家资源库、四川省精品课"数控设备调试与维护"、四川省精品资源共享课"飞机结构与系统"，主编教材《数控机床调试与维护》《航空概论》，翻译中国劳动社会保障出版社引进教材《计算机数控加工基础》《汽车电子与电气系统》《汽车电气与供暖空调系统维修》等三本共计近15万字，是第46届世界技能大赛四川选拔赛优秀指导教师，中华人民共和国第一届职业技能大赛四川省选拔赛暨第四届"四川工匠杯"职业技能大赛技术专家，获国家级教学成果奖二等奖1项，四川省教学成果奖一等奖1项、二等奖3项。

【团队成员】

王昌昊，石静，李睿，范敬文，李培书，陈菊兰，李茂炎，马超，黄频波

【成果简介】

成果围绕"标准与竞赛协同驱动飞机维修精英人才培养"展开深入探索与实践。针对当前飞机维修专业技能教学中存在的问题，如传统教学模式与世赛标准脱节、参赛学生培训受众面小等，依托三级世界技能大赛飞机维修项目集训基地，构建并实施了创新性的解决方案。

通过构建"四维五层六步"课程开发模型，将世赛飞机维修项目的考核标准和行业标准深度融入课程体系，不仅注重学生技能的提升，更强调职业素养和创新思维的培养。

该模型精细分类并整合了飞机维修技能的培养目标，形成了思想政治、职业技能、职业素质和心理体能四个评价维度，以适应未来产业升级对飞机维修从业者的更高要求。建立多层级的学习成果评价机制，涵盖单项技能、综合技能、技能综合创新和综合素质四个方面，达到全面、客观地评估学生的技能水平和综合素质的目的，确保精准选拔出具备实力和潜力的学生。

在教学模式上，打破了传统束缚，探索线上线下混合式的教学方法。通过现代信息化技术手段，建设多门符合世赛标准的在线课程，打破学生学习的空间局限性，夯实学生基础知识和技能的同时，更注重实践能力和创新精神的培养。

将竞赛机制引入日常教学，定期开展飞机维修技能竞赛。使学生能全面把握竞赛标准，感受竞赛氛围，明确学习目标，并锻炼团队合作意识。激发学生的学习热情，也为他们未来的职业发展奠定了坚实的基础。

# 《标准与竞赛协同驱动飞机维修精英人才培养模式的探索与实践》成果总结报告

## 一、成果背景

世界技能大赛被誉为"世界技能奥林匹克"，是迄今全球地位最高、规模最大、影响力最大的职业技能竞赛。世界技能大赛竞技水平代表了职业技能发展的世界先进水平，是世界技能组织成员展示和交流职业技能的重要平台。当前飞机维修专业技能教学领域大多还停留在传统的教学模式，实训课程与世赛学生的培养、训练的接轨度不高，普通学生与世赛学生在综合素质上差异大，专业文化、实践能力基础薄弱，因此本成果探索了一种新的精英人才培养模式，在教学中引入世界技能大赛对于飞机维修技能的高标准和层层递进的竞赛机制，让更多的学生受益于世赛的经验和成果，培养更多的专业高技能人才。

## 二、成果来源

为了实现世界技能大赛标准与竞赛协同驱动飞机维修精英人才培养，解决当前飞机维修专业技能教学领域的传统教学模式及其实训课程与世赛学生培养标准之间存在的联系不紧密、对参赛学生集中培训导致学生受众面小等问题，成果依托三级（国家级、省级、市级）世界技能大赛飞机维修项目集训基地建设，通过持续探索，构建独具特色的"四维五层六步"课程开发模型，形成赛教融合课程建设的立体化方法，制定多层级的人才选拔与评价机制，探索线上线下混合式的教学模式，精准对接世赛标准，确保学生能在逐步深入的学习过程中持续提升其专业技能和综合素质，培养出符合世界技能大赛标准的高素质飞机维修精英人才，为我国的航空事业贡献力量。

## 三、成果主要内容

成功构建了"四维五层六步"的课程开发模型，该模型创新地将世赛飞机维修项目考核标准和行业标准融入课程体系。通过六个步骤，精细分类并整合了飞机维修技能的培养目标，形成了思想政治、职业技能、职业素质和心理体能四个评价维度。此模型不仅注重技能的提升，更将职业素养和创新思维的培养贯穿于教学过程，以适应未来产业升级对飞机维修从业者的更高要求。

建立了多层级的学习成果评价机制，包括单项技能、综合技能、技能综合创新和综合素质四个方面的评价，以确保全面、客观地评估学生的技能水平和综合素质。

建设符合世赛标准的在线课程，通过线上线下混合式教学方法，充分利用现代信息技术手段，打破了学生学习的空间局限性。这种混合模式不仅夯实了学生的基础知识和技能，更注重实践能力和创新精神的培养。通过设计相关实操案例和任务，鼓励学生在实践中巩固和创新，以提升他们的技能水平和自主解决问题的能力。

以上探索和实践有助于提高飞机维修专业的教学质量，培养出更多适应未来产业发展需求的高素质技能人才，进一步推动飞机维修行业的持续发展。

## 四、成果主要解决的教学问题及解决教学问题的方法

### 1. 主要解决的教学问题

（1）飞机维修专业技能教学领域的传统教学模式及其实训课程与世赛学生培养标准之间存在的联系不紧密。

（2）参赛学生集中培训，学生受众面小。

### 2. 解决教学问题的方法

（1）构建"四维五层六步"的课程开发模型。

通过"分类—分层—分级—培养""目标融合—典型知识""技能群转换—序化课程目标"共六个步骤，将世赛飞机维修项目技术文件的 9 个模块中对学生的考核标准进行分类，结合飞机维修类专业国家标准，得出飞机维修技能人才培养目标的 4 个评价维度（思想政治、职业技能、职业素质、心理体能）。序化 4 个维度的各项特征，将其分解到技能人才成长的五个层次中（第一层单纯的技能或理论，第二层技能加理论，第三层能力加态度，第四层素质加自律，第五层境界加胸怀和格局），对每一个特征按照不同层次的要求进行分级（单项技能任务、综合技能任务、技能创新任务），从而转换出飞机维护、标准线路施工、复合材料修理、直升机维护、飞机钣金与铆接 5 门课程的课程知识、技能、素质群，最后得出课程内容和每个内容的难度等级，从而序化课程的教学目标。"四维五层六步"课程开发模型能够较好地将世赛飞机维修项目的考核标准和飞机维修的行业标准融入学生培养的课程体系与教学任务，同时也能够将职业素养和创新思维的培养融入课程教学的过程，使学生能够更好地适应未来产业升级对飞机维修从业者提出的更高要求。不同层级的工作任务可以应用于不同层次的学生的培养，更具普适性，受众面

更广，能更好地解决教育资源分布不公平的问题，让更多的学生将世赛标准融入行为规范，使高校为国家和社会培养更多更优的技能人才。

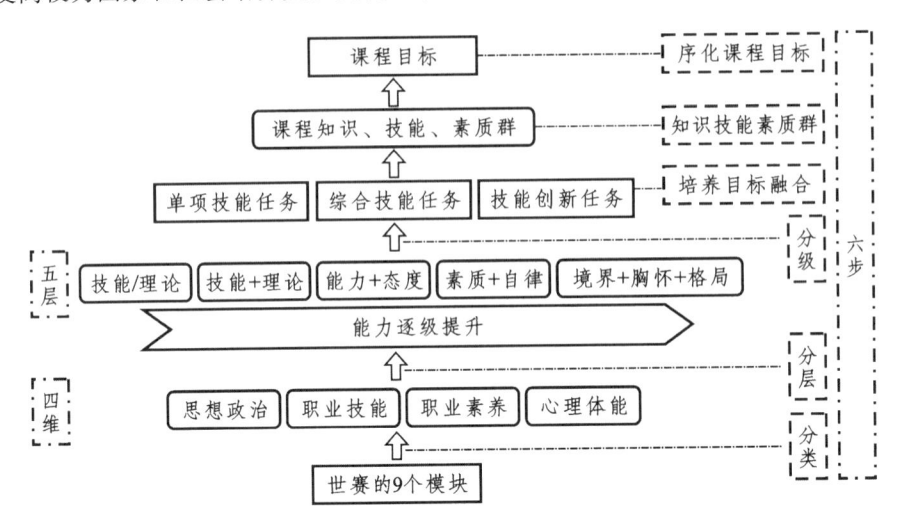

```
                              课程目标 ------- 序化课程目标
                                 ↑
                        课程知识、技能、素质群 ------- 知识技能素质群
                                 ↑
               单项技能任务 综合技能任务 技能创新任务 ------- 培养目标融合
                                 ↑                           分级  六
        五    技能/理论 技能+理论 能力+态度 素质+自律 境界+胸怀+格局      步
        层                                                    
                        ⇒    能力逐级提升    ⇒                 
                                 ↑                           分层
        四    思想政治 职业技能 职业素养 心理体能                  
        维                                                   分类
                              世赛的9个模块
```

（2）对接世赛标准和要求，制定多层级的学习成果评价机制。

制定多层级的人才选拔与评价机制，将评价层级细分为以下四个方面：单项技能评价、综合技能评价、技能综合创新评价以及综合素质评价。

① 单项技能评价。

这一层级主要关注学生在飞机维修领域内的某一具体技能点上的掌握程度。例如，可以设立发动机维修、起落架维修、电气系统维修等单项技能考核项目。评价标准包括技能操作的熟练度、准确性、效率等，通过量化评分和专家评审相结合的方式进行评估。

② 综合技能评价。

综合技能评价是对学生在多个单项技能上的综合运用能力的考核。在这一层级，学生需要完成一系列涉及多个技能点的综合任务。评价标准除了单项技能的评价标准，还包括任务完成的完整性、创新性、团队协作等方面。通过模拟实际工作场景，让学生在限定时间内完成任务，以检验其综合技能水平。

③ 技能综合创新评价。

在技能综合创新评价中，鼓励学生在掌握基本技能的基础上，进行技术创新和方法改进。

学生可以提出新的维修方案、改进工具设备或优化工作流程等。评价标准包括创新性、实用性、经济效益等方面。通过专家评审和实际应用效果评估，选拔出具有创新精神的优秀学生。

④ 综合素质评价。

综合素质评价是对学生在心理素质、团队协作能力、沟通能力等方面的全面评估。通过心理测试、团队活动、模拟沟通场景等方式，评估学生在压力下的应对能力、团队中的贡献以及与他人沟通的效果。这一层级的评价有助于选拔出既具备技能又具备良好综合素质的学生。

以上四个层级的评价相互关联、层层递进，共同构成了多层级的人才选拔与评价机制。通过这一机制，可以全面、客观地评估学生的技能水平和综合素质，为选拔出具备实力和潜力的学生参加世界技能大赛奠定坚实基础。

（3）探索线上线下混合式的教学模式。

探索线上线下混合式的教学模式，建设飞机金属结构修理、飞机电气线路标准施工、航空基本装配技能训练以及飞机维修手册查询等符合世赛标准的系列在线课程。这些课程将世赛的标准和要求融入课程内容，引入世赛裁判对学生实操训练的评价、模拟世赛实际场景并进行案例分析和实操演练，使学生在学习过程中直观地了解世赛的要求和标准，为将来的竞赛和职业发展打下坚实的基础。

充分利用现代信息技术手段，打破学生学习的空间局限性。通过高清视频、虚拟仿真、在线互动等形式，将复杂的飞机维修知识和技能以直观、生动的方式呈现出来。同时，建立在线学习平台，为学生提供丰富的学习资源和便捷的学习工具，如在线题库、学习笔记、交流论坛等，以便学生能够随时随地进行自主学习和交流互动。

在夯实学生基础知识和技能的同时，线上线下混合式教学模式还要注重培养学生的实践能力和创新精神。通过设计一系列与课程内容紧密相关的实验、实训项目，让学生在实践中巩固所学知识，提升技能水平。鼓励学生参与创新实践活动，如自主设计维修方案、开发新型维修工具等，以培养学生的创新精神和解决问题的能力。

为实现线上线下混合式教学方法的有效运行，制定详细的教学计划和课程安排，确保线上线下教学内容的衔接和互补。通过实施线上线下混合式教学方法，为学生提供更加灵活、高效的学习方式，帮助学生更好地掌握飞机维修的核心知识和技能，为未来的职业发展奠定坚实的基础。

（4）将竞赛机制引入日常教学。

定期开展一系列多样化的飞机维修技能竞赛，使学生全面把握竞赛标准，感受竞赛氛围，提高自身要求，明确学习目标，并锻炼团队合作意识。

每月开展小范围内的飞机维修单项技能竞赛。这类竞赛聚焦于飞机维修中的某一具体技能，如飞机金属结构修理单项技能、飞机电气线路标准施工课程内的单项技能等。通过设定明确的竞赛规则和评分标准（融入世赛标准），学生可以在竞赛中深入理解和掌握该技能的操作要点和技巧，进而提升单项技能水平。

每学期开展较大范围的综合技能竞赛。考查学生多个单项技能的综合运用，解决复杂的飞机维修问题。这类竞赛不仅考验学生的技能水平，还考验他们的逻辑思维和问题解决能力。通过参与综合技能竞赛，学生可以锻炼自己在实际工作中应对复杂情况的能力。

竞赛形式可以分为单人赛和团体赛。单人技能竞赛为学生提供展示个人才华和技能的舞台，学生需要独立完成任务，展现自己的技能水平和创新能力。这种竞赛形式可以激发学生的竞争意识和创新精神，促进他们不断追求卓越。

团体技能竞赛强调团队合作和协同作战能力。竞赛需要学生分工合作，共同完成任务。这种竞赛形式可以培养学生的团队合作精神和沟通能力，使他们更好地适应未来工作中的团队协作要求。

竞赛过程应注重引导学生把握竞赛标准，理解竞赛的评分细则和要求。

## 五、成果创新点

（1）实现将世界技能大赛的技能标准引入课程教学内容、学习评价和学习过程。通过"分类—分层—分级—培养""目标融合—典型知识""技能群转换—序化课程目标"共六个步骤，将世赛飞机维修项目技术文件的 9 个模块中对选手的考核标准进行分类，同时结合飞机维修类专业国家标准，得出飞机维修技能人才培养目标的 4 个评价维度（思想政治、职业技能、职业素质、心理体能）。序化 4 个维度的各项特征，将其分解到技能人才成长的五个层次中（第一层单纯的技能或理论，第二层技能加理论，第三层能力加态度，第四层素质加自律，第五层境界加胸怀和格局），对每一个特征按照不同层次的要求进行分级（单项技能任务、综合技能任务、技能创新任务），序化课程的教学目标，较好地将世赛飞机维修项目的考核标准和飞机维修的行业标准融入学生培养的课程体系与教学任务。

（2）实现将竞赛机制引入日常教学的模式，使学生把握竞赛标准，感受竞赛氛围，提高自身要求，明确学习目标。

## 六、成果推广及应用

成果实施以来，培养的学生梁镖在第一届全国职业技能大赛上获优胜奖，获得全国技术能手称号；培养全国职业院校技能大赛一等奖团队 2 个，二等奖团队 1 个，三等奖团队 1 个；培养四川省职业技能大赛一等奖 2 名、二等奖 3 名、3 等奖 3 名。

培养的学生专业技能和职业素养强，毕业生王前程获得河南省五一劳动奖章，飞机机电设备维修精英班学生王毅获得四川省大学生年度人物称号，飞机机电设备维修精英班获得 2022 年四川省高校"活力团支部"称号。大国工匠后备人才培养效果显著。

该模式推广到校内其他专业，直接受益学生累计 3000 余人，学生具有良好的综合素质，毕业学生受到企业的一致好评。

# 以岗选企 轮企实习 校企指导 三方互评
## ——物流管理专业跟岗实习模式探索与实践

**【获奖等级】**

校级二等奖

**【完成单位】**

成都航空职业技术学院

**【主持人简介】**

李超杰，讲师，主持建设的"民航货物运输"课程作品参加 2022 年职业院校技能大赛教学能力比赛获全国三等奖、四川省一等奖，主持/主研四川省职业教育人才培养和教育教学改革研究项目 1 项、市厅级科研/教研课题 4 项，连续 5 年主持成都市龙泉驿区物流运行情况分析项目。

**【团队成员】**

付涛，王玫，曾海珠，何嫚

**【成果简介】**

本成果以促进学生充分认知物流企业和就业岗位、提升学生职业技能和就业竞争力、引导学生合理设定就业预期和做好就业准备为逻辑起点，从梳理物流管理专业面向的职业岗位群入手，确定了跟岗实习企业（群）选择的核心要素，探索了学生"轮企实习"的跟岗实习组织方式，建立了校企"1+1+N"跟岗实习指导教师配备机制，构建了"校企生"三方互评的跟岗实习评价体系，形成了物流管理专业跟岗实习管理办法。

## 《以岗选企 轮企实习 校企指导 三方互评——物流管理专业跟岗实习模式探索与实践》成果总结报告

### 一、成果背景

"以岗选企 轮企实习 校企指导 三方互评"的物流管理专业跟岗实习模式已在成都

航空职业技术学院两届物流管理专业学生跟岗实习教学中应用，促进学生对企业和岗位有更为全面的认知，提升了学生的职业技能和就业竞争力，得到了合作企业的一致认可，并已在省内 2 所高职院校物流管理专业跟岗实习中推广应用，省外 2 所高职院校有关跟岗实习的研究中借鉴。

## 二、成果来源

"以岗选企 轮企实习 校企指导 三方互评——物流管理专业跟岗实习模式探索与实践"教学成果是由市厅级课题"高职院校'2.5+0.5'人才培养模式下物流管理专业跟岗实习质量保障与评价体系研究"支撑的应用性研究成果。

## 三、成果主要内容

"以岗选企 轮企实习 校企指导 三方互评——物流管理专业跟岗实习模式探索与实践"成果从跟岗实习存在的主要问题分析着手，对跟岗实习组织实施的 4 个具体环节——企业（群）选择、组织、指导、评价提出针对性的解决问题的办法。

## 四、成果主要解决的教学问题及解决教学问题的方法

### （一）成果主要解决的教学问题

#### 1. 跟岗实习岗位提供的片面性和随机性问题

物流企业通常将业务高峰期缺编岗位提供给学生实习，但缺编岗位不能涵盖专业人才培养对标的核心岗位，且缺编岗位不完全固定。

#### 2. 学生未能通过跟岗实习较为全面地认知企业和就业岗位的问题

学生未能通过跟岗实习对不同业务模式、运营管理模式、文化理念、工作环境的企业建立认知，就业选择时定位不准确、意向不明确。

#### 3. 企业在学生跟岗实习过程中用人而不育人的问题

学生跟岗实习过程中，企业更关注操作效率和工作时长等直接效益指标，缺乏对学生进行安全操作的辅导、实习情绪的疏导、实践技能的指导和职业发展的引导。

#### 4. 如何科学全面评价跟岗实习主体的问题

以企业和校内教师对学生实习过程的感性认知作为学生实习评价的依据，评价缺乏科学性；同作为跟岗实习参与主体的企业和学校尚未作为评价对象。

### （二）成果解决教学问题的方法

上述有关跟岗实习教学的 4 个问题依次划归到跟岗实习组织实施的 4 个具体环节——企业（群）选择、组织、指导、评价，针对各环节提出解决问题的办法，如图 1 所示。

```
跟岗实习 企业（群）选择  →  以岗选企：将专业面向的职业岗位群作为筛选跟岗实习
                            企业的核心要素，每个跟岗实习企业可仅提供职业岗位
                            群中的部分岗位，但要求所选跟岗实习企业群提供的全
                            部岗位应涵盖专业面向的职业岗位群。

跟岗实习 组  织      →  轮企实习：跟岗实习分段设置，安排在大二两学期，同
                            一学生两阶段跟岗实习原则上要求分配在不同的实习企
                            业，跟岗实习能力目标逐阶段递进。

跟岗实习 指  导      →  校企指导：建立校企"1+1+N"跟岗实习指导教师配备
                            机制，每个实习企业安排1名专任教师、1名企业人资专
                            员、N名企业业务能手对学生跟岗实习过程进行指导。

跟岗实习 评  价      →  三方互评：将学校、企业、学生同作为评价主体和客体，
                            构建企业和学校联合评价学生、企业和学生联合评价学
                            校、学校和学生联合评价企业的评价主体多元化、评价
                            客体全面性的"校企生"三方互评指标体系。
```

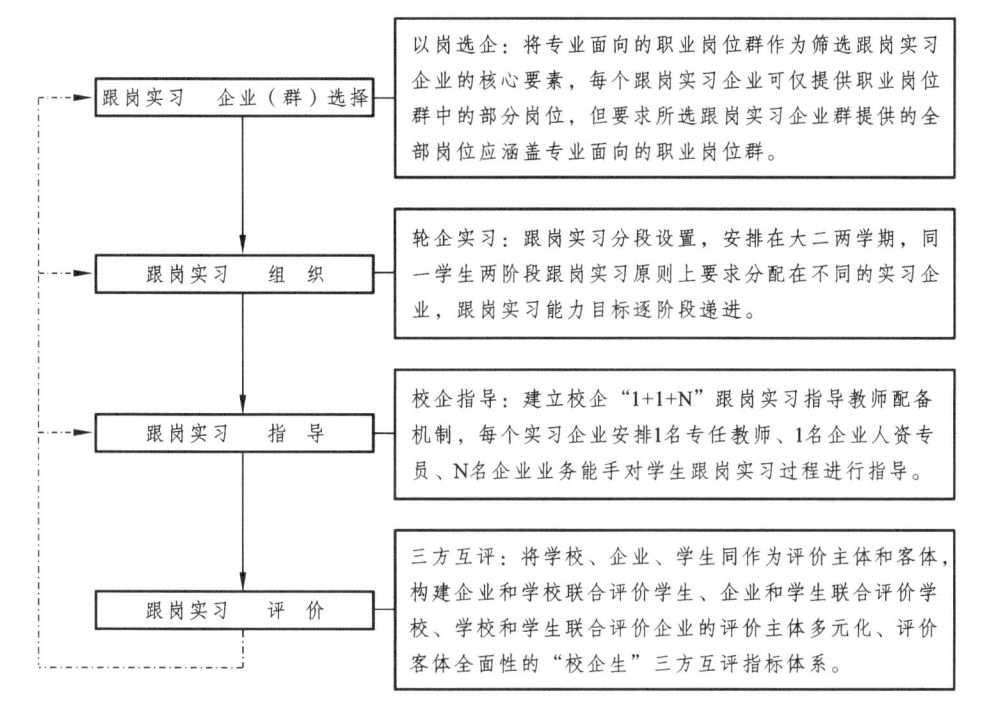

图1 "以岗选企、轮企实习、校企指导、三方互评"物流管理专业跟岗实习模式框架

（1）将提供专业面向的职业岗位（群）作为筛选跟岗实习企业的核心要素，每个跟岗实习企业可仅提供职业岗位群中的部分岗位，但要求所选跟岗实习企业群提供的全部岗位应涵盖专业面向的职业岗位群。让跟岗实习真正服务于人才培养，而非单纯迎合企业用工需求。物流管理专业面向的职业岗位群和各类岗位对应的跟岗实习企业（已合作两届及以上的企业）梳理如图2所示，图左部分为物流管理专业面向的职业岗位群，图右部分为各类岗位对应的合作两届及以上的跟岗实习企业。

（2）借鉴企业新员工轮岗见习制，同时考虑跟岗实习企业提供的实习岗位各有侧重，跟岗实习组织方式采取"分段跟岗、轮企实习"制。即将学生跟岗实习分为两个阶段，同一学生两阶段跟岗实习原则上要求分配在不同的实习企业。学生通过两阶段不同企业（岗位）、技能培养递进的跟岗实习，同时通过总结交流会与其他实习企业的同学交流分享，形成对专业面向的职业岗位群及典型物流企业更为系统的认知，明确就业意向，促进正确定位。

物流企业业务高峰期主要集中在每年1—2月、6月、11—12月，结合学期教学进程安排，同时考虑实习岗前培训、适应期等因素，将跟岗实习安排在第三学期10月底至11月底和第四学期5月底至6月底，时长各4周，第二阶段跟岗实习对职业能力的培养是在第一阶段跟岗实习基础上的递进，如表1所示。

分配实习企业时，在尊重学生意愿的基础上，重点参考学生综合测评成绩。由于综合测评成绩是由期末考试成绩、社会实践活动积分、评奖评优加分、违纪违规扣分组成，学生要想在跟岗实习企业或岗位选择中有更大的优先权，必须更加重视课程学习、规范自身行为、积极参与社会实践活动，进一步促进学生的全面发展，提升学生的就业竞争力。

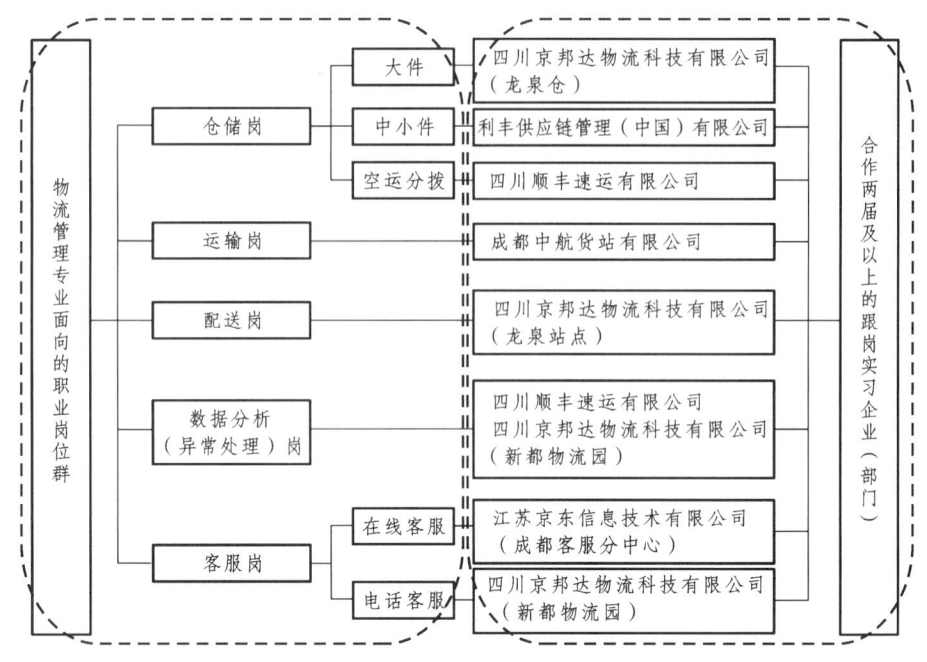

图 2　物流管理专业面向的职业岗位群和各类岗位对应的跟岗实习企业
（已合作两届及以上）

表 1　跟岗实习时间安排及能力培养一览表

| 跟岗实习时间 | 能力培养 |
| --- | --- |
| 第一阶段跟岗实习<br>（第三学期，10月底至11月底） | 能正确理解企业的作业指令并完成岗位基本操作<br>能梳理岗位作业流程<br>能判断岗位作业的异常情况<br>能与班组成员进行有效沟通<br>能与班组成员协作完成业务指标<br>能对实习工作进行简单总结 |
| 第二阶段跟岗实习<br>（第四学期，5月底至6月底） | 能熟练完成岗位各项操作<br>能分析岗位作业流程并提出优化建议<br>能分析并（协助）处理岗位作业的异常情况<br>能与班组成员及其他企业员工进行有效沟通<br>能与班组成员协作分解作业任务并完成业务指标<br>能有条理地总结分析实习工作 |

（3）跟岗实习指导教师按照校企"1+1+N"进行配备，即每个实习企业安排1名校内专任教师（实习生人数较多或岗位提供较多的企业可增至 2 名，要求教师教学科研专长与该企业提供的岗位的实践领域相匹配，主要负责学生实习过程中的理论知识指导、实习心理疏导、异常情况协调等），1 名企业人资专员（主要负责学生入职手续办理、实习生活协调、实习情绪疏导、职业发展引导等），N 名企业业务能手（根据实习岗位、实习排班情况确定具体人数，主要负责学生实习过程中的安全操作培训、实践技能指导、职业发展引导等）。

（4）将学校、企业、学生同作为评价主体和客体，构建企业和学校联合评价学生、企业和学生联合评价学校、学校和学生联合评价企业的评价主体多元化、评价客体全面性的"校企生"三方互评指标体系,如表2所示,在此基础上细化指标内容和评分标准,形成实习企业评价表、学校评价表、实习生评价表。

企·校联合评价学生,可更全面地反映学生的职业能力和就业竞争力现状;校·生联合评价企业,可作为跟岗实习企业选择和优化校企合作的依据;企·生联合评价学校,可作为学校优化人才培养方案、教学计划及跟岗实习管理规定的依据。从而形成校企生共同参与的"评价、分析、反馈、改进"的跟岗实习评价机制。

表2 "校企生"三方互评指标体系

| 评价客体 | 评价主体 | 评价指标 |
| --- | --- | --- |
| 学生 | 企业 | 实习态度 |
| | | 专业知识及技能 |
| | | 职业素养 |
| | | 安全操作意识 |
| | | 协作能力 |
| | | 抗压能力 |
| | | 优化与管理思维 |
| | 学校 | 实习态度 |
| | | 实习情况反馈及时性 |
| | | 实习汇报及总结 |
| 企业 | 学校 | 企业指导教师配备的合理性 |
| | | 实习生管理的合理性 |
| | | 企业指导教师对学生实习情况的掌握度 |
| | | 实习实施与计划的差异程度 |
| | | 实习异常情况反馈的及时性 |
| | 学生 | 岗位工作与专业的关联度 |
| | | 排班制度合理性 |
| | | 实习轮岗情况 |
| | | 实习过程关注度 |
| | | 企业指导教师的业务指导及职业规划引导 |
| | | 企业人文关怀满意度 |
| | | 到实习企业就业的意愿 |
| 学校 | 企业 | 实习安排合理性 |
| | | 对学生实习要求的合理性 |
| | | 校方实习指导教师专业性 |
| | | 实习指导(问题处理)及时性 |
| | | 校企沟通情况 |
| | 学生 | 实习岗位与专业的关联度 |
| | | 校内实习指导教师专业性 |
| | | 对学生实习情况的关注度 |
| | | 实习问题协调的及时性 |

## 五、成果创新点

（1）将提供专业面向的职业岗位（群）作为筛选跟岗实习企业的核心要素，所选跟岗实习企业群提供的全部岗位应涵盖专业面向的职业岗位群，确保跟岗实习岗位的科学性和全面性。采取"分段跟岗、轮企实习"跟岗实习组织方式，让学生接触不同企业和岗位，通过深入实习企业获得直接经验，通过与在不同实习企业或岗位实习的同学交流获得间接经验，由此促进学生充分认知物流企业和就业岗位，引导学生合理设定就业预期和做好就业准备。

（2）建立了校企"1+1+N"跟岗实习指导教师配备机制，校企共同关注学生跟岗实习全过程，落实对岗位理论知识的指导、安全操作的辅导、实习情绪的疏导、实践技能的指导和职业发展的引导，有效提升学生职业技能和就业竞争力。

（3）构建了企业和学校联合评价学生、企业和学生联合评价学校、学校和学生联合评价企业的评价主体多元化、评价客体全面性的"校企生"三方互评指标体系，评价结果作为学生职业能力和就业竞争力提升指导的依据，专业人才培养、跟岗实习组织管理完善优化的依据，跟岗实习企业选择和优化校企合作的依据，从而搭建起校企生共同参与的"评价、分析、反馈、改进"的跟岗实习评价机制。

## 六、成果推广及应用

### 1. 校内应用效果

（1）成果已应用到两届物流管理专业（2017级、2018级）学生跟岗实习教学中，并固化为物流管理专业跟岗实习管理办法长期实施。（注：2019级因专业调整为航空物流，跟岗实习岗位群、实习企业有所调整，但仍然沿用该模式）。

（2）2017级、2018级学生在跟岗实习企业就业人数分别为27人、37人，占比分别为30.68%、44.58%，较往届（15%左右）提升明显，说明通过跟岗实习，学生对企业以及企业对学生的认可度均有所提高。

（3）2017级学生参加四川省物流技能大赛团体成绩在四川省高职院校中排名第3，获省级二等奖，参加全国职业院校创业技能大赛"物流企业经营赛项"获团体三等奖，说明跟岗实习对学生职业技能的提升起到了较好的支撑作用。

（4）2017级学生联合跟岗实习企业（京东）指导老师和校内指导老师共同申报的"基于京东无界零售的校园消费场景重构"项目获得大学生创新创业训练计划省级立项，并荣获"发明杯"大学生创新创业大赛全国二等奖。

（5）合作企业对跟岗实习模式高度认可，为进一步助力物流管理专业人才培养，支持校内实训教学，京东向我校捐赠物流设备（T20）两台。

### 2. 同类院校借鉴与推广应用

成果已在省内2所高职院校物流管理专业跟岗实习中推广应用，省外2所高职院校有关跟岗实习的研究中借鉴。

（1）成果在宜宾职业技术学院物流管理专业推广应用，并在电子商务专业借鉴应用，反映出可操作性强，对实践教学质量提升效果显著。

（2）成果在四川信息职业技术学院物流管理专业推广应用，院校及其跟岗实习合作企业认可度高。

（3）基于物流管理专业跟岗实习模式研究的 2 篇论文在《物流工程与管理》教育研究版块、《电子商务》人才培养版块发表。成果在陕西铁路工程职业技术学院有关"基于过程性考核的跟岗实习课程教学模式实践与研究"、江苏城乡建设职业学院有关"高职物业管理专业跟岗实习实践与思考"的研究中引用。

# 创新创业教育与专业教育的多维融合模式研究——基于市场营销专业的实践

【获奖等级】

校级二等奖

【完成单位】

成都航空职业技术学院

【主持人简介】

黎娟，教授，2023年主持的"市场调查与分析"获省级创新创业示范课，2015年、2023年主持省部级教改课题2项，2008年被四川省教育工委授予"优秀共产党员"称号，2008年获四川省会计学会教育会计科研优秀成果评审三等奖。

【团队成员】

朱晓杰，杨羽宇，林建宁，涂云友，赖启财，吕锦玲，蒋洁

【成果简介】

自2015年、2018年以来，国家再次下发多项文件，对高校开展双创教育，在专业课程设置、教育资源的配备和教学工作中融入创新创业思维都提出了新要求。基于管理学院市场营销专业师生多年的教育教学和创新创业实践，本成果依托3个市厅级课题、2门创新创业省级示范课程、3部教材，以创新创业教育与专业教育深度融合为目标，探讨在专业人才培养中渗透双创理念，实现专业教育和创新创业教育的有效融合的模式。

本成果鉴于专创教育融合体系中涉及主体类型多、各种资源和活动关系复杂等原因，通过系统的分析和实践经验总结，从主体维（学生、教师、企业三类实体：学生为主体、教师为指导、企业为辅助）、时间维（课内课外：将学生的学习和实践时间从课程学时之内开放到每时每刻）、空间维（校内和校外：将学生的双创学习和实践范围从校内扩展到校外）、形式维（线上和线下：利用课程信息化平台，实现线上线下教与学的互动）、活动维（实习实训、创新实践、科创竞赛、自主双创四个相互衔接的过程）5个维度出发，设计了教师、学生和企业之间多种形式的互助互动及递进式学习的双创教育多维融合模式。

该多维融合模式的实施策略有以下几点。一是使双创理念融入人才培养模式。构建了"基于创新创业能力培养的'一贯穿、两结合、三递进'"的创新创业人才培养模式,达到了人才培养的一贯穿(创业实践训练〈实训、实习、实战〉贯穿人才培养的全过程)、两结合(专业理论知识与创业实践相结合、专业能力培养和创业综合素质养成相融合)、三递进(创业基础能力→创业专项能力→创业综合能力的递进式培养)的培养目标。二是实现了课程体系与创新创业训练多维融合。重构了"通识教育课程群+专业核心课程群+专业特色课程群"的理论教学模块,形成了"多层次立体化"的实习实践教学环节,打造了多维度的创新创业教学环节。三是搭建了创新创业教育的多维资源平台。校内建设了开放、共享的《创新创业实战训练》和《创新创业基础》两个省级创新创业课程平台,优化和整合了优质教学资源;校外加强了实训基地的建设,实现校内外资源的整合;积极推进了企业的投入,支持专创教育的开展。四是形成了创新创业教育与专业教育融合的保障制度。建立了创新创业教育保障机构;积极培育了"理论知识型+实践技能型"的创业教育教师队伍;完善了创新创业激励制度。

本成果于 2017 年进行探索和实践,实施成效较好。毕业生平均就业率 95%,13 名学生创办了 15 个公司,2017—2019 年学生入职半年平均月收入 5297 元,超过同类院校的平均水平(麦可思数据)。学生参加创新创业训练共 55 项,其中省级立项 22 项,学生发明实用新型专利 11 项。建设了创新创业 2 门省级示范课程,结题了 3 个市厅级课题和 2 个校级课题,出版了《创新创业基础》等 3 本教材,在《农村经济》等 SSCI 或北核期刊发表论文 6 篇、普刊 9 篇,授权了《一种市场营销用沙盘实训教具》等实用新型专利 28 个;与企业进行横向合作 3 个,到账资金 7 万元。本成果于 2018 年被四川长江职业学院商学院采用,助推其专创工作的建设和发展;本成果在实施过程中,也受到了沃尔玛、上海曙蓉智能科技、国色天乡、四川航空等企业的好评。

# 《创新创业教育与专业教育的多维融合模式研究——基于市场营销专业的实践》成果总结报告

## 一、成果背景

自 2015 年、2018 年以来,国家再次下发文件,对高校开展双创教育提出了新要求。基于管理学院市场营销专业师生多年的教育教学和创新创业实践,本成果依托 3 个市厅级课题、2 门创新创业省级示范课程、3 部教材,探讨在专业教学中渗透双创理念,实现专业教育和创新创业教育有效融合的人才培养模式。该模式以"基于创新创业能力培养的'一贯穿、两结合、三递进'"的理念为基础,以完善课程教学体系为重点,以校内外教学资源的高效整合为依托,以建设一支高素质的创新创业师资队伍为保障,并形成专创活动的激励保障机制,全面提升市场营销专业学生的创新创业能力。

## 二、成果来源

管理学院创建于 1993 年，截至 2021 年 3 月，有教职工 32 人，在校生 1200 人。其中，专任教师 22 人，教授 4 人，副教授 12 人，博士、硕士 30 人，拥有高级会计师、会计师、注册会计师等行业资格的"双师型"教师比例超过 70%；学院立足于服务区域经济和航空业发展，已为社会输送了数千名优秀的技术服务和管理人才。截至 2021 年 3 月，有现代物业管理、大数据与会计、市场营销、机场运行服务与管理 5 个专业。各专业还聘请行业企业的高级管理人员作为客座教授，建有常设的专家顾问委员会。

## 三、成果主要内容

### （一）创新创业教育与专业教育多维融合模式设计

鉴于创新创业教育与专业教育融合体系中涉及主体类型多、各种资源和活动关系复杂等原因，通过系统的分析和实践经验总结，从主体维（学生、教师、企业三类实体：学生为主体、教师为指导、企业为辅助）、时间维（课内课外：将学生的学习和实践时间从课程学时之内开放到每时每刻）、空间维（校内和校外：将学生的双创学习和实践范围从校内扩展到校外）、形式维（线上和线下：利用课程信息化平台，实现线上线下教与学的互动）、活动维（实习实训、创新实践、科创竞赛、自主双创四个相互衔接的过程）5 个维度出发，设计了创新创业教育与专业教育多维融合模式（如图 1 所示）。

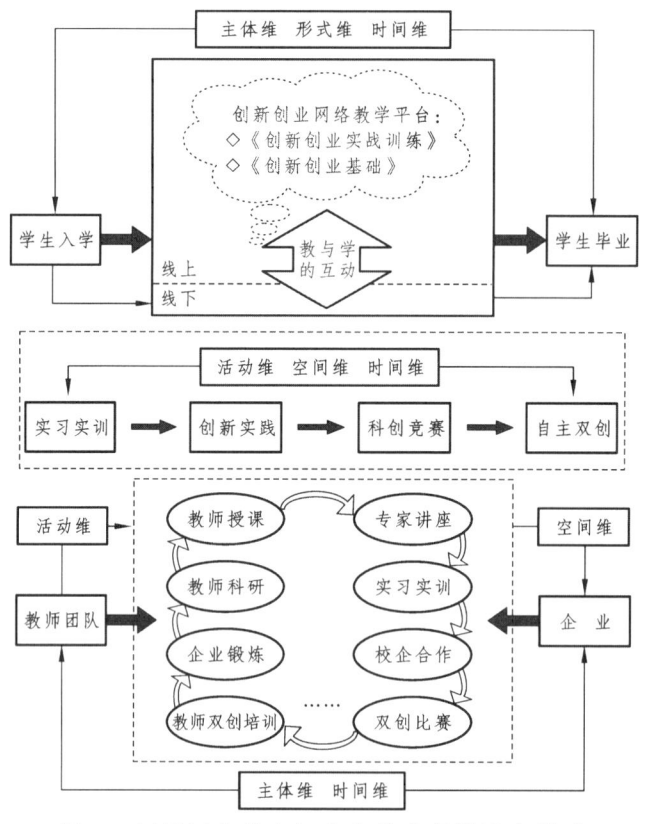

图 1 创新创业教育与专业教育多维融合模式

其中，学习实训为人才培养方案中的专业课程学习和实习实训；创新实践指学生在老师的指导下从事的创新类活动，如开发专利、申报"发明杯"等；科创竞赛为学生参加的国家、省、学校等举办的各类科技类和创新创业类竞赛；自主双创主要是学生自主创业等。

该模式以立德树人为目标，从线上线下、课内课外、校内校外等时间和空间角度，以专业学习、实习实训、双创活动等为主线，设计了教师、学生和企业之间多种形式的互助互动及递进式学习实践过程。

### （二）创新创业教育与专业教育多维融合模式的实施

图 1 所示的创新创业教育与专业教育多维融合的实施，需要人才培养模式、课程体系、整合校内外教学资源、激励保障机制四个方面的策略落地。

#### 1. 双创理念融入人才培养模式

在专业教育中融入创新创业教育，并实现两者的有机结合，以培养学生的创新精神和创新创业能力为目标，构建了全面提升学生的创新创业综合素质和能力的"基于创新创业能力培养的'一贯穿、两结合、三递进'"的人才培养模式：一贯穿，指创业实践训练（实训、实习、实战）贯穿人才培养的全过程；两结合，指学生的专业知识与创业实践相结合、专业能力培养和创业综合素质养成相融合；三递进，指学生的创业基础能力→创业专项能力→创业综合能力的递进式培养。

在"一贯穿、两结合、三递进"的创新创业人才培养模式的指导下，本专业培养方案按照"渐进式、不断融合"的原则，以年级为顺序，保证专业课程与创新教育课程逐级开设，注重理论知识吸收的渐进性，强化创新创业教育课程的融入性，建设一个包含大学三年全过程的"递进式"课程体系。该人才培养模式着眼于学生的终身发展而不仅是就业，在学校便为学生种下一颗创业的种子，培养学生自主工作和持续学习的能力，帮助学生在工作岗位上积蓄力量，逐步由就业走向创业的道路。

具体实施如下：

第一阶段：创业认知阶段——创业基础能力的培养。本阶段是创新创业教育的基础阶段，主要针对大一新生，重点培养学生的批判性思维能力和创新创业意识。在入学教育上，先后邀请沃尔玛龙泉区域经理曾强先生、沃尔玛人事经理滕修英女士、成都吉羽国际贸易有限公司总经理宋敏女士（见图 2、图 3）、上海曙蓉智能科技有限公司洪航副总经理等企业专家及优秀校友军工人才集团副总裁谯杰先生、专升本至西华大学的张鹭瑶同学为新生开设讲座，从不同行业不同企业的角度，介绍了专业前沿和创业热点，帮助学生及时掌握创业的信息与机会、综合性创业知识和创业形势与政策。在大一第二学期为期 2 周的沃尔玛、永辉、舞东风的认知实习中（见图 4），专业教育的过程渗透融入创业实践和企业运营管理知识，企业专家及岗位师傅从专业视角介绍企业设立、经营和控制各类风险的能力，通过岗位锻炼知晓门店运营、商品选品、陈列、理货、库存管理、促销策划等知识，教会学生审视自己的优劣势，匹配社会需要的实践能力，发挥所长，弥补所短，从而对创新创业活动有了初步认知。同时，在校内开设"大学生创新创业基础"课，并通过各类实训的锻炼，学生从入学就接受系统、科学的创新创业课堂教育，培养创新思维，激发创业意识，为后期创业模拟和创业实战奠定基础。

图 2　沃尔玛区域总经理曾强先生、人事经理滕修英女士开设讲座

图 3　吉羽国际商贸宋敏总经理、国色天乡人力资源部经理肖坤坤开设讲座

图 4　学生在舞东风、沃尔玛、永辉参加认知实习

第二阶段：创业能力成长阶段——创业专项能力的培养。本阶段是创新创业教育的提升阶段，主要针对大二学生，重点在于学生创新创业知识与相关技能的掌握。此阶段采取"结合式"方法，一方面，加强创新创业教育融入专业课程的教学和实践，通过开设"市场调查与分析""销售技能""门店运营与管理""新媒体运营"等课程和实训，学生具备了创业所需的市场调查与分析能力、产品销售能力、客户服务能力、市场推广能力、广告与公关事件营销的能力、新媒体运营的能力等；另一方面，利用校内实训平台，开展企业经营沙盘训练及营销沙盘训练，有针对性地模拟创业过程中需要面临的企业注册

登记、组建团队和协作、商业模式建立和分析、中小企业融资的现实困境、需求及成本的测算等情境任务开展教学。同时，也给学生提供在校内真实创新创业的平台，通过大二上期的创业实战实训，学生从前期商品调研、选品采购、促销策划到商品陈列、正式售卖，自负盈亏，有压力有动力，干劲十足，潜移默化地在专业教育的同时，掌握了创新创业所需要的团队协作、商品陈列、库存决策的决断力、执行力等双创技能。利用大二下期校外实习基地国色天乡 5~6 周的营销实习，培养了创业所必需的吃苦、抗压、应变、自省、创新、沟通、合作的劳动精神。（见图5）

图 5　学生进行创业实战、网店运营实训

第三阶段：创业能力成熟阶段——创业综合能力的培养。本阶段是创新创业教育的夯实阶段，主要针对大三有创业欲望的学生。一方面，加强校企合作，校企双方通过顶岗实习阶段的指导，让学生有实践锻炼的机会，在实际工作中加深对所学知识的理解，促使学生积累的创新创业知识及创业能力最大程度激发出来，为创业就业做充分准备。另一方面，对将要创办小微企业的学生，指导其选择创业项目，帮助其解决行业分析、选址调查、创业计划书撰写、企业登记注册、税务登记、发票领用等创业初期需要解决的实际问题，进一步培养创业能力，为公司的经营发展打下坚实的基础。（见图6）

图 6　黎娟老师对已毕业学生的创业项目进行指导

## 2. 课程体系与创新创业训练多维融合

在市场营销专业课程体系中融入创新创业教育，见图7。

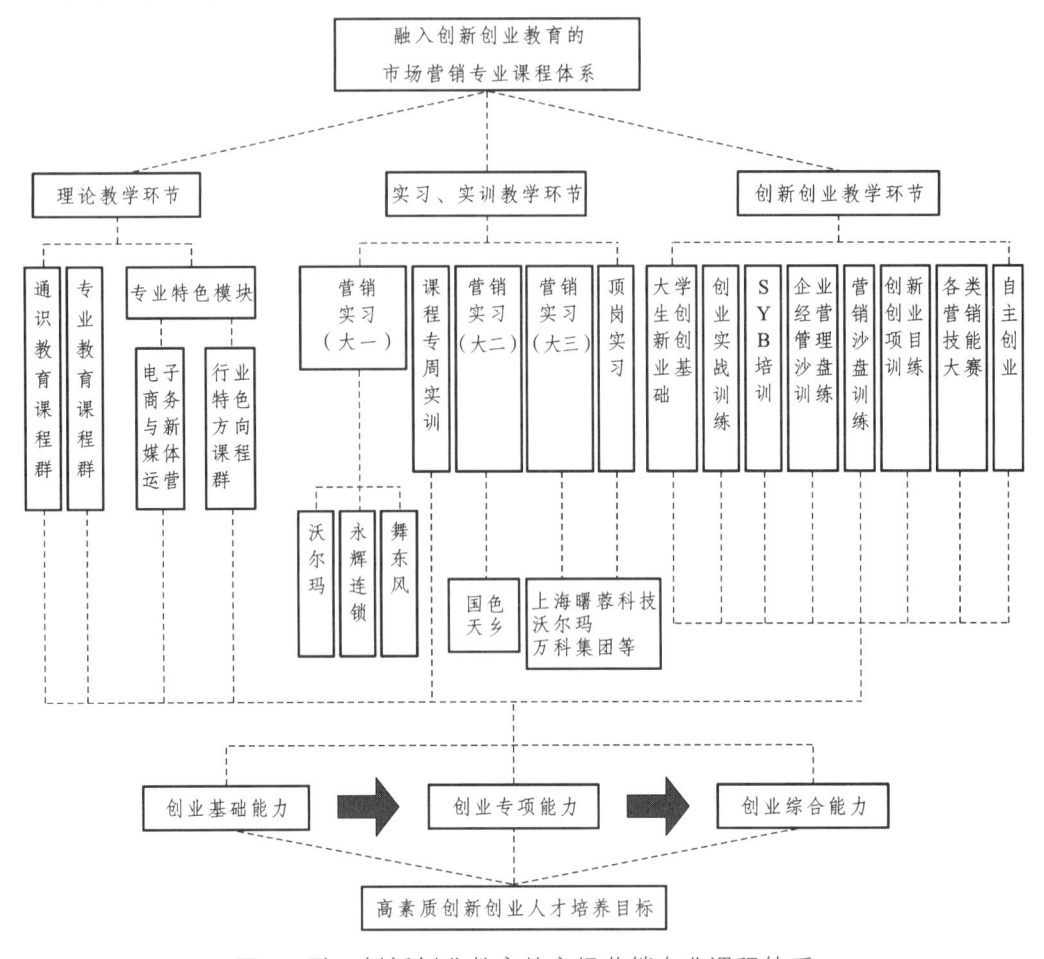

图7 融入创新创业教育的市场营销专业课程体系

（1）建成了"通识教育课程群+专业核心课程群+专业特色课程群"的理论教学模块。

首先，搭建通识教育课程群。课程群由公共基础课程群和文化素质课程群组成，培养了学生创业所需的英语和计算机运用等基本技能，构成了学生创新创业教育基础知识体系，提升了学生的文化情趣和修养。其次，以专业技术课程为基础，依据课程间的逻辑关系、开课顺序，重新优化和设计，搭建了专业教育课程群。在此理念下，市场营销专业结合专业办学特色以及未来行业发展，凝练出特色方向，构建了"市场分析课程群""销售管理课程群""营销策划课程群""行业特色课程群"四大核心课程群（见图8），并遴选出课程群中的主要核心课程，创造多学科融合的高素质创新人才培养的优势。

（2）形成了"多层次立体化"的实习实训实践教学环节。

市场营销专业实践教学遵循"一贯穿、两结合、三递进"的原则，在大一至大三各个阶段，形成各环节相互衔接、有机结合的完整实践教学体系。大一阶段主要以专业认知实习为主，增强学生对企业、行业的认知，培养学生的创新创业意识。大二阶段是创新创业能力形成的重要阶段，着力打造"校内模拟实训平台+校内专周实训+校外企业实习基地"的校内外创新创业实践平台，提升学生的创新创业能力。大三阶段是检验学生创新创业能力的阶段，一是通过顶岗实习，检验学生结合实习企业进行顶岗报告的选题，运用自己所学的专业知识以及企业的实际，发现问题并提出切实可行的解决措施，促使学生积累的创新创业知识及创业能力最大程度激发出来，为创业就业做充分准备。沃尔玛、国色天乡为本专业实习生量身定制了实习教学计划，涵盖拓展训练、职业发展规划、企业认知及文化、有效沟通、企业软件应用、商品陈列、品类管理、顾客投诉及电商等岗位知识，保证了双创教育教学融合的质量。二是针对将要创办小微企业的学生，指导其选择创业项目，帮助其解决行业分析、选址调查、创业计划书撰写、企业登记注册、税务登记、发票领用等创业初期需要解决的实际问题，进一步培养创业能力，为公司的经营发展打下坚实的基础。

```
                    专业教育核心课程群
    ┌───────────────┬───────────────┬───────────────┬───────────────┐
    市场分析课程群   销售管理课程群   营销策划课程群   行业特色课程群
    经济学基础       管理学实务       市场营销         房地产市场营销
    消费者行为学     推销技能         新媒体运营       电子商务
    市场调查与分析   门店运营管理     营销公文写作     汽车保险与理赔
    营销财会实务     客户关系管理     广告实务         汽车基础知识与技能
                    商务礼仪
```

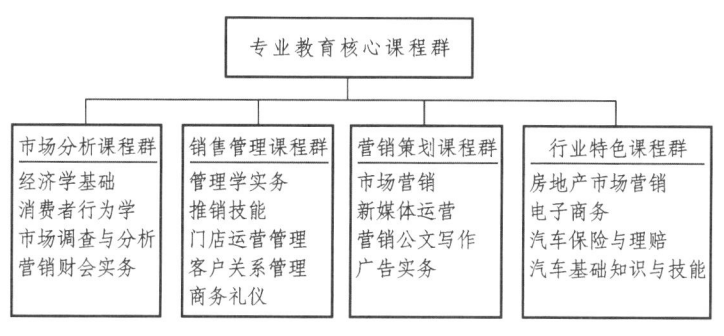

图8 专业教育核心课程群

（3）打造了多维度的创新创业教学环节。

围绕"大学生创新创业基础课+创业实战训练+SYB培训+企业经营管理沙盘训练+营销沙盘训练+创新创业训练项目+市场营销技能大赛+自主性创业活动"打造多维度的创新创业教学环节。在课程体系中增加了创新创业相关课程和学分，各专业大一新生均开设16学时的"大学生创新创业基础"课。通过各类常态化的课程学习、训练及积极组织学生参加行政主管部门、行业的营销技能大赛、创新创业大赛、互联网+大赛、挑战杯、发明杯等，强化了学生的技能演练，有效推进了市场营销实践课程体系与教学内容的改革，提升了学生的创新精神和创业能力，锻炼学生的"双创"能力。对有潜力的创业团队和创业项目进行立项资助，鼓励学生开展自主性创业活动，激发了学生的创业兴趣，增强了学生的创业信心。（见图9、图10、图11）

图9 管理学院开展双创比赛线上启动暨培训会

图 10　学生参加四川省营销策划大赛线上训练

图 11　学生参加全国高职高专"发明杯"获创新创业大赛一等奖

**3. 搭建了创新创业教育的多维资源平台**

（1）校内推进创新创业理论课和实训课平台的资源建设，实现资源的开放和共享。

首先，组织优秀师资力量编写了创新创业特色教材《创新创业教育基础》，供全校大一新生使用。其次，加快创新创业教育优质课程资源的信息化建设，依托学院的网络教学平台，2017 年建成了针对全校师生开放的《创新创业实战训练》和《创新创业基础》两个省级创新创业教育资源平台（已验收结题，见图 12），含有教学视频、课件、教案、案例、习题、实训指导、销售实战训练等立体化、网络化、精品化教学资源。创新创业课程通过信息化教学改革，实现了学生专业学习与创新创业实践活动的线上线下、课内课外、全天候无时限的多维度交流。其中，全校近 4000 名大一新生加入"创新创业基础"理论课程的学习，"创新创业实战训练"供创业实战实训课及立志参与创新实践、创新创业大赛、自发创业的学生进行无时空无空间限制的学习，扩大了学生创新创业活动规模，拓展了创新创业教育的空间融合和时间融合范围，有效保证了创新创业教育的生态融合秩序。两门创新创业信息化课程的建成，既促进了"双师"能力的培养，提升了教师的信息素养，又极大地提高了学生的自主学习能力和创新创业能力，培养了学生的创业精神和创业意识，拓宽了学生的职业素养，使学生能够更加方便、快捷地获取课程资源。

（2）校外加强了实训基地的建设，实现校内外资源的整合。

在与原有实训基地舞东风、国色天乡继续合作的基础上，积极与行业内有影响力的企业进行合作，成功引入世界 500 强企业沃尔玛并于 2020 年 1 月签署合作协议（见图 13）。学生在顶岗实习中，专业与沃尔玛制定了教学培训方案，截至 2021 年 3 月已有 11 名毕业生被沃尔玛录用；2018 年与上海曙蓉智能科技有限公司合作，截至 2021 年 3 月已有 8 人被录用；2019 年与在中国新零售扩张速度最快的企业永辉连锁合作，共有 150 名学生到永辉实习。在国色天乡，每位学生通过与岗位师傅签订《师徒关系确认表》（见图 14），订立师徒培训计划，以"传、帮、带、教"的形式，帮助徒弟理解企业文化，熟悉安全操作规程、岗位技能要求、管理制度等，并对徒弟的行为及工作负连带责任，促使学生养成责任意识。"入学教育""毕业教育"邀请企业专家开展讲座，进一步增强了学生对创新创业的认识，激发其创新创业激情。

（3）积极推进了企业的投入，支持专创教育的开展。

为了更好地支持我院学生参加各类营销大赛、科创比赛和校内实训教学环节，中教畅享公司、用友新道公司先后向我院投入了比赛用、实训用的各类沙盘软件共计 40 余万元；国色天乡按照岗位要求设定月度绩效考核指标，按月向学生发放月度绩效津贴，仅 2017 年以来累计向学生发放津贴及各类福利、奖励约 117.56 万元。沃尔玛、上海曙蓉智能科技等公司也对实习学生给予了绩效薪酬。

图 12　BB 平台的课程资料（部分）

图 13　与沃尔玛签订校企合作协议

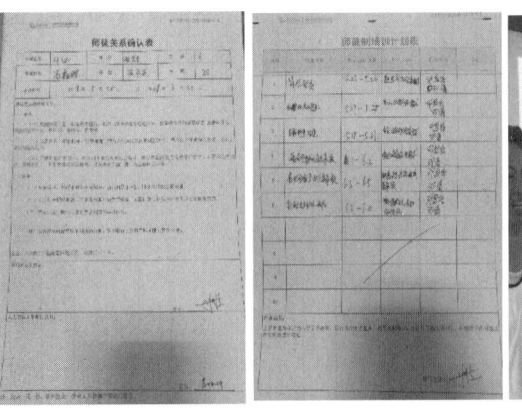

图 14　国色天乡与学生举行师徒结对仪式

**4. 形成了创新创业教育与专业教育融合的保障制度**

（1）建立创新创业教育保障机构。

管理学院成立创新创业教研室，由市场营销教研室专业老师杨羽宇博士任该教研室主任，负责全校的创新创业课程建设工作，促使全院教育教学管理人员、专业教师和创新创业教师充分认识并愿意贯彻实施专创融合的育人政策，以保证专创融合教育模式的顺利启动和实施。

（2）积极培育了"理论知识型+实践技能型"的创业教育教师队伍。

主要采取"教师参加双创培训+企业锻炼+为企业作培训"的手段锻炼队伍。2017年吕锦玲老师参加创新创业资格认证，获得"创业咨询师二级证书"；2020年杨羽宇、吕锦玲参加"四川省职业院校教师素质提高计划项目创新创业专题培训高职创新创业工作管理者培训班"学习（见图15）；彭轶妮、杨羽宇、吴迪、王娅老师先后到天安保险四川分公司、四川科奥达（集团）有限公司、四川恩贝尔医院管理有限公司、沃尔玛企业进行了锻炼，准确理解学科和行业发展为人才培养、创新创业所带来的变化；2017年，朱劼老师为茂县进行了精准扶贫"电子商务培训"2期共计70人，2018年吴迪、黎娟老师为校企合作企业置信国色天乡的55名员工进行了商务礼仪培训（见图16），获得了企业的高度赞扬；黎娟、吕锦玲先后与成都蓓思特精细化工有限公司、四川台飞农业科技有限公司、重庆集成省到佳科技有限公司开展横向合作，为企业的经济发展作出了较大贡献。实践证明，教师外培和走出去为企业服务是"双师型"创新创业教育师资队伍建设可行的选择。

（3）完善了创新创业激励制度。

创新创业教育与专业教育融合是一个系统工程，需要"多元参与，多维联动"，学校、学院、企业提供多层次、全方位渗透的参与驱动和激励的机制。在学校《教学工作量计算指导意见》《科研工作量认定说明》《教学质量考核评价办法》《职称评审管理办法》等制度保驾护航的基础上，管理学院在专创融合育人框架的基础上出台了相应的激励机制（见图17），如《管理学院创新工作管理办法》《管理学院其他工作量计算办法》《管理学院教职工考核方法》《管理学院岗位设置与聘任实施方案》等，为专创融合教育的发展提供政策和制度支撑，明确全体教师的创新创业教育责任，把创新创业教育课时计入教学工作量，把创新创业教育工作任务和业绩作为教师年度考核、任期考核、专业技术职务评聘的重要考核内容之一。而作为企业方，国色天乡采用积分机制、服务明星、员工福利、绩效薪酬等方式激励学生（见图18），沃尔玛通过总经理写感谢信、发放点赞卡、给予绩效薪酬等方式激励学生（见图19）。这些激励机制的建立，促使专创融合自发性推进，也保证了专创融合教育能深入贯穿人才培养的全过程。

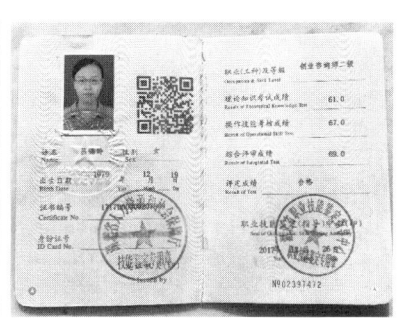

图15　吕锦玲获创新创业资格认证

图16　吴迪、黎娟老师对国色天乡员工进行培训

图17　管理学院为专创教育发展提供制度保障

图 18　国色天乡为优秀实习生颁发奖励

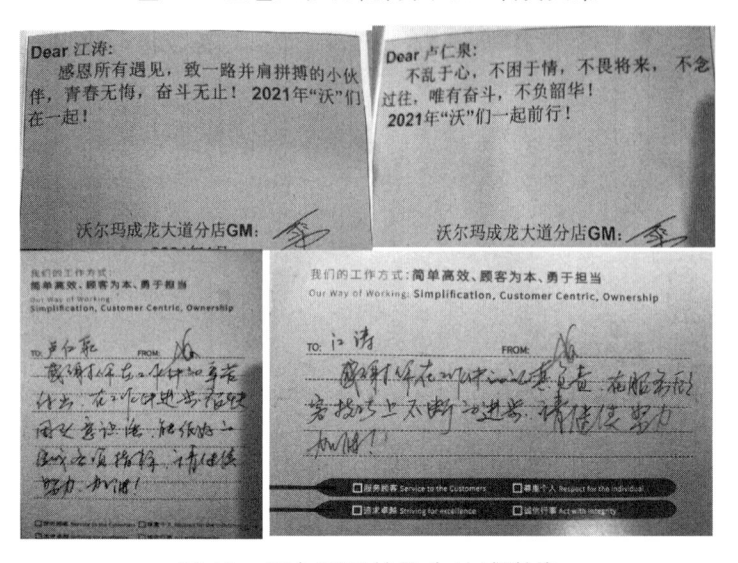

图 19　沃尔玛写给学生的感谢信

## 四、成果主要解决的教学问题及解决教学问题的方法

**（一）创新创业教育多维融合专业教育的人才培养的全过程，解决了专业教育与创新创业教育脱节，人才培养方案、课程体系与创新创业教育需求的适应性问题**

构建了全面提升学生创新创业综合素质和能力的"基于创新创业能力培养的'一贯穿、两结合、三递进'"的人才培养模式。一贯穿，指创业实践训练（实训、实习、实战）贯穿人才培养的全过程；两结合，指学生的专业理论知识与创业实践相结合、专业能力培养和创业综合素质养成相融合；三递进，指学生的创业基础能力→创业专项能力→创业综合能力的递进式培养。该人才培养模式着眼于学生的终身发展而不仅是就业，在学校便为学生种下一颗创业的种子，培养学生自主工作和持续学习的能力，帮助学生在工作岗位上积蓄力量，逐步由就业走向创业的道路。

**（二）建设了开放、共享的两个省级创新创业教育资源平台，解决了创新创业教育普及程度较低，学生对创新创业认识不足，缺乏创业精神的问题**

依托学院网络教学平台，2017年建成了对全校师生开放的《创新创业实战训练》和

《创新创业基础》两个省级创新创业教育资源平台（已验收结题），含有教学视频、课件、教案、案例、习题、实训指导、销售实战训练等立体化、网络化、精品化教学资源。创新创业课程通过信息化教学改革，实现了学生专业学习与创新创业实践活动的线上线下、课内课外、全天候无时限的多维度交流。全校近 4000 名大一新生加入 16 学时"创新创业基础"的理论课程的学习，实现了广谱式创新创业教育；"创新创业实战训练"供创业实战实训课及参与创新实践、创新创业大赛、自发创业的学生进行无时空无空间限制的学习，扩大了学生创新创业活动规模，拓展了创新创业教育的空间融合和时间融合范围，有效保证了创新创业教育的生态融合秩序。两门创新创业信息化课程的建成，既促进了"双师"能力的培养，提升了教师的信息素养，又极大地提高了学生的自主学习能力和创新创业能力，培养了学生的创业精神和创业意识，拓宽了学生的职业素养。

**（三）构建了创新创业教育与专业教育融合的保障制度，解决了教师从事双创活动专业性不强、积极性不高、激励机制不健全的问题**

建立了创新创业教育保障机构。管理学院成立创新创业教研室，由市场营销教研室专业老师杨羽宇博士任该教研室主任，负责全校的创新创业课程建设工作，促使全院教育教学管理人员、专业教师和创新创业教师充分认识并愿意贯彻实施专创融合的育人政策，以保证专创融合教育模式的顺利启动和实施。

完善了创新创业激励制度。创新创业教育与专业教育融合是一个系统工程，需要"多元参与，多维联动"，学校、学院、企业提供多层次、全方位渗透的参与驱动和激励的机制。在学校《教学工作量计算指导意见》《科研工作量认定说明》《教学质量考核评价办法》《职称评审管理办法》等制度保驾护航的基础上，管理学院在专创融合育人框架的基础上出台了相应的激励机制，如《管理学院创新工作管理办法》《管理学院其他工作量计算办法》《管理学院教职工考核方法》《管理学院岗位设置与聘任实施方案》等，为专创融合教育的发展提供政策和制度支撑，明确全体教师的创新创业教育责任，把创新创业教育课时计入教学工作量，把创新创业教育工作任务和业绩作为教师年度考核、任期考核、专业技术职务评聘的重要考核内容之一。而作为企业方，国色天乡采用积分机制、服务明星、员工福利、绩效薪酬等方式激励学生，沃尔玛通过总经理写感谢信、发放点赞卡、给予绩效薪酬等方式激励学生。这些激励机制的建立，促使专创融合自发性推进，也保证了专创融合教育能深入贯穿人才培养的全过程。

**（四）实现了教师为企业服务及企业加大对学生投入的双边力度，解决了校企双方资源利用不充分，与创新创业教育开展的互补性不强的问题**

积极培育了"理论知识型+实践技能型"的创业教育教师队伍，增强了教师为企业服务的能力。通过"教师参加双创培训+企业锻炼+为企业作培训"的手段锻炼了队伍。2017年吕锦玲老师参加创新创业资格认证，获得"创业咨询师二级证书"；2020年杨羽宇、吕锦玲参加"四川省职业院校教师素质提高计划项目创新创业专题培训高职创新创业工作管理者培训班"学习；2019 年，吴迪老师参加行业商务礼仪培训；2020 年，黎娟、陈其超老师参加工信部新媒体运营培训；2020 年，黎娟、林建宁老师参加教育部信息素养培训；彭轶妮、杨羽宇、吴迪、王娅老师先后到天安保险四川分公司、四川科奥达（集团）有限公司、四川恩贝尔医院管理有限公司、沃尔玛企业进行了锻炼。

教师积极参与企业服务，助力企业实现经济价值。2017 年，朱劼老师为茂县进行了精准扶贫"电子商务培训"2 期共计 70 人，2018 年吴迪、黎娟老师为校企合作企业置信国色天乡的 55 名员工进行了商务礼仪培训，获得了企业的高度赞扬；黎娟、吕锦玲先后与成都蓓思特精细化工有限公司、四川台飞农业科技有限公司、重庆集成省到佳科技有限公司开展横向合作，为企业的经济发展作出了较大贡献。

积极推进了企业的投入，支持学校专创教育的开展。为了更好地支持我院学生参加各类营销大赛、科创比赛和校内实训教学环节，中教畅享公司、用友新道公司先后向我院投入了比赛用、实训用的各类沙盘软件共计 40 余万元；国色天乡按照岗位要求设定月度绩效考核指标，按月向学生发放月度绩效津贴，仅 2017 年以来累计向学生发放津贴及各类福利、奖励约 117.56 万元。沃尔玛、上海曙蓉智能科技等公司也对实习学生给予了绩效薪酬。沃尔玛、国色天乡为我专业实习生量身定制了实习教学计划，涵盖拓展训练、职业发展规划、企业认知及文化、有效沟通、企业软件应用、商品陈列、品类管理、顾客投诉及电商等岗位知识，保证了双创教育教学融合的质量。

## 五、成果创新点

### （一）创新了专创融合的模式，实现了专业教育与创新创业教育的多维融合

本成果从主体维（学生、教师、企业三类实体：学生为主体、教师为指导、企业为辅助）、时间维（课内课外：将学生的学习和实践时间从课程学时之内开放到每时每刻）、空间维（校内和校外：将学生的双创学习和实践范围从墙内扩展到墙外）、形式维（线上和线下：利用课程信息化平台，实现线上线下教与学的互动）、活动维（实习实训、创新实践、科创竞赛、自主双创四个相互衔接的过程）5 个维度出发，设计了创新创业教育与专业教育多维融合的模式，构建了"基于创新创业能力培养的'一贯穿、两结合、三递进'"的创新创业人才培养模式，以完善课程教学体系为重点，以校内外教学资源的高效整合为依托，以建设一支高素质的创新创业师资队伍为保障，并形成专创活动的激励保障机制，实现了专业教育与创新创业教育在人才培养模式、课程体系、教学资源、资源保障等方面的多维融合。

### （二）实现了双创教育从入学到毕业的全过程、全方位、渐进式融合

在"一贯穿、两结合、三递进"的创新创业人才培养模式的指导下，本专业培养方案按照"渐进式、不断融合"的原则，以年级为顺序，保证专业课程与创新教育课程逐级开设，注重理论知识吸收的渐进性，强化创新创业教育课程的融入性，建设一个包含大学三年全过程的"递进式"课程体系（见图 20），全面提升学生的创新业能力。

## 基于创新创业能力培养的课程体系

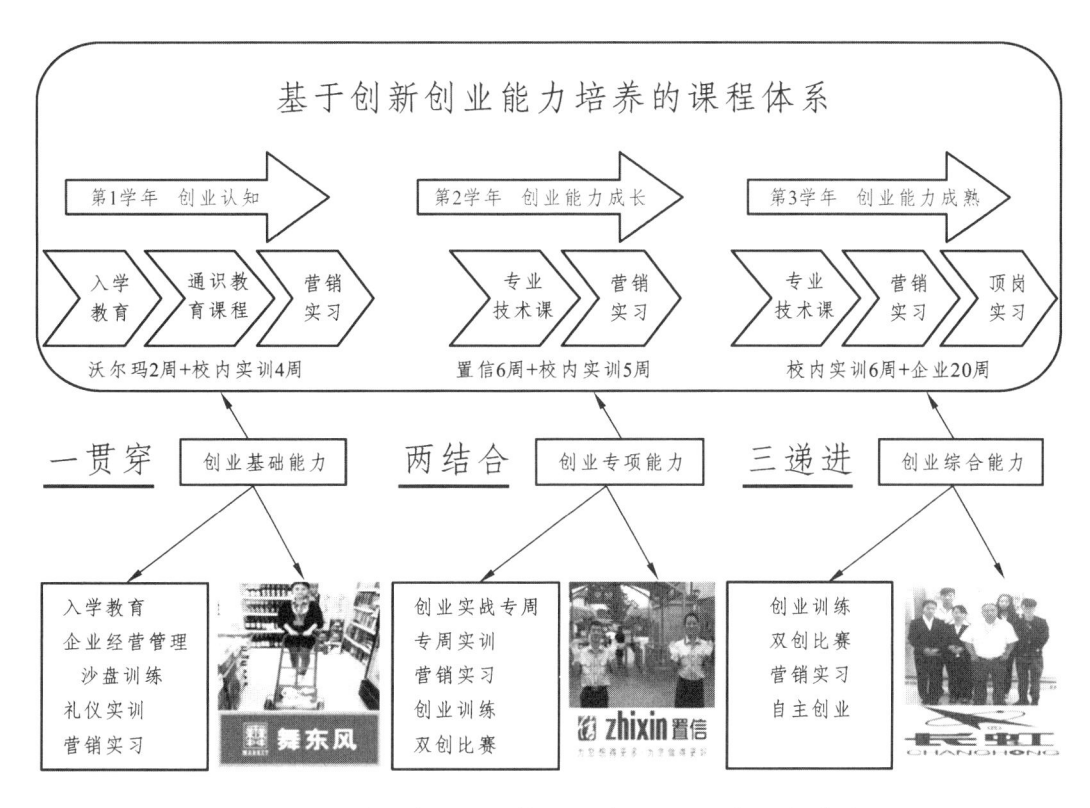

**第1学年 创业认知**：入学教育 → 通识教育课程 → 营销实习（沃尔玛2周+校内实训4周）

**第2学年 创业能力成长**：专业技术课 → 营销实习（置信6周+校内实训5周）

**第3学年 创业能力成熟**：专业技术课 → 营销实习 → 顶岗实习（校内实训6周+企业20周）

一贯穿 —— 创业基础能力
两结合 —— 创业专项能力
三递进 —— 创业综合能力

创业基础能力：入学教育、企业经营管理、沙盘训练、礼仪实训、营销实习

创业专项能力：创业实战专周、专周实训、营销实习、创业训练、双创比赛

创业综合能力：创业训练、双创比赛、营销实习、自主创业

图20 双创教育融合的课程体系全过程、全方位、渐进式展示

大一，开设"通识教育课程群+专家讲座+创业训练+专业认知实习"，培养了学生创业所需的英语和计算机运用等基本技能，提升了学生的文化情趣和修养，增强学生对企业、行业的认知，培养学生的创新创业意识。大二，开设"专业技术课程+校内模拟实训平台+校内专周实训+校外营销实习+双创比赛"，培养学生扎实的专业知识和技能，通过参加双创比赛、企业实习，着力打造、提升学生的创新创业能力。大三，开设"专业技术课程+校内专周实训+双创比赛+顶岗实习+自主创业"，通过进一步的专业学习并指导学生开展双创活动、企业顶岗锻炼及自主创业，夯实了学生的专业技能，促使其积累的创新创业知识及创业能力最大程度激发出来，自信地走向创业就业。

**（三）建成了专业教育与创新创业的保障机制，激发了师生参与双创工作的自发性，提升了专创工作的成效**

一是建立健全了创新创业教育保障机构，管理学院成立创新创业教研室；二是积极培育了"理论知识型+实践技能型"的创业教育教师队伍，主要采取"教师培训+企业锻炼+为企业作培训"的方式锻炼了队伍，增强了为企业服务的能力；三是制定了一系列如《管理学院创新工作管理办法》等适用于市场营销专业专创融合育人的激励制度，促使专创融合自发性推进，也保证了专创融合教育能深入贯穿人才培养的全过程。

## 六、成果推广及应用

### （一）校内应用效果

#### 1. 学生创新创业能力明显提升

成果在 2017—2020 级学生中实施，1054 名学生受益，为管理学院 4 个专业提供了样板。近三年来，毕业生平均就业率 95%，14 人创办了 15 个公司，目前运作良好。近三年学生入职半年平均月收入 5297 元，超过同类院校的平均水平（麦可思数据）。学生参加创新创业训练共 55 项，其中省级立项 22 项，学生发明新型专利 15 项，"发明杯"获奖 53 人次。

#### 2. 教师教改、科研能力显著增强

验收通过了"创新创业实战训练"和"创新创业基础"两门省级示范课程；结题了"校企协同育人视域下服务性企业员工礼仪素养的培养路径研究——以国色天乡校企合作项目为例""'双创升级'背景下基于实战的高职学生创新创业实践能力培养研究"等 4 个市厅级课题；结题了"基于小微店铺的高职大学生创业能力培养研究——以成都航空职业技术学院为例"等 2 个校级课题；出版了《创新创业基础》《市场营销》《市场调查与预测》等 4 本教材；在《农村经济》《商业经济研究》《改革与战略》等 CSSCI 或北核期刊发表论文 6 篇；公开发表《基于实战的高职学生"双创"实践能力训练在线开放课程建设的重要性》《试析高职高专学生创新创业开展现状与应对策略》《以小微企业为创业目标的高职学生创业能力培养研究》等论文 9 篇；授权了《一种市场营销用沙盘实训教具》《新型营销管理系统》《一种营销用宣传装置》等实用新型专利 28 个；与企业进行横向合作项目 3 个，到账资金 7 万元。

### （二）校外推广及行业影响较好

本成果于 2018 年被四川长江职业学院商学院采用，助推其专创工作的建设和发展。2020 年黎娟老师受四川城市学院的邀请，对该校课程诊改工作进行了指导。市场营销老师为茂县 70 名新型农民进行了精准扶贫——电子商务培训，对置信国色天乡 55 名员工进行了商务礼仪培训，获得了企业的高度赞扬；对成都蓓思特精细化工有限公司、四川台飞农业科技有限公司、重庆集成省到佳科技有限公司开展的横向合作，为企业的经济发展作出了较大贡献。同时，四川航空、沃尔玛、国色天乡、上海曙蓉智能科技给予了学生高度评价，认为培养的学生思想觉悟高，岗位适应快，有团队协作精神，有独立思考能力，创新能力强。

### （三）媒体报道

415342 班学生张峥妮创立的成都拾光里摄影工作室一直着力于弘扬汉服文化，四川卫视的《四川观察》栏目对其进行了报道。参加双创的学生多次获国赛特等奖，一、二、三等奖，我校校园网进行了多次报道。

# 新时代高职学生"四个正确认识"培育"4412"模式的探索与实践

**【获奖等级】**

校级二等奖

**【完成单位】**

成都航空职业技术学院马克思主义学院

**【主持人简介】**

邢敏，副教授，主持 2023 年度四川省哲学社会科学基金一般项目"中华优秀传统文化涵育新时代美好生活方式研究"（SCJJ23ND83），2023 年"我心中的思政课"第六届全国大学生微电影展示全国二等奖首席指导教师，2019 年获四川省"精彩一课"讲课比赛三等奖，2020 年成都航空职业技术学院职业教育教学成果奖二等奖成果主持人，2022 年主持"思想道德与法治"校级示范思政课程，2023 年主持"思想道德与法治"校级精品在线开放课程。2015 年获成都航空职业技术学院"优秀青年教师"荣誉称号，2018 年获成都航空职业技术学院"优秀教师"荣誉称号。

**【团队成员】**

刘晓波，张志军，陈阳，邹勇，邵红梅

**【成果简介】**

习近平总书记在 2016 年全国高校思想政治工作会议上强调，思想政治工作从根本上说是做人的工作，提出要教育学生"正确认识世界和中国发展大势""正确认识中国特色和国际比较""正确认识时代责任和历史使命""正确认识远大抱负和脚踏实地"，这为高校思想政治工作提供了基本遵循。成都航院通过"4412"创新模式，即建构"四个维度""四个场域""一个融通"，形成"两个循环"的育人模式，培育当代大学生树立"四个正确认识"，引导学生正确认识世界和中国发展大势（知），增强主流意识形态理性认同；正确认识中国特色和国际比较（情），建构主流意识形态心理情感认同；正确认识时代责任和历史使命（意），强化主流意识形态利益认同；正确认识远大抱负和脚踏实地（行），培养主流意识形态实践认同，使青年学生自觉践行社会主义核心价值观，为国家和民族发展作出应有的贡献。

本成果主要解决了 5 个问题：解决了高职院校思想政治教育工作如何实现思政目标的路向、内容和途径等理论认识问题；解决了高职院校思政教育的科学性、规律性和系统性的问题；解决了高职院校思政工作如何契合党和国家意识形态与学生成长发展的双重需求，从而真正提升思想政治教育亲和力和针对性的问题；解决了高职学生因社会发展规律趋势认识不清、理想现实关系理解不足而导致的价值迷茫、定位不清及知情言行分离脱节的现实问题；解决了高职思想政治教育中如何让学生增强"四个自信"的现实问题。

"4412"创新模式，遵循了党和国家"育人为本、德育为先"的指导思想，实现了党和国家意识形态需求与学生成长发展需求的有机结合；遵循了高校思想政治教育规律，坚持了理论性和实践性、统一性和多样性、显性教育和隐性教育的有机结合；遵循了大学生成长成才规律，实现了"理论供给科学性的理性认同、文化聚合思想性的情感认同、经济支撑现实性的利益认同和交往影响有效性的实践认同"的有机结合，在高职院校立德树人人才培养的设计与践行中具有较好的示范作用。

# 《新时代高职学生"四个正确认识"培育"4412"模式的探索与实践》成果总结报告

## 一、成果背景

2016 年习近平总书记在全国高校思想政治工作会议上强调，高校思想政治工作关系高校培养什么样的人、如何培养人以及为谁培养人这个根本问题。要坚持把立德树人作为中心环节，把思想政治工作贯穿教育教学全过程，实现全程育人、全方位育人，努力开创我国高等教育事业发展新局面。

"培养什么样的人，为谁培养人"始终是教育的首要问题。社会主义大学就要培养社会主义事业的建设者和接班人，必须具有鲜明的中国底色，它关涉国家前途命运和中华民族伟大复兴，必须毫不放松理想信念教育、思想道德建设、意识形态工作，用中国精神凝聚中国力量。而"如何培养人"，习近平总书记在会议中指出，要引导学生正确认识世界和中国发展大势，正确认识中国特色和国际比较，正确认识时代责任和历史使命，正确认识远大抱负和脚踏实地。不断提高学生思想水平、政治觉悟、道德品质、文化素养，努力把学生培养成为德智体美全面发展的社会主义事业建设者和接班人。在这一背景下，探索"四个正确认识"培养模式，成为各个高职院校立德树人和思想政治教育的重要课题，将为高职院校主流意识形态教育指引方向、设立标准、明确目标。

## 二、成果来源

2017 年，通过立项四川省教育厅高校思想政治教育研究课题 "'四个正确认识'视阈下大学生主流意识形态认同研究"（SZQ2017006），开始"四个正确认识"培育模式的探索；2019年、2020年相继形成理论成果，包括3篇学术论文和1部著作；2020年又通过立项四川省教育厅网络思政研究课题"互联网思维视域下高校思政课供给侧改革研究"（CJWSZ20-13），深入推进"四个正确认识"培育模式的理论探索。在此期间，主持开展"四个正确认识"培养模式的实践设计与应用实施，通过四川省精品资源共享课建设、四川省思政课"精彩一课"教学比赛、四川省大学生讲思政课与"我心中的思政课"大学生微电影展示等项目活动的支持，逐步建构"四个维度""四个场域""一个融通"，形成"两个循环"的育人模式，推动高职院校立德树人和思想政治教育工作各个要素和关键环节的配套改革。历经4年的研究与实践，形成如下成果。

### 三、成果主要内容

**1. 重视科学研究支撑课程育人的科学性与真理性阐释，建设了理论场域，以导"知"，知大势、知优势、知使命、知践行，增强"四个正确认识"理性认同**

通过科学研究、课程传播、文化传播建构马克思主义关于人类社会发展规律及其趋势的理论场域，从理论和实践逻辑，梳理人类社会历史演进形态，揭示人类社会发展规律，是大学生放眼高远、立足当下，坚定马克思主义理想信念，实现主流意识形态理性认同的逻辑起点。

第一，集思政力量，打造马克思主义理论与思想政治教育科研舆论场，形成培养学生"四个正确认识"的思政科研集群。以"'四个正确认识'视阈下大学生主流意识形态认同研究"的课题立项为起点，在全校范围内相关领域市厅级以上课题项目30余项，发表学术论文20余篇。第二，形成了"精品课程—示范思政课程—课程思政—哲学社会科学选修课"课程群。建成了"思想道德修养与法律基础"四川省精品资源共享课，"毛泽东思想和中国特色社会主义理论体系"省级示范思政课，"形势与政策"校级精品在线开放课程，以及"航空发动机原理与结构"等一批国家级课程思政示范课程。第三，形成了一批以"四史"为核心的"读懂中国和世界"的选修课及"成航大讲堂"系列活动。

**2. 建设了生活场域和网络场域，化"情"育"意"，感大势、辨优势、育情怀、育责任，以文化育人、管理育人、网络育人，培育"四个正确认识"情感认同，强化"四个正确认识"利益认同**

教育即生活，学校即社会。重视对学生的隐性体验教育，通过网络渲染、文化营造、生活体验、实践参与等感染启发、心理引导、情感体验的多元隐性方法支持公开正面教育，使公开正面教育与隐性体验教育有机结合、相得益彰。

第一，以世界和中国发展大势为主线，开展系列"主题文化周"活动，先后组织了"红军长征胜利纪念80周年主题图片展"、"'5·12'汶川特大地震灾区发展振兴成就展"、"国家改革开放40周年图片展"、"新中国成立70周年图片展"、"五老进课堂"等系列活动，形成生活感知与浸润场域，培育情感认同。第二，通过"成航好人榜榜样示范引领"

"制度建设之治"等文化活动和管理改革活动形成了软文化与硬文化相结合的"生活场域",形成命运与共的利益认同。第三,针对学生对中国特色社会主义建设和发展中的思想困惑与疑难不解,综合利用全媒体渠道、报告论坛、读书沙龙、大学生辩论等途径对多元社会思潮进行甄别回应,建构"正确认识中国特色和国际比较"的心理情感场域,是大学生走向心理情感认同的关键环节。构建了成航"青年说·微讲谈""大学生论坛""大学生辩论赛"等典型文化活动,配套以网络传播与辐射,帮助学生全面澄清多元社会思潮冲击和社会现实问题带来的价值迷雾,满足学生社会化进程中的价值澄明与行为选择,形成"文化聚合思想性"的情感认同。第四,挖掘拓展网络平台,构建了网络课程、校园网、"青春成航"微信公众号、校园易班、抖音、"互联网+思想政治教育微载体"等多元网络媒体的价值场域,开展价值引领与辐射。

**3. 建设了实践场域,引"行",行大势、重责任、担使命、践行动,以实践育人,培养"四个正确认识"实践认同**

正确认识和处理理想和现实的关系,是培养"四个正确认识"的落脚点。学校通过搭建"精神成人、能力素质成才"的实践平台,建设了 4 个高职院校思想政治教育实践基地,开展了参观、社会调查、大学生拍微视频、大学生讲思政课、志愿服务、成航学子"三下乡"社会实践等丰富多彩的思想政治教育实践活动;完善了学生技术技能训练与竞赛平台机制,组织学生参加国际国内各大技能竞赛,以构建学生真实行动的实践场域,培养"四个正确认识"实践认同。

**4. 形成了新时代高职学生"四个正确认识"培育"4412"模式**

通过建构"知—情—意—行"四个维度,"理论场域—网络场域—生活场域—实践场域"四个场域,实现"课程育人、科研育人、实践育人、文化育人、网络育人、管理育人"一个融通,形成知情意行"四维"大循环与小循环相统一的两个循环的育人模式,培育当代大学生树立"四个正确认识"。

## 四、成果主要解决的教学问题及解决教学问题的方法

### 1. 解决的主要教学问题

(1)解决了高职院校思想政治教育工作如何实现思政目标的路向、内容和途径等理论认识问题。

(2)解决了高职院校思政教育的科学性、规律性和系统性的问题。

(3)解决了高职院校思政工作如何契合党和国家意识形态与学生成长发展的双重需求,从而真正提升思想政治教育亲和力和针对性的问题。

(4)解决了高职学生因社会发展规律趋势认识不清、理想现实关系理解不足而导致的价值迷茫、定位不清及知情意行分离脱节的现实问题。

(5)解决了高职思想政治教育中如何让学生增强"四个自信"的现实问题。

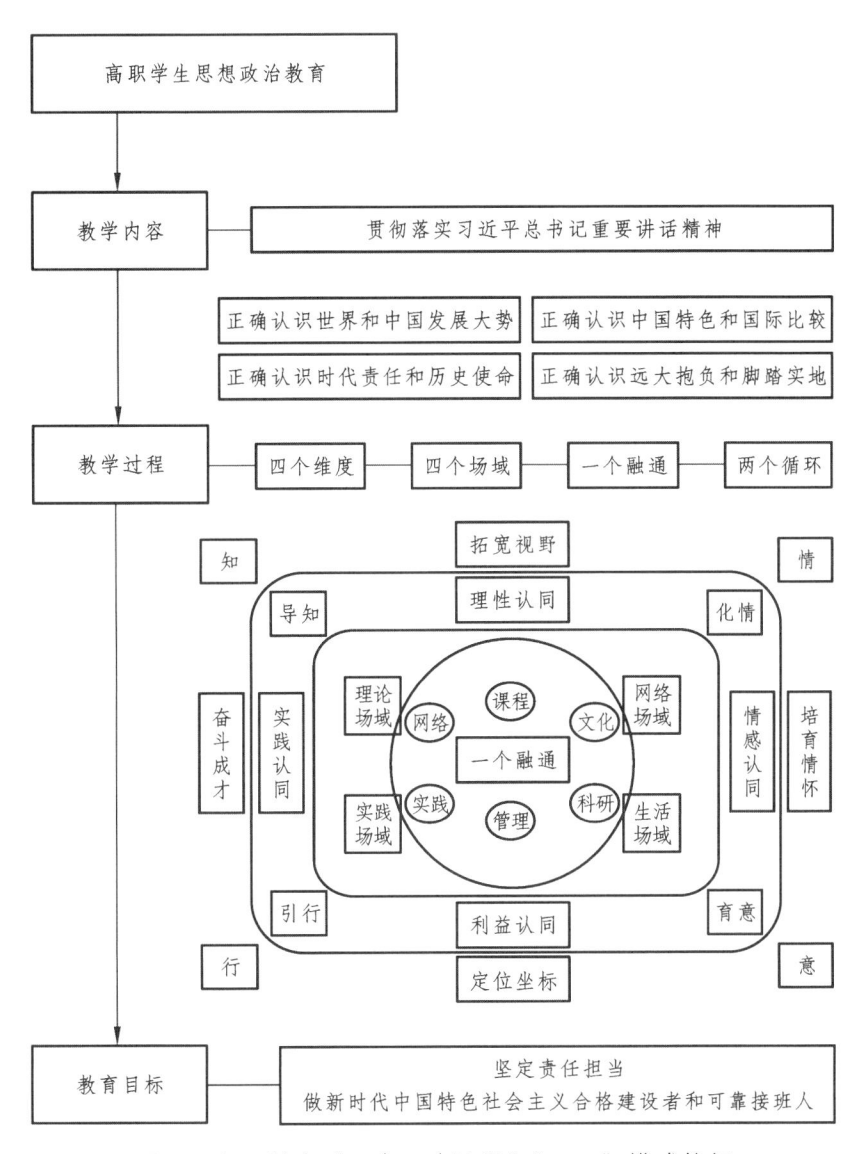

图1 高职学生"四个正确认识""4412"模式构架

## 2. 解决教学问题的主要方法

本成果摆脱了高职院校思政教育目标分散、路径模糊、多头工作、协同不足、针对性不强的教育教学现状，创新了"4412"模式培育高职学生"四个正确认识"，是对高职院校思想政治教育在内容和途径上的深度挖掘与体现，基本做法如下。

一是遵循思想政治教育规律，依据"四个维度"建设"四个场域"实现"一个融通"，构建高职学生"四个正确认识"培育的系统空间。

"四个维度"是指：思想政治教育中，遵循知情意行育人规律，通过导"知"，强化"认知"的明理基础；化"情"，重视"情感"的价值体验；育"意"，增强"意志"的品质凝练；引"行"，培育"行为"的主动自觉；最终达到使个体将"四个正确认识"内化于心、外化于行的目的。

"四个场域"是指：首先，场域是指思想政治教育中，遵循环境作用制约规律，通过在大学生所处的时空环境基础上建构富有影响力的作用场域，旨在实施通过主体、客体、环境构建综合的社会空间系统达成教育的策略，使大学生在各种价值思潮的交汇和碰撞中开展一场符合主流意识形态需要的价值选择活动。其次，"四个场域"是在"四个维度"建立的基础上，通过建构理论场域、网络场域、生活场域、实践场域，把公开正面教育与隐性体验教育有机结合。

"一个融通"是指把课程育人、科研育人、实践育人、文化育人、网络育人、管理育人融合贯通，坚持了理论性和实践性、统一性和多样性、显性教育和隐性教育的有机结合，实现全过程、全方位育人。

二是遵循学生成长成才规律，通过两个循环，形成知情意行"四维"大循环与小循环相统一的双循环育人模式，实现思想政治教育全方位与全过程育人，培养学生"四个正确认识"，满足党和国家意识形态和学生成长成才的双重需求。

两个循环：根据社会和组织认同理论，意识形态认同须经历理性认知、情感内化、义利同构和行为外化等关键环节。因此本成果依据思想政治教育规律，通过知情意行"四维"小循环分别引导学生正确认识世界和中国发展大势、正确认识中国特色和国际比较、正确认识时代责任和历史使命、正确认识远大抱负和脚踏实地；又依据学生成长成才规律，通过"四个正确认识"总体宏观构建知情意行"四维"育人大循环，即以世界和中国发展大势引领学生理性认知，以中国特色和国际比较催生学生情感内化，以时代责任和历史使命营造个体与社会义利同构，以远大抱负和脚踏实地导引学生行为外化。由此实现思想政治教育全方位与全过程育人，培养学生"四个正确认识"，满足党和国家意识形态与学生成长成才的双重需求。

### 五、成果创新点

一是高职院校思想政治教育内容的创新。以"四个正确认识"为切入点开展思想政治教育，遵循了思想政治教育规律和学生成长成才规律，契合了与思想政治教育目标的内在一致性，是实现思想政治教育目标的优选正确途径，更利于达成立德树人的育人目标，增强了思想政治教育的亲和力与针对性，满足党和国家意识形态与学生成长成才的双重需求。

二是培养模式和途径的创新。依据马克思主义认识论和"场域理论"的科学指导，遵循思想政治教育中的环境作用制约规律和知情意行教育教学规律，通过创新"4412"模式，建立"四个维度"，构建"四个场域"，组织"一个融通"，形成"两个循环"，构建高职学生"四个正确认识"培育的系统空间，培养学生对于"四个正确认识"的"理论供给科学性的理性认同、文化聚合思想性的情感认同、经济支撑现实性的利益认同和交往影响有效性的实践认同"，实现思想政治教育全方位与全过程育人，坚持理论性和实践性、统一性和多样性、显性教育和隐性教育相统一的原则，为"四个正确认识"的引导实践提供了新的思维范式与创新借鉴。

三是组织机构的创新。成都航院在学校党委领导下，以马克思主义学院为核心，协同学校党委宣传部、教务处、科技处、学生工作部、校团委,联合成立了思想政治教育教学研究中心,又在马克思主义学院内部成立了高职院校青年发展研究中心、习近平新时代中国特色社会主义思想研究中心,从而在全校范围内形成"四个正确认识"培育的协同机制,为"4412"模式的顺利实施提供了组织支撑与机构保障。

## 六、成果推广及应用

第一,科研丰硕,学术价值有一定影响。第一完成人基于四川省教育厅科研项目"'四个正确认识'视域下大学生主流意识形态认同研究",在学术期刊上发表3篇文章,其中一篇为中文核心期刊,公开出版学术著作1部。项目立项以来,全校在相关领域开展了30余项市厅级以上的科研项目,其中包含3项教育部科研课题;发表学术论文20余篇,撰写专著多部,产生了一定的学术影响和价值。

第二,教育教学改革深入,成就大,立德树人满意度高。"4412"的"四个正确认识"培养模式,已在成都航空职业技术学院应用于3届万余名学生的人才培养,建成了"思想道德修养与法律基础""毛泽东思想和中国特色社会主义理论体系概论"四川省省级精品资源共享课,形成了一批教育部、省级课程思政示范课程;思政课教师在四川省精彩一课教学比赛中荣获各级奖项;"航空报国、逐梦蓝天——新中国航空工业发展历程及精神传承",获得"四川百万大学生同上'四史'大课"系列课程优秀案例;"我心中的思政课""大学生讲思政课",荣获全国二等奖;成航学子在全国大学生辩论赛中荣获全国一等奖。学生对学校立德树人满意度高,形成了一批优秀的社会主义建设者和接班人:成航学子白强2018年荣获"全国技术能手"荣誉称号;胡芳雨2019年荣获"四川省最美女大学生"荣誉称号;"00后"学子崔鸿宇荣获第20届"全国青年岗位能手"称号,入职中国工程物理研究院。学校基于"四个正确认识""4412"育人模式,立德树人成效显著,在促进学生成人成才的人才培养中,产生了持续、积极的影响,高素质的社会主义建设者与接班人人才辈出,影响良好。

第三,模式新颖,成果交流广泛,评价好。"4412"的"四个正确认识"培养模式,遵循思想政治教育规律和学生成长成才规律,创新拓展高职院校思想政治教育的路向、内容和途径,体现了顶层设计,把公开正面直接教育与隐性体验教育有机结合,实现全方位、全过程育人,为高职院校创建思想政治教育育人模式提供了有益参考与借鉴。多年来,通过四川省高职高专联盟论坛、高职高专思政课年会等活动,积极推广,与同仁广泛交流传播,所产生的影响、经验启迪、示范引领、辐射带动作用历久弥新,产生了一定的社会效益。

# 社会主义核心价值观引领高职院校思政课与专业课一体化实践育人探索与实践

【获奖等级】

校级二等奖

【完成单位】

成都航空职业技术学院马克思主义学院

【主持人简介】

吴小平，教授，2014年主持省级精品资源共享课程，2020年主持课程获四川省"思政课"示范课程，2021年主持课程获四川省职业院校教师教学能力大赛二等奖，2010年、2021年获校级"优秀教师"荣誉称号。

【团队成员】

吴小平，刘晓波，窦维飞，陈阳，王青春，李军

【成果简介】

本成果基于新时代高校思想政治理论课的新任务、新要求，遵循马克思主义理论联系实际的方法论，以立德树人为根本目标，立足高职院校应用人才培养的实践教学特性，探索思政课与专业课实践育人的融合机制。经过近5年的探索实践，形成了思政课与专业课实践育人相融合的模式：以培育和践行社会主义核心价值观为引领，以思政课和专业课两类课程为基础，以构建思政课程和专业课程一体化协同实践机制为核心，把思政课坚定学生实现中国梦，建设中国特色社会主义共同价值追求，与专业课养成学生职业生涯遵循规则性、创新性、服务性、合作性"四性"价值观，以"信用度、敬业度、乐观度、满意度""四度"的职业标准相贯通，实现用社会主义核心价值观引领学生职业价值观，将航空报国的情怀落地到具体工作中。形成思政课与专业课同向同行育人格局，解决了思政育人"两张皮"的问题，为解决从思政课程到课程思政协同育人的教学难点问题、解决两类课程协同路径和方式，提供了思路、策略与方法。

# 《社会主义核心价值观引领高职院校思政课与专业课一体化实践育人探索与实践》

## 一、成果背景

《中共中央 国务院关于进一步加强和改进大学生思想政治教育的意见》（中发〔2004〕16号）和《中共中央宣传部 教育部关于进一步加强和改进高等学校思想政治理论课的意见》（教社政〔2005〕5号），对新形势下加强和改进高等学校思想政治理论课提出了意见和要求，指出要"切实改进高等学校思想政治理论课教育教学方式和方法"，并提出"要加强实践教学。高等学校思想政治理论课所有课程都要加强实践环节。要建立和完善实践教学保障机制，探索实践育人的长效机制。围绕教学目标，制定大纲，规定学时，提供必要经费。加强组织和管理，把实践教学与社会调查、志愿服务、公益活动、专业课实习等结合起来，引导大学生走出校门，到基层去，到工农群众中去。要通过形式多样的实践教学活动，提高学生思想政治素质和观察分析社会现象的能力，深化教育教学的效果"。

2016年习近平总书记在全国高校思想政治工作会议上强调，"要用好课堂教学这个主渠道，思想政治理论课要坚持在改进中加强，……其他各门课都要守好一段渠、种好责任田，使各类课程与思想政治理论课同向同行，形成协同效应"。

《新时代高校思想政治理论课教学工作基本要求》中提出："从本科思想政治理论课现有学分中划出2个学分、从专科思想政治理论课现有学分中划出1个学分，开展本专科思想政治理论课实践教学。"

2019年3月18日，习近平总书记在学校思想政治理论课教师座谈会上发表重要讲话，指出坚持理论性和实践性相统一，用科学理论培养人，重视思政课的实践性，把思政小课堂同社会大课堂结合起来，教育引导学生立鸿鹄志，做奋斗者。

本成果基于新时代高校思想政治理论课的新任务、新要求，遵循马克思主义理论联系实际的方法论，以立德树人为根本目标，立足高职院校应用人才培养的实践教学特性，探索思政课与专业课实践育人的融合机制，全方位提升课程育人的针对性和实效性。

## 二、成果来源

我校思政部（2019年12月更名为马克思主义学院）自2014年将思想政治理论课实践教学单列学分并按照实践教学方案在全校大一和大二实施，在探索思政课实践教学模式上，形成了"理实一体"教学模式下的"课堂实践+课后实践""社会调研+主题活动+主题任务"方式，取得了突出的教学效果。结合高职院校的职业教学属性，解决高职院校实践教学占比50%的人才培养方案育人问题，团队探索思政课融入专业课程以及协同育人教学改革，在前期思政课程涉及专业职业认知的基础上，在2014年7月至2015年1月立项并完成教育部人文社科思政专项课题"高职院校实践教学环节中学生价值观的培育与引导机制研究"（项目编号：14JDSZ2077），以校内实训、实习为主，校外顶岗实习、生产实习为辅，构建价值观引导机制的结构模型，研究探索高职院校的实践教学环节育人机制，初步形成了以社会主义核心价值观为引领、思政课与课程思政实践环节协同育人模式。在此基础上，展开进一步的实践和凝练，实现用社会主义核心价值观引领学生职业价值观，将航空报国的情怀落地到岗位报国的具体工作中，形成思政课与专业课同向同行育人格局。

### 三、成果主要内容

本成果以培育和践行社会主义核心价值观为引领，以思政课和专业课两类课程为基础，以构建思政课程和专业课程一体化协同实践机制为核心，把思政课坚定学生实现中国梦，建设中国特色社会主义共同价值追求，与专业课养成学生职业生涯遵循规则性、创新性、服务性、合作性"四性"价值观，以"信用度、敬业度、乐观度、满意度""四度"的职业标准相贯通，实现用社会主义核心价值观引领学生职业价值观，将航空报国的情怀落地到岗位报国的具体工作中。经过近 5 年的探索实践，形成思政课与专业课同向同行育人格局，提升了思想政治教育的实效性，学生专业学习动力提升了，职业适应性提高了，毕业生收到了用人单位好评。

### 四、成果主要解决的教学问题及解决教学问题的方法

**1. 本成果主要解决的教学问题**

（1）思政课程和专业课程同向同行，解决了思政育人"两张皮"的问题。思政课和专业课从不同的维度利用实践环节，开展社会主义核心价值观教育，构建一体化协同实践机制。思政课从树立学生建设中国特色社会主义共同价值追求（中国梦）教育出发，培养学生的国家认同和民族情感，使学生牢固树立"四个意识"，坚定理想信念，在"理实一体"教学模式下的"课堂实践+课后实践""社会调研+主题活动+主题任务"模式；专业课从职业发展角度，以培养正确的职业价值观为重点，以校内开展的实践性教学活动为主，校外顶岗实习、生产实习为辅，构建高职院校实践教学环节的价值观引导机制结构模型和育人机制。实践环节养成"四性四度"，即社会性价值观范畴的规则性、创新性、服务性、合作性和个人性价值观范畴的信用度、敬业度、乐观度、满意度，形成协调统一的"二位一体"课程实践育人模式。

（2）融合思政课与专业课教育，解决从思政课程到课程思政协同育人的教学难点问题，使思政课教学目标融入专业课教学目标，进一步推进专业人才培养方案中"立德树人"目标的落实，思想教育与专业教育趋于系统化、一体化。一定程度上解决高职院校长期以来重专业技术教育、轻思想政治教育，学生有技术但思想意识淡薄的现象。

（3）探索思政课与专业课教育共通特性，解决了两类课程协同路径和方式。实践环节是两类课程共通的教学路径和方式，把思政课理论教学的实践通过专业课实践教学嫁接、融合，使学生在实训基地、实习企业既开展专业学习，又接受思想教育，真正形成

了以社会主义核心价值观为引领、以职业价值观为重点的同向同行思想政治教育实践育人教学方式，实现显性教育和隐性教育的统一，学生由"知"到"行"的转化，提高育人的实效性，实现理论性与实践性、价值性与知识性的统一，落实落地现代化建设需要的中国制造产业高素质高技能复合型人才。

### 2. 本成果解决教学问题的方法

（1）本成果结合高职教育的人才培养模式，解决校企合作、工学结合人才培养唯技术教育的单一性教学价值观问题。本成果把思想政治教育带入校企合作、工学结合的人才培养模式，扩展了人才培养的维度，增强了人才培养的效度。

（2）本成果打破高职院校专业课程与公共课程分离的传统架构，把价值观的培育和引导植入学校的人才培养体系和专业建设体系，专业实践融入"四性四度"价值观指标，以"技能"培育为重点，在工作任务、工作单的设计中置入价值观指标下的培育内容，使专业人才培养方案、课程教学计划的制定与实施更加科学有效，对又红又专高技术应用型人才培养具有一定的价值。

（3）本成果在明确思政课和专业课共通教学路径下，把实践教学手段作为两类课程达成教学目标的共同方法，解决了两类课程不相容、不互补的现象。在教学层面上，立足实践教学环节这个具体做事的平台，使学生由学习扩展到职业的真实体验，在产生价值体验、价值判断和价值冲突中进行社会主义核心价值观的引领培育。在教师层面上，改变了思政课教师以说教和灌输为主的传统德育教学方式，也改变了专业课教师重技术教育、轻思想教育的教学思想，最终推进思政课教师与专业课教师协同育人的实现。

（4）构建职业价值观培育的考核评价。以行为作为间接的价值观可视化观测点，考量学生在实践环节中的行为能否达成"四性四度"指标。

## 五、成果创新点

（1）思想政治教育观念创新。尽快转变"重理论轻实践"的教学模式。各高校尤其是高职院校，应以"主要培养掌握一定专业知识，具备创新精神以及实践能力的人才"为目标，进一步推进和深化教学模式的改革，推进讨论式教学、研究式学习、实践教学等新教学组织形式，积极引导大学生开展多种学术观点的交流，追踪本学科最新领域进展，提高自主学习和独立研究能力，逐渐形成大学生的人生态度和价值观念。

（2）思想政治教育形式创新。高职院校侧重通过实践教学环节培养学生的应用性技能（基本实践能力与操作技能、专业技术应用技能与综合实践技能），研究实践教学环节中高职学生价值观教育的培养与引导机制不仅能衔接已有的实践教学环节，也拓展和创新增加了实践教学环节的内容和形式，形成高职技术教育和思想教育共进的局面，真正提升高职人才的品质。

（3）思想政治教育机制创新。加紧构建高职学生价值观形成的更具综合性、设计性和创造性的培养引导机制。逐步形成实践教学与思想政治理论教育相结合的实践教学体系，建立高职人才培养方案与社会实际需求相接轨的现代教学模式。着力于探索和深化对实践教学环节中高职学生价值观教育的培养与引导机制的认识及其相关理论研究，充实理论基础；在认识大学生价值观教育问题现状和原因，充分了解高职院校实践教学特点的基础上，探索高职院校实践教学环节中高职学生价值观教育培养引导的基本经验和基本规律，形成高职学校实践教学环节中高职学生价值观教育培养引导的机制，增强教育针对性与实效性，促进高职思想政治教育创新和发展。

### 六、成果推广及应用

（1）我校从 2014 年开始，已将思政课的实践教学单列学分，在大一和大二学生中全面展开实施。形成 2014—2020 年版的实践活动实施方案及任务书，共 8 万多字；实践教学实现学生全覆盖，形成 2 万份学生实践作品，涌现了大量优秀的学生实践作业和微视频作品，在学校微视频比赛中获得一等奖等奖项。2020—2021 学年实施"我心中的思政课"主题实践，学生参与积极性高，结合课程理论点，有对本专业的认知，有对社会现象的调研分析，探索真正的现实，通过实际接触到的现实，再反向学习理解理论，提高和强化学生对新时代中国社会的认知，在认知的基础上实现认同，并最终实现投入现代化建设实践中的目的。

（2）完成相关主题的课题、论文。

（3）学生获奖、优秀案例。

（4）在思政交流会议中进行推广。

# 高职新生工程综合创新能力培养"T-P-T"教学模式探索与实践

【获奖等级】

校级二等奖

【完成单位】

成都航空职业技术学院

【主持人简介】

龙海燕,教授,2016年获全国职业院校信息化教学大赛一等奖,2017年获全国航空工业职业教育教学指导委员会教学成果一等奖,2020年获四川省职业院校教师教学能力竞赛二等奖,2020年主持完成四川省创新创业示范课程建设。

【团队成员】

刘德兵,李兵,王秋林

【成果简介】

成都航空职业技术学院在"双高建设"过程中,针对高职院校大一新生在创新思维培养过程中缺少创新理论基础、创新实践平台、高水平教师专业指导等问题,围绕持续提升高职学生工程综合创新能力的目标,探索出"T-P-T"教学模式,搭建了"创新理论课程+多学科融合实践"双平台。该成果应用于我校大一工科学生的专业基础课及选修课教学,在提升学生综合创新能力的同时,提高了教师专业水平与执教能力,取得一定成果,为"高水平专业群"创新人才培养方式提供借鉴。

"T-P-T"教学模式,即TRIZ theory(TRIZ创新理论)-Practice platform(创新实践平台)-Teacher comprehensive ability(教师综合创新能力)教学模式,从三个方面培养学生的工程综合创新能力:(1)以TRIZ创新理论为基础,开展多学科融合课程教学,建设在线课程平台,增强学生的工程创新理论基础;(2)搭建以"比赛"和企业交流的创新实践平台,在实践中检验、提升学生的工程实践创新及解决问题的能力;(3)教师综合创新能力的自我提升,不仅能够更好地指导学生,还能不断地优化"创新理论课程(TRIZ theory)+多学科融合实践(Practice platform)"双平台建设。

"T-P-T"教学模式的内在逻辑关系：首先，上述三个方面（T、P、T）均可直接、有效地推动学生创新能力发展。其次，"创新理论课程+多学科融合实践"双平台让理论—实践有机结合，学生在创新性解决问题中提高能力。再次，教师综合创新能力可以借助双平台进行提升，可更好地指导学生，还能不断地优化"创新理论课程+多学科融合实践"双平台建设，间接地提高学生的创新水平和教师自身水平，并形成良性循环。

# 《高职新生工程综合创新能力培养"T-P-T"教学模式探索与实践》成果总结报告

## 一、成果背景

面向适应国家可持续发展需求的现场工程师培养，服务于国家创新驱动与制造强国战略，强化工程创新能力，坚持理论实践结合、学科专业交叉、校企协同创新、理工人文融通，构建面向工程实际、服务社会需求、校企协同创新的实践育人平台，培养服务制造强国的技术技能人才，打造职业教育工程实践与创新教育体系。但是，在高职院校大一新生工程综合创新能力培养中普遍存在如下教学问题。

（1）高职大一新生基础理论知识薄弱，主要学习专业基础知识，没有很好地接受创新思维与兴趣的培养，因此，对创新普遍缺乏自信心，甚至存在抗拒情绪，不利于后期专业课程学习和创新能力培养。

（2）TRIZ提供了创新理论与方法，但是如何使用TRIZ理论指导学生进行创新实践还未形成有效课程教学体系。在创新教学过程中，学生创新实践缺乏有效方法，导致学生创新兴趣不高，创新意识和能力不强。

（3）高职院校专业基础课程教师教学工作量较大，普遍缺乏行业和创新的实战经验，缺少创新实践平台，既无法提高教师自身的创新能力，也无法有效指导学生的创新实践活动。

## 二、成果来源

工程实训中心立足专业基础平台，搭建了"创新理论课程+多学科融合实践"双平台，积极进行课程教学改革，在机电类专业基础课程中融入TRIZ创新理论，培养学生的创新思维，结合各类技能竞赛，强化学生的工程综合应用能力，为专业人才培养奠定坚实基础。

## 三、成果主要内容

### （一）将TRIZ创新理论引入专业基础课程

将TRIZ创新理论引入"电工电子技术""机械制图"等常规课程教学，让学生初步认识、了解TRIZ创新方法。由于TRIZ理论体系较为复杂，因此，选择合适的TRIZ创新方法渗透到学科体系中，让学生认识、了解该创新方法，并通过实际案例进行讲解，使学生掌握运用 TRIZ 理论解决实际问题的基本方法及流程。比如，使用 TRIZ 相关理论解决"电工电子技术"课程教学设计问题，即在课程开发中，面对学时少、内容多、难度大的冲突，分类后，由物理矛盾这个线索，应用矛盾分离原理，找到最优解（合适的教学载体），具体过程如图 1 所示。

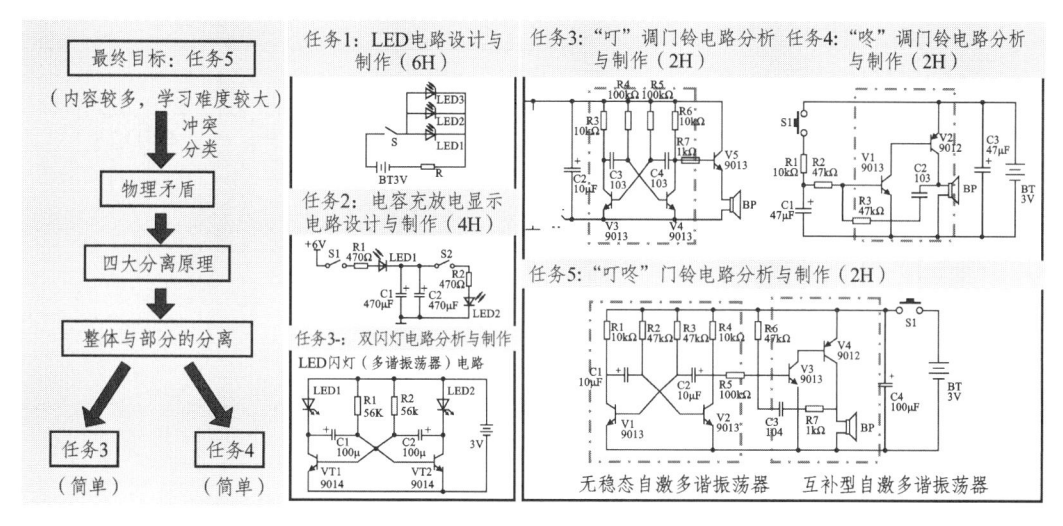

图 1 应用 TRIZ 原理设计电路分析课程教学载体

通过不断探索与实践，团队教师在教学创新能力方面得到了较大提高，进行了多项教学改革项目，并取得了良好效果，为进行第二层次教学奠定师资基础。比如，获得了四川省职业院校教师教学能力大赛二等奖，成功申请"电工电子技术"校级课改课题立项 1 项。

## （二）搭建"机电工程综合训练创新实践"在线课程平台

创新开发了"机电工程综合训练创新实践"课程资源包，包括课程标准、微课、课件等教学资料。该平台以创新设计工程机器人为任务载体，因为机器人本身是一种包含机械、控制、通信等诸多技术领域知识的技术，并且机器人设计可以结合现实生活中的问题，提出方案并最终解决问题，这一过程能够使学生融入自己的设计想法，发挥学生的积极性和创新性，培养学生的创新意识，激发学生的创新欲望。这一层面主要面向选修课或第二课堂的同学，对培养学生的创新思维能力、"行业通用能力"起着关键性的作用。同时，在开发课程过程中，团队教师在创新教育教学方法方面也得到了相应提高。该课程体系如图 2 所示。

该课程主要以工程机器人大赛为任务载体，通过四个训练任务培养学生的综合创新能力。四个项目遵循由简单到复杂的认知规律，并且，每个项目都包含 TRIZ 理论基础、小车结构设计及装配、小车创新表达、小车控制与调试以及知识拓展与学生面对面等内容，帮助学生逐步掌握 TRIZ 理论在机器人创新设计过程中的使用方法，提高学生的创新能力。

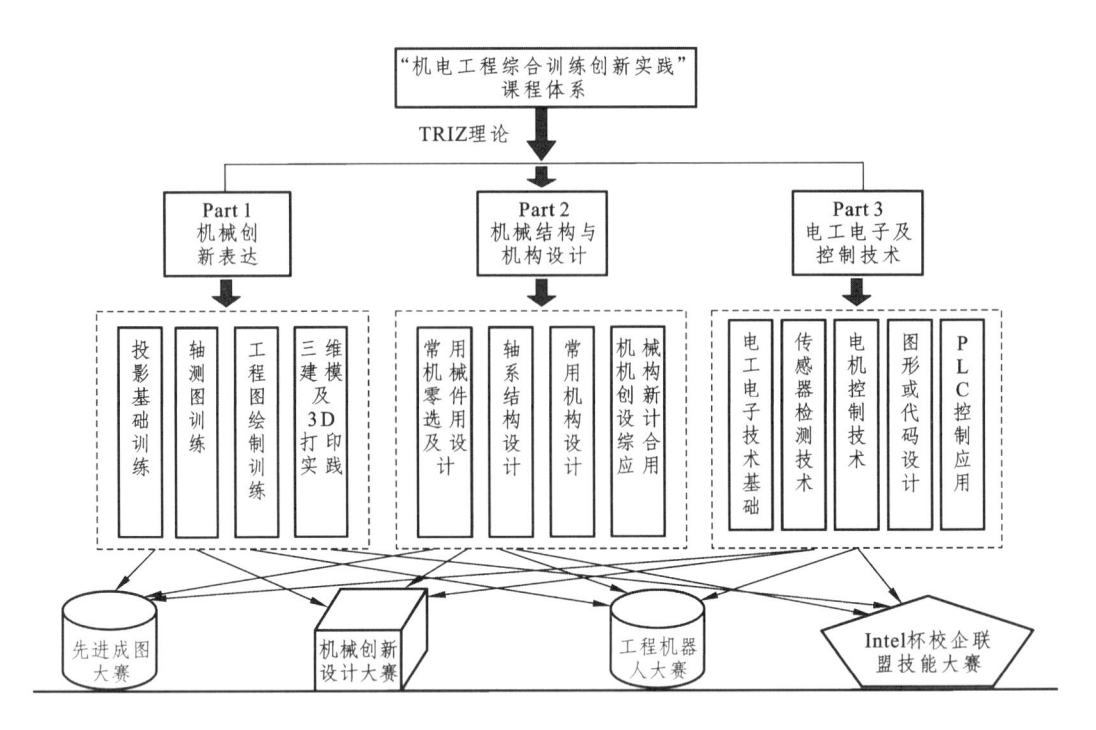

图 2 "机电工程综合训练创新实践"课程体系

### (三) 共建"机电综合创新实训室"平台

为学生创新设计和装配机电产品（工程机器人）提供了开放性开发平台，如图3所示。学生在第一、二层面的学习基础上，已经基本具备一定的创新思维和理论，进一步以创新实践平台为基础，成立多个创新方面的社团与协会，培养学生的创新兴趣，使学生可以"天马行空"地融入自己的设计想法，在"做中学、玩中学"的过程中，更好地激发学生的兴趣，系统地培养学生掌握机械、电子技术专业知识，从而有效提高学生的创新实践能力。以该平台为载体，师生参加了多项创新活动，取得了一定的成绩。比如，学生参加全国大学生工程训练综合能力大赛、四川省大学生机器人大赛、先进成图创新设计大赛、INTEL杯职业技能大赛等，分别获得一等奖、二等奖、三等奖等奖项，同时，还孵化了多个实用新型专利。教师的科研能力也得到了较大提高，已经成功申请多项市厅级科研课题。

创新能力的培养需要一个长期的过程，该成果由于教学时间有限，难以全面观察学生在各个创新维度的变化。在今后的实践中，还将持续关注学生的创新能力状况，更加准确地反映该成果的创新功能。另外，该成果开展的创新项目主要是机器人设计与制作，后续还可以增加其他可行的创新项目，从更多方面应用该教学模式指导创新活动。同时，创新活动需要投入较多的时间和精力，仅仅靠常规的课堂教学是不够的。因此，为了能够更有效地开展创新实践，学校需要给学生提供课后可利用的学习空间，以便学生在课余时间对项目进行完善。

图 3　机电综合创新实践平台

## 四、成果主要解决的教学问题及解决教学问题的方法

### （一）提高学生创新能力

本成果充分利用学校公共基础平台的实验室资源，在大学一年级开始从各专业选拔学生进行机电学科交叉创新培养，并以赛促学，对学生的后续专业学习和发展起到了积极的促进作用。

实践平台每年高质量完成2000余人次的创新实践教学任务，受训学生涵盖机电学院、汽车学院、航空工程学院、信息工程学院、通航学院等。创新实践训练使学生在动手实践能力得到有效提升的同时，还激发了学生的创新创业能力。学生在全国大学生先进成图技术与产品信息建模创新大赛、四川省大学生机器人大赛、全国大学生工程能力训练大赛等比赛中，获得多个奖项。学生比赛成绩也充分证明该教学模式能够提高学生的工程创新能力。

### （二）提升教师业务能力

教师在不断开展创新创业实践教学的过程中刻苦钻研和深入学习，教学水平和创新能力均得到有效锻炼和提升。在 2020 年四川省职业院校教师教学能力大赛和 2020 年全国职业院校技能大赛教学能力比赛中，团队指导教师获得二等奖、三等奖的好成绩。同时，团队成员科研能力也得到明显提升，在学术论文、课题申报、专利申请等方面成果丰硕。

## 五、成果创新点

### （一）探索出"T-P-T"教学模式

"T-P-T"教学模式，即 TRIZ theory（TRIZ 创新理论）-Practice platform（创新实践平台）-Teacher comprehensive ability（教师综合创新能力）教学模式。在大一学年将 TRIZ

创新理论融入多门专业基础课程教学,增强学生的工程创新理论基础;搭建创新课程平台和创新实践平台,在实践中检验、提升学生的工程实践创新及解决问题的能力;教师综合创新能力的自我提升,能够更好地指导学生,同时学生提升也能促进教师发展。

"T-P-T"教学模式中,通过培养学生应用 TRIZ 创新方法论,树立创新思想;在工程类比赛题目的完成中体会工程设计的流程,建立工程理念;通过图形表达、结构设计、运动设计、控制功能设计,完成实物作品;孵化创意或作品,为学生创业奠定一定理论和实践经验;提升教师综合创新能力,让学生走得更远。

## (二)搭建了"创新理论课程+多学科融合实践"双平台

搭建了"创新理论课程+多学科融合实践"双平台,为全校师生提供了创新活动实践环境,实现了利用 TRIZ 理论创新解决实际问题(如图 4 所示)。

图 4 利用 TRIZ 理论改良小车结构

## (三)以技能竞赛为导向,提升学生创新能力

在大学一年级开始从各专业选拔学生进行机电学科交叉创新培养,并以赛促学,对学生的后续专业学习和发展起到了积极的促进作用。

## 六、成果推广及应用

### (一)媒体宣传报道

该成果取得的成果在学校官网以及中国网等媒体进行了相关报道,社会效益良好。

### (二)兄弟院校调研

省内外兄弟院校教师多次到学校参观机电创新实训室,交流创新能力培养经验。

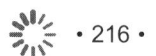

# 信息化教学平台支撑下高职公共英语混合式"1+2+N"合作探究教学模式

【获奖等级】

校级二等奖

【完成单位】

成都航空职业技术学院

【主持人简介】

陈燕，副教授，任教16年以来参加各级各类竞赛，获得2016年全国职业院校信息化教学大赛高职课堂组一等奖、2020年第十一届"外教社杯"全国高校外语教学大赛（职业院校组）四川赛区二等奖、2020年首届全国高等学校外语课程思政教学比赛二等奖。主持参与各级各类科研项目共计8项，其中与课题相关的项目有"'学会学'手机平台与BB教学平台的高职公共英语教学的实证研究""新课标背景下与信息技术相融合的高职英语核心素养的研究""'三教'改革背景下高职公共英语'课程思政'教学的实证研究""'讲好中国故事'视角下高职公共英语核心素养培养的实践研究"。由于多年的教学沉淀，获评2018年成都航空职业技术学院优秀教师。

【团队成员】

秦琛，陈拥琼，李晓华，廖建英，张琳，李红，王婷

【成果简介】

本成果为信息化教学平台支撑下高职公共英语混合式"1+2+N"合作探究教学模式，项目组通过学习研究多种信息化教学平台，确定"1"个教学平台即Ismart教学平台，根据教学内容与学情做好体现出线上线下"2"线教学设计，在此基础上再按照"组间同质，组内异质"的原则，形成"N"个优化组合实施教学。

项目研究阶段先后采用了两种模式三个平台进行实证对比研究，初期采用"学会学"教学平台与Blackboard平台相结合的合作探究教学模式，通过实证研究分析、总结、优化教学设计，最后提炼出利于提高高职公共英语教学质量的混合式"1+2+N"合作探究教

学模式。该模式将课前、课中、课后有机衔接，整个教学环节促进师生在教学活动的互动，引导学生小组合作探究性学习。

混合式"1+2+N"合作探究教学模式通过三年推广应用，取得了显著的成效。项目组在校内部分班级里使用"学会学"教学平台、Ismart教学平台、Welearn教学平台，使用"1+2+N"模式进行授课和验证。通过"1+2+N"模式在高职公共英语教学的具体实践，教学成效体现在三个方面：一是课堂教学效果得以提升，原来沉闷的课堂氛围有所转变，学生积极参与课堂活动、师生、生生互动增强，促使学生对教学内容关注度提高；二是学生的英语应用能力增强，英语三级过级率持续提升，在口语和阅读等比赛中多次获奖；三是对培养高职学生职业素养也产生积极影响，通过问卷调查和访谈等方式了解到学生喜欢该教学模式，教师认可该模式。

# 《信息化教学平台支撑下高职公共英语混合式"1+2+N"合作探究教学模式》成果总结报告

## 一、成果背景

本成果主要围绕如何将信息化教学平台与传统教学结合实现高职公共英语教学目标进行。当前传统的高职公共英语大班授课形式下，课堂氛围沉闷，学生对课堂不感兴趣，缺乏学习积极性及自主学习能力、研究性学习能力、合作能力、批判性思维能力、创造能力等职业素质能力。基于以上现状，立足于本校学生的特点和教学实际，针对公共英语教学中存在的实际问题，该研究以信息化教学平台为支撑，以布卢姆的"掌握学习"理论为理论依据，以合作探究模式为教学模式，采用任务教学法、情景教学法、分组讨论、自主学习法等对高职公共英语教学进行了改革，对教学内容的重构、教学组织的变革、评价方式的改革等进行尝试。

## 二、成果来源

该成果来源于校级教育教学改革项目"基于'学会学'手机平台与BB教学平台的高职公共英语教学的实证研究"（编号：061678）。该教改项目进行了一学期的实证教学实验，并在实证教学试验后对学生进行问卷调查以及期末成绩统计分析。论文《手机与教学平台相结合的高职英语信息化教学的实证研究》于《成都航空职业技术学院学报》2017年第4期正式发表。问卷调查结果显示出学生对该信息化教学模式普遍认可，这种信息化教学对高职公共英语课堂能产生积极影响，并能促进高职学生职业素养的提高。同时，经过一学期的对比实验教学，考试成绩显示实验班的英语成绩比对照班有了较明显的提高，这表明该模式有助于提高高职公共英语的教学质量。

## 三、成果主要内容

团队成员查阅与本课题相关的资料、文献以及研究成果，有针对性地收集并学习国内外的信息化教学和合作探究式教学模式理论研究以及最新研究成果，进行归类比较，探索不同信息化教学平台的优缺点。同时，团队成员对学情进行分析，在此基础上得出学习研讨小组的组合搭建原则——"组间同质，组内异质"的原则，形成 N 个优化组合。团队通过探讨，对同一门课进行两种不同的教学设计，并在两个班按照不同的教学设计实施教学，进行实证研究，对比教学效果。在实证研究的基础上调整教学设计，确定该教学模式中涉及的教学步骤，并将此教学模式逐步推广到其他班级。经过一段时间的实践，该教学模式取得良好的效果，同时在此过程中不断调整、修改、优化设计，完善教学模式。

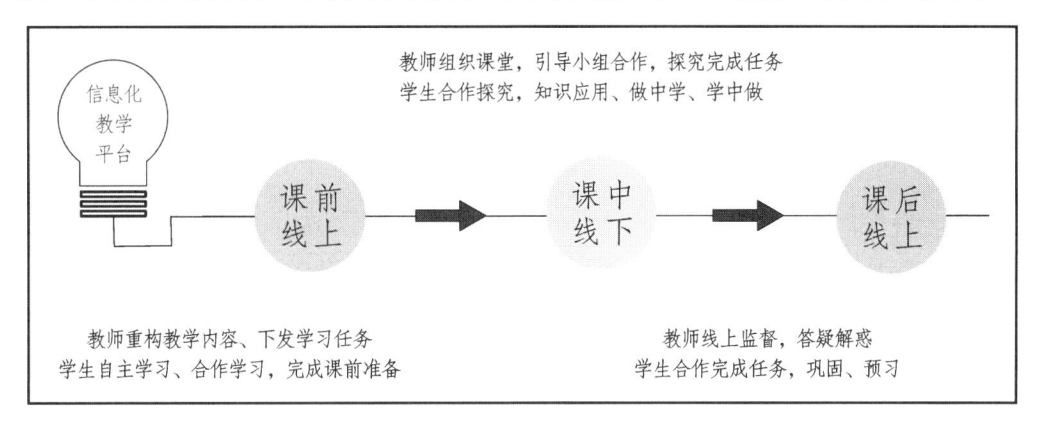

图 1 合作探究教学模式

首先，信息化教学平台支撑下高职公共英语混合式"1+2+N"合作探究教学模式要求教师重构教学内容。团队成员依据每单元的教学目标，对教学内容进行重构，融合职业情境，将相关知识整合、加工、补充，将职业场景与英语学科素养内容有机结合，并将知识性知识与补充资料上传到教学平台，让学生课前完成学习，在学习英语知识的同时，了解今后的岗位需求，实现学科素养与职业技能相互促进。

其次，信息化教学平台支撑下高职公共英语混合式"1+2+N"合作探究教学模式要求教师变革教学组织方式。首先教师按照"组间同质，组内异质"的原则，将英语水平较好的学生与较弱的学生进行搭配，形成最大程度上的优化组合，且不断同质流动，达到让学生融入课堂的 N 类最优组合，形成学生之间相互学习、相互探究和取长补短的氛围。课前教师根据教学目的和教学内容，提前在教学平台为学生下达教学任务，为学生明确小组成员的责任，提供丰富的与教学内容相关的学习资料，使小组成员在教学任务的指导下发挥各自的潜能，从而实现整体合作的有效性。学生通过教学平台自主学习、与小组成员合作探究，完成教师下发的任务。将知识性学习和拓展放在课下，每位学生通过自学将学习内容中不理解的部分标记出来，然后由同组内的同学予以讨论解决，小组解决不了的问题由组长记录下来，待上课时在课堂中提出。学生根据自己的英语水平基础决定线上自主学习及与小组成员合作探究的时间，教学平台记录下自学时间及参与讨论的次数，小组通过成员之间的合作探讨共同完成任务单里的任务，并上传提交作业，每次线下课堂成为共同探讨、解决问题和分享成果的场所。小组将课下无法解决的问题在课上提出，由师生共同探讨，最后得出答案。这种教学模式让课堂成为学生知识应用、做中学、学中做，思维碰撞及讨论、提炼、展示的平台。

最后，信息化教学平台支撑下高职公共英语混合式"1+2+N"合作探究教学模式要求教师改革评价方式。布卢姆指出："掌握学习策略的实质是群体教学并辅之以每个学生所需的频繁的反馈与个别的矫正性的帮助。"教学过程的每个步骤都必须通过评价来判断其有效性，并对教学教程中出现的问题进行反馈和调整。在该理论的指导下，教师使用在线教学平台，能够全方位跟踪、记录学生的学习行为，获得客观的学习数据，实现全过程评价。该教学模式借助信息化平台的可评可测功能，将学生的课前自主学习、线上讨论参与、课堂练习、课堂作业等表现纳入评价指标；将教师评价、生生互评、自我评价的质性评价和教学平台后台数据结果的量化评价相结合，实现线上线下多主体评价，将诊断性评价、过程性评价、终结性评价相结合，以学生进步为核心，使学生获得成就感，增强自信心，提高学生的学习积极性。

### 四、成果主要解决的教学问题及解决教学问题的方法

首先，信息化教学平台为支撑的混合式"1+2+N"合作探究教学模式解决了各种客观条件的制约下高职公共英语教学仍采用大班授课所导致的教学效果不理想的问题。布卢姆的"掌握学习"理论认为学生具备从事每一个新的学习任务所需的认知条件越充分，他们对该学科的学习就越积极。因此，课前教师根据教学目的和教学内容，提前在教学平台为学生下达教学任务，为学生明确小组成员的责任，提供丰富的与教学内容相关的学习资料，使小组成员在教学任务的指导下发挥各自的潜能，从而实现整体合作的有效性。学生通过教学平台自主学习、与小组成员合作探究，完成教师下发的任务。将知识性学习和拓展放在课下，每位学生通过自学将学习内容中不理解的部分标记出来，然后由同组内的同学予以讨论解决，小组解决不了的问题由组长记录下来，待上课时在课堂中提出。学生根据自己的英语水平基础决定线上自主学习及与小组成员合作探究的时间，教学平台上记录下自学学习时间及参与讨论的次数，小组通过成员之间的合作探讨共同完成任务单里的任务，并上传提交作业。信息化教学平台能帮助教师了解学生课前、课后在信息化教学平台上的任务完成情况，以及课中学生的参与情况。因此，混合式"1+2+N"合作探究教学模式能监督学生的课下自主学习、合作探讨，引导学生课中主动学习，信息化教学平台为支撑的过程性评价提高了教学质量。

其次，该模式解决了课堂氛围沉闷，学生对课堂不感兴趣，学习积极性不高等问题。布卢姆认为，学生积极的情感特征是"掌握学习"的内在因素。学生成功地学习一门学科与他的情感特征有较高的相关性。具有较强学习动机、对学习有兴趣、能积极主动学习的学生，会比那些没有兴趣、不愿学习的学生学得更快更好。依据该理论，采用合作探究教学模式做好教学设计能极大地提高学生的学习积极性与主动性，使学生由被动学习转变为主动学习。同时，该模式的教学设计将传统课堂教学与课内课外网络教学，教师讲授与学生创造性、自主性、合作性学习研讨融为一体，为学生营造一种轻松愉快的

学习氛围，实实在在地增强学生的学习热情。

最后，该模式解决了如何在教育教学中提高高职学生职业素养的问题。调查问卷结果表明：学生认为该教学模式中的多样化学习方式，如自主学习、探讨性学习、更多开展合作性学习和提高课堂参与度，更有利于信息获取能力、创造能力和批判思维能力等的培养。

## 五、成果创新点

该成果提出信息化教学平台支撑下高职公共英语混合式"1+2+N"合作探究教学模式，通过1个信息化教学手段、线上线下2线结合的教学方式、N个学习研讨小组的模式对高职公共英语教学进行深入研究和实践改革，将英语学科素养与职业素养相结合重构教学内容，以教学平台为支撑变革教学组织方式，将教师评价、生生互评、自我评价的质性评价和教学平台后台数据结果的量化评价相结合，将诊断性评价、过程性评价、终结性评价相结合，更加全面综合反映学生的发展情况。该教学模式是基于布卢姆的"掌握学习"理论的一种探索，充分体现了学生自主合作探究性学习和信息化教学理念，能改变单一的课堂教学模式，增强英语课堂的高效性与趣味性，提升学生的职业素养，促进学生的学科核心素养发展，提高教学质量。

## 六、成果推广及应用

### 1. 学生成绩显著提高

三年来已完成5个学期的所教班级的教学任务，这种混合式"1+2+N"合作探究教学模式得到了同行老师的认可与推崇，他们开始利用该教学模式授课，提高了教学质量，学生的英语成绩有所提高，英语三级过级率增加：2018年11月英语新三级考试，我校通过率比全省通过率高出3%；2019年5月英语新三级考试，我校通过率比全省通过率高出5%；2019年11月英语新三级考试，我校通过率比全省通过率高出5.38%；2020年11月英语新三级考试，我校通过率比全省通过率高出7.16%。近年英语新三级考试，我校通过率高于全省通过率的数值持续上升。

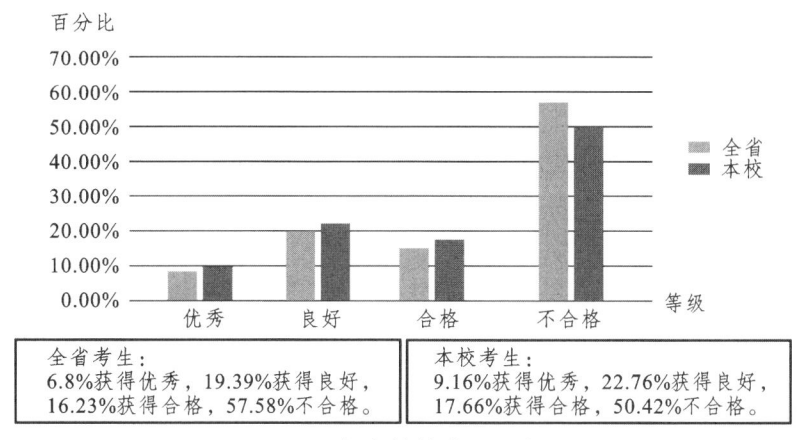

全省考生：
6.8%获得优秀，19.39%获得良好，16.23%获得合格，57.58%不合格。

本校考生：
9.16%获得优秀，22.76%获得良好，17.66%获得合格，50.42%不合格。

图2 考生整体表现分析

同时，学生的英语应用能力增强，在口语、阅读等英语比赛中连续获奖。学生连续四年获得"外研社杯"四川省大学英语挑战赛阅读比赛二等奖，2019年"高教社杯"四川省高职院校大学英语口语竞赛一等奖，2019年"外研社·国才杯"全国英语演讲大赛（高职组）二等奖，2020年"外研社·国才杯"四川省高职院校英语挑战赛演讲比赛一等奖等。

2. 教师获奖情况

教师用该教学模式参加第十一届"外教社杯"全国高校外语教学大赛（职业院校组）四川赛区比赛，获得了省二等奖，得到了评委和同行的普遍认同；2020年教学团队参加首届全国高等学校外语课程思政教学比赛，获得全国决赛二等奖。

3. 与校内外专家教师交流学习

（1）团队教师在成都航院信息化比赛及教学培训公开课上作讲座，相互交流学习。

（2）参加2017年成都市中职英语信息化教学示范公开课。

（3）在"中等职业学校信息技术类专业课教师——信息技术与职业教育专业教学深度融合专题培训：职业院校信息化课堂教学及实践培训"中作讲座。

（4）参与成都航空职业技术学院、青岛职业技术学院、扬州工业职业技术学院2017年秋学期教育教学论坛并与校外专家交流学习。

（5）赴武汉城市职业学院与同行专家、教师交流外语教学。